一億総活躍国民と為政者による

日本国家再生の経営維新

―今こそ国家の道筋を示す平成の坂本龍馬たれ!!

税理士
経営士
神野宗介

まえがき

世界の国々と、普通の付き合いができる日本であって欲しい。

国家の基盤を支える中小企業が、元気になるような日本であって欲しい。

国家の背骨である税制が、公平、公正であって欲しい。

そんな願いをもって、五年前（平成二十三年）、私は『中小企業経営者に学ぶ日本再生の経営維新』を発刊しました。日本国家再生のためには、中小企業経営者に学ぶことが多いと考えたからです。

経営者の使命、役割は、何がなんでも会社を守り、社員とその家族を守ることです。

これは国家も同じで国家経営者であり国の舵取り役をするのは、国民より委託された政治家です。政治家の使命は、何がなんでも国を守り、国民の生命と財産を守るということです。

ところが当時の民主党政権は、はっきり言って国を守らないどころか我が日本を崩壊させてしまうのではないかという危機感を抱かせました。国が安定しなければ、国民の生命や財産を守ることはできません。誇りある日本の伝統や文化、歴史も守ることはできません。

幸いに平成二十四（二〇一二）年十二月、第二次安倍政権が誕生し政治が一変しました。民主党政権で疎かにされていた外交、経済政策等で「国を守り、国民の生命と財産を守る」方向に舵をとってくれたからです。

日々私は中小企業の経営者と接するなかで、トップで会社は変わることを実感していますが、安倍首相は、まさに「国家も会社も、トップでその存亡が決まる！」ということを見事に証明してくれました。

しかし会社もそうですが、国も常に揺れ動く時代のなかにあります。いや激流のなかにあると言ってもよいでしょう。こうした変化の時代、国も会社経営も環境適応ができなければ立ち行かなくなってしまいます。まして現在の日本は、国家の存亡を揺るがし兼ねない状況にあるのです。それをどう乗り切っていくか。それが、政治家のみならず、政治家を選ぶ国民にも問われていることになります。

国内問題で言えば、少子高齢化により、医療、介護、年金にかかる費用は増えるばかりで、現在の保険制度では賄いきれないことが目に見えています。しかもそれを支える国家財政は、一〇〇〇兆円を超える「国の借金」を抱え、その健全化の見通しも立っていません。財政健全化のために医療、介護、年金にかかる費用を削減すると言えば、政治家や国民から反発されることは目に見えています。

弱肉強食の国際社会で言えば、中国しかり、北朝鮮のやり方を見ていると、日本の安全がいつ脅かされるかわからない現実のなかにあります。それは、世界の警察官と言われたアメリカが――オバマ大統領が宣言したように――その役割を放棄したことに大きな要因があると言えますが、それを良いことに中国は、国際ルールを守らず軍事的に力を伸ばし、世界に対しても日本に対しても、やりたい放題です。平和の祭典と言われているオリンピックが行われている最中に、日本の領土である尖閣諸島の領海や接続水域に公船を国際法違反承知で侵入させてくることはその証左です。中国に味方するかのような、翁長沖縄県知事の反日本政府的な発言は許せるものではありません。

そうした無謀を許さない日本国家の覚悟として、第二次安倍政権は安保法制を成立させました。ところがそれを理解しない政治家、学者、マスコミ、国民などは「平和憲法さえあれば国の安全は守れる」というような戯言《たわごと》を言い続けています。

なぜそのような日本になってしまったのでしょうか。

それは日本の与党政治家が「何が何でも国家国民を守る」という最も基本とする使命を果たしてこなかったからです。すなわち、日本政治の弱体化が今の日本を創っているのです。

長い時間をかけてでき上がった今の日本を、普通の国に再生することは簡単ではありません。しかし日本国家を再生しなければ、日本国家も日本人も熾烈な戦いがある国際社会のなかで、生きて行くことは相当に難しいでしょう。

安倍首相は、国家観のない民主党政権と違い、間違いなく国家のために戦っています。でもそれはまだ始まったばかりです。

民主党政権がばら撒いた国家解体の思想は、反政府的なマスコミの力と合わさり、沖縄の辺野古基地移設反対運動や安保法制で見られた戦争法案と称する反対運動、憲法改正反対運動などで根を張り、まだまだ生き続けています。安倍政権は、それらと対処しなければなりません。

平成二十八年七月の参議院選挙で与党が勝利したことで、憲法改正の論議も活発化し、それに反対する人達は、本質的な議論をせずに安倍政権批判を強めることでしょう。

日本の海や空を脅かす挑発的行動に出てきている中国とも、対処していかなければなりません。

また少子高齢化が進むなかで、日本は国防をはじめ、年金、医療、介護、財政、憲法、教育、経済など、待ったなしの改革も迫られています。

改革ができるかどうかではありません。

やらなければならないのです。

困難な問題を抱えているからこそ、なおのことやらなければならないのです。具体的に言うなら安倍政権を応援することです。政治は現実ですから、理想だけでは動きません。国民は、現実の政治をしっかりと見極める力を持たなければなりません。

本書では、各分野の専門家との対談を含めて、具体的な提案もしております。

国家改革の断行は、政治家の仕事です。そして、その政治家を支えるのは国民です。国民の力の総和が、国を動かすということです。

改革は、もう待ったなしの状況にあります。政府は国家ビジョンや具体的な政策を示し、国民はそれに是々非々で対処する。政治家と国民一人ひとりが坂本龍馬になって、共に未来の国家と子孫のために、責任を持って改革を進めるのです。

それが、日本国家再生につながると確信します。

平成二十八年八月十五日

神野宗介

目次

その Ⅳ　日本国家再生は国家運営の担い手である政治家のリーダーシップ改革で決まる

第五章　日本国家再生の『経営維新』を願う
税理士として、日本人として

第一章

東日本大震災から五年五ヵ月
民主党政権から安倍政権誕生して三年半の今!!

国の守り手としての政府に物申し国家をノックする!!

福島県二本松市出身の私は、昭和四十（一九六五）年八月に税理士試験に合格し、翌年の二月に会計事務所を開設しました。平成二十八年でちょうどなんと五十年になります。その前から会計業務に携わっていましたから、それを合わせますと五十五年になります。

国家の支えである税金を介して、ここまでやってこられたのは顧問先など多くの人のお陰であることはもちろんですが、税理士という国家の守り手としての国家資格があってのことです。

「税制は国家の背骨であり、税金は政治の鏡である」と言われます。

それを柱として日々の業務に当たっている私は、常に税金、国家、政治に関心を持っています。税金の基本は、公正中立です。それを司るのが政治ですが、果たして正しく徴収され、正しく使われているのだろうか、財政的に大丈夫なのだろうか、日本国家の安全は守られるのだろうか、など関心を寄せれば寄せるほど、日本の将来に不安を感じていました。

その心配が特に大きくなったのが、約七年前に起きた民主党政権の誕生でした。これではいけない、と思って出版したのが『中小企業経営者に学ぶ日本再生の経営維新』です。

私はＴＫＣ会計人です。多くの中小企業の経営を直接見てきて、国家経営も企業経営と共通する点が沢山あり、それが日本国家再生のヒントになると思ったからです。

その時は、東日本大震災がありました。今回は平成二十八（二〇一六）年四月十四日に熊本大地震がありました（十六日にマグニチュード七・三の地震が起き、気象庁は、こちらを「本震」としました）。その後、二週間で起きた震度一以上の地震回数は、なんと一〇〇〇回を超えたというのですから、地元の皆さんの不安と恐怖はどんなにか大きいものと推察できます。

亡くなられた方のご冥福をお祈りするとともに、被災地の熊本、大分に、一日も早く普通に暮らせる日が戻ってくることを願ってやみません。

収まらない地震、いつ、どこに起きるかわからない地震。何かを私達に知らせているのでしょうか。今、様々な問題を抱えている日本です。「あの時に手を打っておけば良かった」などとならないように、政治家も国民も真剣に問題に対処しなければなりません。

私は、職業会計人として、税理士として、税金を介する国家の守り手として、五十五年間仕事をやってきたことで一つの思いがあります。それは、日本が危機的状況にあるからこそ、税を扱う国の守り手が国家に物申す、今こそ国家をノックする時ではないかということです。

一億総国民が、日本人で良かった。日本に生まれて良かった、と言えるような国にしたい。そのためには、明治維新で下級武士が立ち上がったように、国民一人ひとりが平成の坂本龍馬になって、日本を洗濯するようでなければなりません。

もはや他人事では許されない時代です。しっかりとした国家観をもって「良い国・日本づくり」に尽力したいと思っています。

第二十四回参議院議員選挙の結果を受けて

「良い国・日本づくり」は国民一人ひとりの行動にかかっていると思いますが、それをリードするのは、やはり国の舵取り役である政治家です。政治家の質が良くならなければ「良い国・日本づくり」はできません。

平成二十八（二〇一六）年は参議院選挙の年であり、七月十日に参議院議員選挙が行われました。結果として与党の圧勝は良かったのですが、新党改革の荒井広幸議員が落選したことは大きな痛手だと思っています。健全野党として、大いに活躍してもらいたかったからです。改革は、言葉で言うことは簡単ですが、実際に行うには強い意志とそれを後押しする力が必要になるからです。

長期政権を担い政策を実行してきた自民党にとって、改革は自分達が作り上げてきた政策を変えることであり、また廃止したりしなければなりませんから「ハイ、わかりました」とすぐには実行できないわけです。また、いろんな考えを持つ派閥を抱えているのでその調整も必要です。ですから改革を実行することは、簡単ではないのです。

そうした壁を乗り越え政策を実現させるためには、後押しが必要です。その役割を持つのが、健全野党のあるべき姿だと思います。

その力を発揮して国民から信頼と期待を得るのが野党のあるべき姿だと思うのですが、野党第一党の民進党は、なんと今回の選挙で共産党と手を組み、統一候補を出しました。防衛費は「人を殺すための予算」とか、「陸上自衛隊は『人殺し』の訓練」と言ってはばからない共産党です。

「自分の国は自分で守る」は独立国家として当たり前のことです。それすらも認めない共産党と手を組んで、日本を共産主義国家にしようというのでしょうか。「人を殺すための予算」発言の時には、単に選挙協力をしただけのことと言い訳をしていましたが、それでは政党としての信念がないと言わざるをえません。これを野合と言わないで、何と言うのでしょうか。

あれほど——一時期ですが——人気のあった民主党（現在の民進党）は、政権の座につく資格を自ら放棄したと言って良いでしょう。その結果、今回の選挙で、いままで民主党（現在の民進党）を支持していた人も嫌気をさし、民進党に投票しなかったのではないかと思います。

もともと選挙制度改革で小選挙区を導入したのは、二大政党が政権を競い合い、お互いが政治の質を高めて行く（改革していく）ということが狙いにあったはずです。果たして、民進党の質は高まっているでしょうか。

政権を奪うためには、現在の与党より野党の方が質を高めていかなければならないはずです。ところが一度政権の座についた民主党（現在の民進党）は——政権の座についたのが初めてということを考慮しても——あまりにも現実対応の政治にはなっていませんでした。国家としての機能を自ら無くそうとしたり、国民に迎合する政策で自ら足を引っ張ったり、とても一国の政治を任せられる政権ではありませんでした。

その反省に立って政権を奪取するというのであれば納得できますが、政権を取り返すためには手段を択ばず、共産党と手を組みました。また、何の代案もなく、ひたすらに安倍政権批判を繰り返しただけでした。政治の質を高め合うどころか、民主党時代の質の低さのツケを民進党になっても引きずっていると思わざるをえません。

足の引っ張り合いは止め政策を実現する政治に転換する

政治の質の低さを感じるのは、議論する内容のレベルがあまりにも表面的過ぎるからだと思っています。問題の本質は何なのか、何が最も重要なのかの議論がないのです。

例えば、国防を考えずに本当に日本の平和と安全は守れるのか。
財源確保が難しいなかで、これからの社会保障はどうしていくのか。
大企業（含む公務員）と中小企業の所得格差を縮めることが政治ではないのか。
税金を払わない巨大企業から、なぜ公平、公正に税金を取ろうとしないのか。
少子化対策は、なぜ成果があがらないのか。
自虐史観の歴史を、これからも子供達に教え続けていいのか。
憲法を変えないことが、本当に国が安全で居続けられるのか。
国民は、個人の権利だけを主張し、義務を果たさない生き方でいいのか。
議員定数はこのままでいいのか。
等々、議論して解決しなければならない問題を日本は抱えています。

ところが選挙になれば、勝った負けたの話ばかりで、日本の政治をどう改革していくかの話はマスコミからほとんど出てきません。なぜかと考えてみると、おそらくその方が話を簡単に済ませることができるからでしょう。そう思うとマスコミは、政治のレベルを下げるのに一役買っていると言えます。

本質論が出てこない大きな問題は、解決法も表面的になるからです。問題が根本的に解決されないまま、ずっと抱えることになってしまいます。そして表面的になると、政治家も国民も問題を解決する努力を怠ってしまいます。

ところが日本が置かれた立場は、本書でいろいろと述べていますが、そんな流暢なことは言っておられない状況にあるのです。もっと言えば、与党だの野党だのといった、対立や批判だけでは解決できないところまできているのです。まして足の引っ張り合いなどは、もってのほかです。

荒井議員は、そのことを常に訴えていました。現在日本が抱えている問題は、本質論から出発しないと、問題を解決するために更に問題を上乗せしてしまい、本当の改革ができなくなるというわけです。

そして、対立型、批判型政治から、解決型、提案型の政治へ転換しなければ改革はできない。そのためには、政治家は政治家として国家国民のために政治を真剣に考える。国民もまた自らが政治家の気持ちになって政治を考え政治に参加する。それが強く求められている時代になっているとも言っています。

本書を読んで頂くと、日本の置かれた立場が本当に危機的状況にあることを理解して頂けるはずです。「昔の政治家は、本気で命を懸けて政策を実現させる努力をしていた。今は選挙で敗れても再挑戦ができますが、昔の敗れは死を意味しました」と荒井議員は語っていました。

政治家も国民も、本気で目覚めなければならない時期にきているのです。

たかが一票、されど一票

さて、政治家が政治家として真剣に政治に取り組むことは当然として、国民は政治とどう関わっていけばよいのかということになります。平成二十八（二〇一六）年の第二十四回参議院議員選挙から、選挙権が十八歳以上の国民に与えられました。

常に選挙になると若者の投票率の低いことが問題になりますが、今回もまた同じ結果でした。そこで言われたのが、主権者教育でした。主権者意識を高めて政治に参加させようというわけです。そのこと自体は問題ありませんが、何を主権者教育で教えるかです。憲法は国家権力を縛るもので、主権者である国民が監視する。憲法を守る義務は国民にはない――憲法に国民が憲法を守れとは書いていないとの理由――という話まで出てくるのです。

本当でしょうか。これではまるで、国家と国民が対立関係になってしまいます。左翼思想の考え方そのものです。これで、まともな主権者教育ができるでしょうか。憲法に書いていないからというのは、憲法を守るのは当然だからで、もし守らなかったら社会の秩序は保たれません。

主権者教育で重要なのは、自分の行動に全責任を持って、その任を果たす生き方を教えることです。でなければ自分勝手な人間ばかりになって、人を殺してみたかったなどという人間も生れてしまいます。主権者であれば、当然そこに国防の義務もあります。国家の安全と平和が保たれてこそ、主権者たる国民の安全と平和を保つことができるからです。

会社に例えて、社員は社長を監視し、会社の決まりは守らなくていいとなったら、その会社は成り立つでしょうか。伸びている会社は、社長が社員のことを考え、社員は会社全体のことを考えて仕事をしています。

選挙権を与えられたというのは、まともな主権者になるということです。それには、決して自分一人で生きているのではなく、多くの人の支えや、会社や国との関わりで生きていることを自覚することです。そういう意識で選挙に臨むのです。

その結果、自分が望む候補者が当選しない場合もあります。政治は現実ですので、それを受け入れるしかありません。その上で、次回の選挙に備えるということになります。と言って、自分の一票はたいしたことはないと諦めてはいけません。

イギリスでは、ＥＵに留まるか、離脱するか、の国民投票がありました（平成二十八年六月二十三日）。結果は五一・九％で離脱が多数でした。それに対して「そんなはずではなかった」という人達が国民投票のやり直しを求めて署名活動をやりました。その理由は、離脱を希望したのではなく、残留側の意見に対して反対者もいるぞという程度の軽い気持ちがあったようです。

日本でも同じことがありました。一度くらい民主党に政治をやらせてもいいのではないかという人達が民主党に票を入れ、実際に民主党政権が誕生しました。

しかし誕生してみると、政治の体をなしていない素人集団――いつも反対だけして代案がないわけですから当たり前かもしれませんが――責任をもって我が日本を、我々国民を守るという思いを感じませんでした。

選挙は、国民の一票で決められます。その総意が現実の政治を決めていきます。確かに自分一人だけを考えれば「たかが一票」です。しかし総意になると「されど一票」になるのです。

その意味でも、政治家をバカにしても、政治をバカにしてはいけないことがよくわかります。

日本の現状は、本書で縷々述べますが、あらゆる面で問題が山積しています。

それをどう乗り越えていくか、その役割と責任が政治家だけでなく、国民にもあるのです。

あらゆる面で厳しさを増す日本の現状

国家の大問題と言えば、大きく捉えて国防と財政ではないでしょうか。政治は国民の生命と財産を守ることが使命といわれますが、国防と財政がおかしくなれば、国は混乱し国民生活は不安定になってしまうからです。

参議院議員選挙の争点にもなった消費税。安倍首相は平成二十八年六月一日、平成二十九年四月から消費税を一〇％にする予定を二年半延期すると発表しました。

社会保障を安定して継続するには財源の確保が必要だとして消費税アップが決められていたわけですが、安倍首相の決断に対して、賛成も反対も、共に問題を抱えることになります。

というのは、アップすれば景気が後退し経済成長ができない。アップしなければ社会保障の安定維持はできない。上げても問題、上げなくても問題があるわけです。消費税は、単に賛成反対だけではかたづかない、深刻な財政問題なのです。

また国防もまったなしの状況になっています。中国の軍事力を背景にした横暴さは、日本のみならず周辺国にも悪影響を及ぼしています。日本は、毅然として対処しなければ尖閣諸島も沖縄も中国のものになってしまいます。

現に中国は、軍艦を尖閣諸島の接続水域に侵入させました（六月九日）。航空自衛隊の中国機に対するスクランブルも過去最高の数になっています。

にも拘わらず、「安保法制を廃止せよ」という輩がいます。またマスコミもそれを優先的に取り上げたりします。まったく、おかしな日本になっています。

社会保障制度にしても、国防問題にしても、本気で改革しなければ、本当に日本がおかしくなってしまいます。最悪、日本が崩壊する危険性すらあるのです。

その舵取りをするのが政治家です。政治家には、国を守ろうという強い意志と勇気ある決断が求められます。また国民は、何でも国がやってくれて当たり前というような意識を改革する必要があります。そうでなければ、日本の再生は実現できないでしょう。

本書では、日本国家再生の具体策を後半に挙げています。

いずれにせよ政治家に国家国民を守る意識がなければ、国をおかしくしてしまうことを民主党政権の時に私は強く感じました。

幸い民主党政権は安倍政権に替わり、かつての自民党もなし得なかった国家国民を守るための政策を打ち出し、国を壊そうとする勢力とも戦っています。

そういう意味で安倍首相は、良くやっていると思います。今後ともその手腕に大いなる期待をしているところですが、まだまだ日本が当たり前の国になるには道半ばで油断できません。むしろ、これからが本当の勝負と言えます。

戦わずして尖閣諸島を占領する具体的な行動に出てきた中国

国防に関して言えば、中国が突きつけてきている尖閣諸島の問題は、日本が独立国家として機能するのかを問われていることになります。安保法制に反対する人達は、どうしたら戦争を回避できるのかの議論はせずに、単に「戦争反対」を叫んで安保法制の廃止を訴えています。それを応援するマスコミ、学者、評論家など、いったい中国の動きをどう見ているのでしょうか。

南沙諸島での中国の動きに対し、アメリカはじめ日本および周辺国は「懸念している」とか「中国の暴挙は許さない」などと声明を何度も出していますが、当の中国は全く動じません。自分の領土で何をしても勝手だろうというわけです。

南シナ海問題でフィリピンが中国を訴え、仲裁裁判所は「中国の言い分には根拠なし」と、フィリピンの全面勝利を裁定したにも拘わらず、中国はそれを無視し実効支配の常態化を狙って動いています。

尖閣諸島での中国の動きも全く同じです。日本がどう言おうが得意の情報戦で「尖閣諸島は中国領土」だと嘘だとわかっていても言い続ける。日本が少しでも手を出したら、それを理由に尖閣諸島を占領する。そういう魂胆が見え見えです。

日本がちょっとでも引こうものなら、待ってましたと実効支配してしまう。南沙諸島が良い例です。アメリカがフィリピンから軍隊を引き揚げたことで、中国は戦わずして占領できると、埋め立て軍事拠点を作り始めたのです（現在、アメリカ軍は戻っています）。

安保法制の反対者や沖縄で反基地運動を続ける人達は「米軍出ていけ」と叫びます。まるで「中国さん、日本を占領してください」と中国に言っていると同じです。

中国の軍艦が尖閣諸島の接続水域に侵入したことは、尖閣諸島占領の具体的な手を打ってきたと読むべきです。日本が一歩引けば、たちまち尖閣諸島は中国のものになってしまうでしょう。

まさに尖閣諸島の問題は、国家の存亡を問いかけているのです。そういう意味で、日本の将来を決定づける出来事だと言えるわけです。

中小企業の経営者として絶対に守らなければならないことは会社を潰さないことです。国家も決して潰してはならないのです。それには勇気ある政治家の決断と実行、それを支持する国民が必要だということです。

愛国心なくしてまともな政治はできない

実は中国に気を使って、一歩も二歩も中国に譲歩してきたのは自民党政権でした。その反省が自民党になければ、独立国家としての日本は実現できないでしょう。安倍政権が思い切った歴史修正ができないでいるのは、それが大きく影響していると思っています。

その根底にあるのが「中国に悪いことをした」という自虐史観です。

歴史を紐解けば、日本の歴史は世界に誇っていいことが分かってきます。その誇るべき日本の歴史を学校教育のなかで行なわれてきませんでした。その意味で子供達は被害者です。

政治は、そういうことも断固として改革していかなければなりません。

国づくりは、結局人づくりにあります。

良く、「私は一人の人間として生きたい」と言う人がいます。その言葉の前提には、日本人なら日本人としての生き方が根底になければ、まとまりのない集団になってしまいます。戦後は全てに個人優先の生き方が正しいと教えられてきたために、公の精神を持った日本人としての生き方が失われてしまいました。それが政治家にも及び、国家観のない政治家が沢山います。

それは、自己中心の思想に毒されているからです。それでは、国家国民のための政治ができなくて当然です。国家観、すなわち国家意識、愛国心がないことは、国家を守ろうという意識がないことです。同時にそれは国民を守る意識もないということになります。

民主党政権誕生の政治選択は間違っていた

民主党政権の誕生は、私にとって悪夢でした。「日本人は野垂れ死にするのではないか」と思ったくらいです。

民主党政権は、平成二十一（二〇〇九）年九月十六日、鳩山内閣が誕生してスタートしました。鳩山由紀夫氏は今でも中国に媚を売り、日本を貶める発言を繰り返しています。

沖縄県の普天間飛行場移設について、「移設は海外、最低でも県外」を選挙公約としたことで、いまでもそれが反基地運動に繋がり、翁長知事の沖縄県民の意志を無視した発言と行動を応援する形になっているのは残念でなりません。とんでもない人が首相になったものだとあきれています。

一国の運命を握る国家リーダーであるならば、そう言う前に「自分の国は自分で守る」という国家体制を築くべきです。そうなれば、当然憲法改正も議論の対象になります。しかしそれは言わない。国家を考えない、迎合政治の典型です。日本を守ろうとする意志がない鳩山氏は、国家経営の資格、全くなしと断言できます。

その鳩山政権を引き継いで、平成二十二（二〇一〇）年六月八日～平成二十三（二〇一一）年九月二日まで政権の座についたのが菅直人首相です。この時に東日本大震災が起きました。「はじめに」

にも書きましたが、菅氏は政治献金問題で辞任寸前にありました。

菅首相のパフォーマンス

津波によって電源を失った福島第一原子力発電所は、自家発電機もバッテリーも機能を失い、原子炉の冷却ができなくなりました。冷却ができなくなると格納容器内の温度が上り、内部の水分が蒸発して圧力が上がります。それが限界を超えると格納容器が爆発する恐れが出てきます。そうなれば甚大な被害になってしまいます。それを防ぐにはベントしかありません。ベントとは、格納容器の圧力を下げるバルブを開けることです。

それを実施するには、その前に住民を避難させなければなりません。ベントすると放射能が一緒に出てくるからです。また、ベントするまで格納容器の圧力が異常に上らないように冷却しなければなりません。

消防車の手配が必要となる。

現場では、誰がベントするのか、それも決めなければならない。

ベントを行う人は、異常に放射能を浴びる危険もある。

電源が切れているので、現場まで手探りで行かなければならない。

地震と津波で瓦礫などが散乱しており、道を確保するにはそれを取り除く必要もある。

などの問題がある中で、現場では必死で吉田昌郎所長の下で対処していました。

その翌朝、菅首相がやってきたわけです。

吉田所長は現場での対応で少し遅れて菅首相と会いました。その前に担当者が菅首相に原発の状況を説明しようとすると、「自分の質問以外に答える必要はない」と話を聞こうとしない。そして「何でベントをしないのか」と叱りつける。

イラ菅と呼ばれる、そのままの姿があった。

それでも、吉田所長による「決死隊を作って対処しています」との説明で怒りもおさまったようです。その時点で吉田所長が知りたかったのは、住民の避難状況確認です。避難命令は出されていたが、避難状況の確認ができなければベントはできないからです。

何で菅首相はわざわざ現場に行ったのでしょうか。怒鳴るためだったのでしょうか、それともヘリから一人降りて「記念写真を撮るため」だったのでしょうか。格納容器冷却のため救援に駆け付けた自衛隊の消防車は、菅首相の来訪で「約一時間半」待たされています。

これらのやり取りは、門田隆将著『死の淵を見た男　吉田昌郎と福島第一原発の五〇〇日』（PHP）に詳しく描かれています。読んで思うことは、菅首相の来訪は現場にとって邪魔であったに違いないということです。

現場では懸命に水を入れ続けたことで、水素爆発により建屋の崩壊はありましたが、原子炉（格納容器）の暴発を止めることができました。まさに原発を預かるトップが、格納容器を爆発させないという覚悟をもって、全所員とともに対処した成果であると思っています。

トップの覚悟の重要性は、いざという時にはっきりと現われるものですが、菅首相にはトップとしての資質を欠いた忘れられない事件があります。これぞ国家観を欠いた典型と言っていいでしょう。

尖閣諸島の領海で中国船が日本の巡視船に故意に激突、それを隠す日本政府

平成二十二（二〇一〇）年九月七日、尖閣諸島の領海で中国の漁船が、日本の巡視船「よなくに」と「みずき」に故意にぶつかってきました。海上保安庁は中国船の船長を公務執行妨害で逮捕しました。当然のことです。

ところが中国は不当逮捕だとして、日本に釈放と損害賠償を要求してきました。あろうことか日本政府は船長を釈放し帰国させてしまったのです。しかも中国に遠慮して、衝突の映像があるのに公開しない。自民党は公開を強く要求。菅政権はいやいや六分五〇秒に編集し、一部の国会議員だけに見せました。

そこに「sengoku38」の名前で衝突の映像がユーチューブ上に現われました。そのお陰で国民は、衝突事件の真相を知ることができました。その勇気ある行動をしてくれたのが、海上保安庁国際捜査官だった一色正春氏です。自分の身を懸けて、国家のために自分の意志で公開したのです。一色氏の行為は、日本の国益のために貢献していますので、当然、国家より表彰されてしかるべきです。ところが日本政府は、政府の意志に反するとして、一色氏を職務規定に反するとして職を奪ったのです。

こうした民主党の考え方が民進党として今も生き残っているばかりでなく、何の反省もなく政権を狙うというのは、国家解体に役立つだけで、日本の為には何の役にも立ちません。

中国の反日行動に利用された尖閣諸島の国有化

民主党政権の三人目は、平成二十三（二〇一一）年九月二日～平成二十四（二〇一二）年十二月二十六日まで政権の座に着いたのが野田佳彦首相です。ここでも国益を損ねることをやっています。日本政府による尖閣諸島の国有化です。この問題は石原東京都知事が提唱した「東京都による尖閣諸島買取運動」ですが、尖閣諸島を漁業基地としたり、灯台を保守したり、気象観測施設などを設置して職員を駐在させ実効支配することが目的でした。

石原東京都知事は中国に嫌われていますから、その分、効果があるわけです。しかし野田政権は中国が黙っていないと考えて、石原東京都知事から尖閣諸島の問題を取り上げる行動に出ます。野田首相は「やります」と言いながら、実行になると決断が遅い。ところが、この時は決断が早かった。国有地としたのです。国有地にして日本人を誰も近づけなければ、中国は文句を言ってこないだろうと思ったに違いありません。

東京都が所有しても、日本政府が所有しても、日本領土には変わりはありません。ところが中国は、尖閣諸島は中国固有の領土と言い張って、尖閣諸島周辺に公船を巡回させ、領海侵犯を繰り返し続けています。

こうした民主党政権の実態を見ていくと、「一回くらい民主党に政権を担当させてもいいのではないか」という国民の政治選択は、完全に間違っていました。経営のできない者に、経営をやらせたら会社は潰れます。国家経営も同じです。二度とこういうことがあってはなりません。それだけに安倍首相には、日本国家再生のために頑張ってもらいたいと思いますが、かなり厳しい状況になっています。本書が応援の一助になればと思っています。

共産党との共闘は自由主義国家を滅ぼす

二大政党を目指したはずの小選挙区制なのに、現実は正式な政党として一〇存在します。やはり日本の政治には小選挙区制は合わないのだろうと思います。

自由民主党、民進党、公明党、日本共産党、おおさか維新の会、社会民主党、生活の党と山本太郎となかまたち、日本のこころを大切にする党、日本を元気にする会、沖縄社会大衆党の十です。

小選挙区制は、政権交代ができる制度として導入されたわけですが、自民党を倒すためなら共産党とも共闘するというのは、とんでもない間違いです。

本来の野党の役割は、国家国民のために必要と思われる政策を、政権政党が実現するように呼びかけること。単なる反対、それも政権政党を倒すための反対では、国会議員としての役割を果たしているとは言えません。

ところが選挙に勝つためなら共産党ともスクラム組むというのは信じ難い発想です。共産主義政党と一緒に選挙を戦って勝利した政治家が、自由主義国家体制の日本で、本当にわが国・日本を引っ張っていけるのか。日本を共産主義の国にするのか。社会主義を目指すというのでしょうか。それでは官僚社会主義になってしまいます。

マイナンバーは、まさに官僚社会主義の産物です。国民総背番号制で、国民をコントロールしようという社会主義です。

日本に共産主義思想を蔓延《はびこ》らせないためにも、有権者は賢くなって国家観のある政治家を選挙で選ぶしかありません。

「船頭多くして船山に上る」では、まともな政治はできません。政治家自身も国民に迎合するだけではなく、日本の将来に夢を与えるビジョンを語って欲しいと思います。

問題が明らかになるのは行動している証、安倍政権に期待する

いずれにしても政治は現実です。選ばれた政治家によって政治が行われます。第二次安倍政権が誕生してから三年半が経過します。先ほども延べましたが、これからが安倍首相の真価が問われると思います。それは言葉だけでなく、現実は相当に厳しい状況下に日本が置かれているからです。

安保法制の今後は、その必要性が益々高くなっていくと思われます。戦争反対や、平和憲法を守れば日本は平和でいることができるというのは、まさに幻想です。その危機感を持って政治を見ていく必要があります。また経済問題は、国家の背骨となる税収の確保も重大問題です。アベノミクスを含めて安倍政権の実態を次に見てみます。

いま日本は、経済の世界的な低成長のリスクの増大と人口減・少子高齢化の一段の進展の中で、

経済、社会保障、税財政、安全保障などもろもろの分野でたくさんの困難な課題を抱え四苦八苦しています。このような課題を克服し、突破口を開かなければならないのは、もちろん政治家・指導者です。指導者は、国民に対して大きな目標（国家デザイン）を示してそこに向けて国民を主導する責任を持っています。

第二次安倍内閣は、二〇一二年十二月にでき、それから三年六ヵ月が経ちます。デフレ経済からの脱却を目指すアベノミクスは、三本の矢すなわち、①二％のインフレ目標などの大胆な金融政策、②大規模な公共投資（国土強靭化）等の機動的な財政政策、③民間投資を喚起する成長戦略の三本を柱として構成されている経済政策です。

二〇一三年には日本銀行などによる大胆な金融緩和により株価の上昇、円安による企業の収益改善といった相当の成果を上げましたが、その後は大胆な金融政策による果実は今ひとつハッキリしません。

二本目の柱の機動的な財政政策に関しては、競争力強化等関連経費（一兆三九八〇億円）、一億総活躍社会の実現に向けて緊急に実施すべき対策等経費（一兆一六四六億円）を盛り込んだ数次の補正予算を成立させています。

成長戦略に関しては、庶民の賃金が、思うほど伸びていないなど、いまひとつパッとしません。今までのところ総じていえば金融政策に関してはA、財政政策に関してはB、成長戦略に関してはCとする浜田先生の評価が妥当かもしれません。

いずれにしろ、ＩＭＦ（国際通貨基金）が、四月に世界経済見通しを発表し、日本は二〇一七年の経済成長率は先進国の中で唯一マイナスと見通されています。そのような中でアベノミクスの果実はいくつかあるにしても、中小企業や地方にはその果実がまだ十分届いてはいないので、今後その果実が隅々まで届くようアベノミクスのエンジンをさらに強くふかし、地方創生のための政策が必要になります。

安倍内閣の重要課題である少子化対策も、いまひとつパッとした成果が生まれていません。少し改善されつつあるものの二〇一五年の合計特殊出生率は、一・四六人でまだまだ低いのが実情です。

安倍晋三首相は、消費税の一〇％への引き上げ時期を再度二年半延期して二〇一九年十月にするとの新しい判断を示しました。

増税は、内需を腰折れさせかねないからというのが延期の理由です。その心配はもっともで延期を支持します。

首相は同時に、財政健全化の旗は降ろさず、二〇二〇年度の国・地方の基礎的財政収支（対GNP比。プライマリーバランス）黒字化の目標は堅持するとしています。

この目標の達成は痛みを伴う構造改革をしないと簡単ではありません。断固たる意思をもって達成してほしい。そのためにも成長、経済再生なくして財政健全化がないわけですから、高い経済成長の実現に向けてすべての政策を動員しなければなりません。

硬い岩盤に至る抜本的な規制改革も非常に大事です。さらに消費税の引き上げ延期に伴う財源増の遅れが間違いなく生じます。消費増税の引き上げと合わせて予定していた社会保障の充実策についても厳しく見直さなければなりません。

緊急性の乏しいもの、費用に比べて効果が低いものなどについては先送りするなど断固とした決断をしてほしい。大衆迎合的（ポピュリズム的）な財政運営は絶対避けてほしい。指導者は、政策の実施の延期などに対して大衆から大きな苦情が出てもそれに揺らぐことのないよう覚悟をもって財政運営を進めてほしい。安易に赤字国債を発行して社会保障を実施するといったみっともないことは厳にやめてほしいのです。

「パナマ文書」が発表になり、大企業や富裕層のタックスヘイブン（租税回避地）を利用する国際課税逃れの実態が明かされました。国民の間に税の不公平感を高まらせました。言うまでもなく租税負担における担税力に即した公平な配分は税制において最も基本的な原則であり、担税力があるのにそれに応じた負担を逃げているのは全く理不尽といえます。大企業や一部富裕層による国際的な課税逃れは本国の歳入を減少させ、その減少のツケは国民にまわってきます。早急に対策を講じなければなりません。それには法人税改革が必要です。

こうした税改革ができる政治家はいるのかと思ってみると、安倍首相に替わる政治家はなかなか見当たりません。いや、いるのかもしれません。ならば安倍首相には、次に続くリーダーのためにも、日本の将来のためにも、日本国家再生の道を強く歩んで欲しいと思います。

道半ばのアベノミクスを真に評価される政策の実現を

安倍首相が消費税アップを延期したことで、アベノミクス批判が高まっています。本章では度々アベノミクスについて触れていますが、果たしてアベノミクスは成功したのでしょうか。それとも失敗だったのでしょうか。

その結論は時間の流れのなかで出されていくでしょうが、現段階で言うならある意味成功であったと評価できると思います。株価の低迷も上昇し、経済は間違いなく活性化されました。消費税も八%やむなしの状態もつくったからです。

しかし経済は生き物です。常に変化し期待の成果を上げるとは限りません。アベノミクスは中小企業にその恩恵がまだ及んでいません。ある意味成功と言うのは、大企業のことで、全体ではないのです。大企業の繁栄を嫌う人がいますが、中小企業にその恩恵が及べば繁栄の循環ができ、必ずしも間違いではありません。それが実現するのは、経済成長が順調に伸びている時です。

安倍首相はさらなる経済成長を推し進めると言っていますが、本当に大丈夫でしょうか。世界的不安がある経済で、大きな成長は望めないというのが私の意見ですが、大企業優先と言われるアベノミクスを、真に評価できるものとする手がないわけではありません。

アベノミクスによる大企業の繁栄は大いに正しかったと認めます。しかし、それはまだ道半ばの姿です。その利益を正しく分配しているかと言えば、それはノーです。税の公平中立を訴え続けている私の恩師、富岡幸雄先生は、『税金を払わない巨大企業』（文春新書）でも述べていますが、多国籍企業は法人税を公平に支払っていません。

タックスヘイブンなどはとんでもありません。正当な税率で法人税が支払われれば、国の税収は二十兆円とも三十兆円とも言われる額が増収になります。それを中小企業の減税や、社員の給与アップに回すのです。もしくは消費税率を下げるのです。

税法を見直すだけで、労働人口の七割以上占める中小企業に恩恵がまわる提言なのですが、本当にその声が政治に届かない。政財官の癒着で、既得権益を守るために政治家も官僚も敢えて何も言わないのかもしれません。

巨大大企業は、内部留保もアベノミクスによって貯めています。その一部を税金として納入すれば国としては大きな財源確保ができます。そのためのアベノミクスであったと位置づければ、大企業優先と言われるアベノミクスも、真に評価される立派な政策として後世にも語り継がれると思います。

税理士として、アベノミクスの成果を公平に分配する税制を、断固実行するように求めます。その税制で中小企業が活性化すれば、日本の経済も活性化します。それが私の提言、カミノミクスです。中小企業が元気にならなければ、日本は元気にならないのです。

具体的に真に公平、公正な税制が確立されれば、間違いなく日本の中小企業は活性化します。できなければ、間違いなく日本の財政は破綻の危機に追いやられます。

それを誰が、どのように解決していくのか。

政治家の決断と国民の力が、日本の運命を決めることになるのです。

第二章

日本国家再生の鍵を握るのは国家国民を思う政治家の決断と国民の意志

五年前の私の思いは変わっていない

平成二十八年七月十日、第二十四回参議院選挙がありました。今回は十八歳以上の若者に選挙権が与えられた初めての選挙でした。そしてもう一つ、共産党と民進党などが統一候補を出した初めての選挙でもありました。

私は、民主党政権が誕生した時のことを思い出し、もしかすると……という危惧を多少抱いていましたが、幸いにも与党が改選議席を上回る当選者を出し、まずは安堵しました。

国民は、大きな選択として間違っていなかったと思います。

ただ与党が選挙に勝ったからと言って、問題なく政治が行われていくかというと、そんな甘いものではありません。野党の共闘は、国家を分断する危険さえあるからです。

選挙戦ではっきり示されたのは、野党には具体的政策がないということです。とにかく「暴走の安倍政権を倒す」ということでした。

日本は、民主主義の国ですから言論の自由があります。大いに批判は結構でしょう。しかし単なる批判だけで代案がないということは大きな問題です。政治の役割は、国家として国民の生命と財産を守ることと言われています。

生命を守るとは、国の安全を守って国民の生命を守る。すなわち国防を意味します。

財産を守るとは、国の安全を確保し自由な経済活動を保障し、かつ税制によってできる限り公平、公正を図ることです。

代案がないということは、この重要項目を考えていないことになります。だから中国の横暴が目の前に現れていても安保法制はいらないとか、平和憲法があれば平和が保たれるとか、社会福祉でも財源を考えないで要求ができるわけです。

国家を分断する危険というのは、反対論の中に「分断思想」が潜んでいることです。例えば「戦争反対」という言い方があります。保守でも革新でも、与党でも野党でも、好んで戦争に賛成する人は、まずいないと思います。そこに付け込み「戦争反対」を「安保法制反対」に結びつけていく。

危機迫る現実問題から目を逸らさせ、肝心などう対処するかを考えさせないようにするわけです。

国民は、こうした「分断思想」に惑わされることなく政治家を選ぶ必要があります。今回の選挙はそういう意味で良い選択をしたと言えます。なぜなら「分断思想」の勢力が大きくなれば、それだけ国家の危機が増すからです。

もちろん選挙で勝利したからと言って、与党は安泰とは言えません。国防のみならず財政や社会保障などの問題を解決するために、政治改革を断固進めてもらわなければならないからです。

何を言いたいかというと、国は政治で動き、政治は国民の総意で動くということです。そこに国民の果たすべき大きな役割があるわけです。

ですから国民は、政治を自分のことと捉え、決してバカにしてはならないということです。

この思いは、五年前に『中小企業経営者に学ぶ日本再生の経営維新』を出した時と少しも変わっていません。むしろ益々強くなっています。

その時は、出版前に東日本大震災（平成二十三年三月十一日）が起こりました。

そして今回は、熊本・大分地震（平成二十八年四月十四日）が起こりました。

たまたま出版と地震が重なっただけかもしれませんが、タイトルが「日本国家再生」ということなので、何か特別なメッセージがあるのではないかと思ってしまいます。ＴＫＣ会計人として、そして日本人として、「日本国家再生」のために頑張れと言われているような気がしてなりません。

そんな思いで前書を読んでみると、今も変わらぬ私の思いが書かれています。

そこで第二章は、前書の中で今回も重要と思われる内容を抜粋し、リライトして掲載することにします。

その1　国のリーダーに国家観のない悲劇

国家観のない政治家は国を滅ぼす

平成二十一（二〇〇九）年九月、政権交代で民主党が自民党に替って政権をとりました。鳩山政権、菅政権、野田政権と約三年三ヵ月続くなかで私は、日本の政治に危機を強く感じてきました。

しかし、いくら民主党政権に問題があるにせよ、現にその政権によって国が動かされていることを考えると、不満や怒りがあってもその現実のなかで生きていくしかないことを嫌というほど思い知らされました。そこが、私が常に言う「政治家をバカにしても政治をバカにしてはいけない」ということなのです。

最終的には、先見性と洞察力のある政治家、トップリーダーが出てこなければ国家は、正常に戻ることはありません。私の主張である、日本再生も遠いものになってしまいます。

しかしそれを黙って見ているだけでは、一人の日本人として現実から逃げてしまうと同じことになるという考えから、平成二十三年十一月に『日本再生の経営維新』を出版しました。

そこで私が最も言いたかったのは、国のトップリーダーには――政治家、官僚も含めて、いやもっと言えば国民も含めて――国家観を持って欲しいということです。逆に言うと、最も持って欲しい国家観がないということです。別な言い方をすれば、国を思う気持ちがないということです。それでは国は正常に機能しません。だからこそ為政者である政治家には――国の舵取り役ですから――特に国家意識を持って欲しいのです。

これを中小企業の経営者に置き換えて言えば、「会社を守る」という強い意識を経営者自身が持つということです。その気持ちがあって経営者は、本気で「社員とその家族を守る」という意識が生まれるのです。

でも、それだけでは会社は健全に機能しません。同時に社員が会社を守る意識――言葉を換えれば愛社精神――が必要になってきます。国家国民の関係で言えば、愛国心、国家意識は、為政者にも国民にも必要だということです。

なぜ国家意識や愛社精神が必要かというと、それがない場合、それに所属するメンバーがバラバラになり、好き勝手に行動してしまうからです。

これは家族でも同じです。家族を思う意識がなくなれば、バラバラの家庭になってしまいます。その悲劇は、もう特別なことではなくなってきています。国家も同じです。

だからこそ為政者であるトップリーダーには、特に国家意識を持って欲しいわけですが、平成二十三年三月十一日に東日本大震災が起こった際の菅首相は、それを全く理解していない発言をしています。

民主党内部からも菅総理の無能ぶりが指摘され、自民党・公明党からは内閣不信任が提案され、それが成立すると思われた直前、菅首相は次のような発言をして首相の座を失うことから逃れました。まさに保身としか言いようのない内容です。

一、民主党を崩壊させない
二、自民党に政権を渡さない
三、東日本大震災の復興に全力を尽くす

これを聞いて私は大いに驚きました。

なぜなら日本国家や日本国民を思う気持ちが、かけらもないからです。菅首相（当時）は、日本国家を背負う総理大臣です。菅さんは確かに民主党の代表ではありますが、内閣総理大臣は、その立場を超えています。

難局のなかにある日本を、そして東日本大震災で被災された人たちのことを本気で考えているとはとても思えない発言です。なぜなら、第一に「守るべきは民主党」だというのです。大事なのは日本国家でも国民でもない、民主党が大事だというわけです。

日本国家を、日本国民を思う気持ちが、全くないと言ったら言い過ぎでしょうか。

平成二十八年四月十二日、十四日に熊本・大分地方で大きな地震がありましたが、東日本大震災は間違いなく国家の大惨事で国家の危機です。危機は地震だけではありません。これを機に中国やロシアには、日本を乗っ取ろうとする動きさえあるのです。その危機感さえない菅首相は、国家リーダーとしては失格でした。

平成二十四年十二月に第二次安倍政権が誕生して、少しずつ真っ当な国づくりが始まっていますが、国家観、危機感のない政治家は、民進党（旧民主党）をはじめ、反自民を掲げる政党はもちろん、自民党の中にも居るというのが、日本が乗り越えなければならない大きな問題として横たわっています。

国家意識喪失は戦後の教育にあり

ではなぜ国家意識を喪失した人がトップリーダーになっているのでしょうか。その大きな要因は、戦後教育にあったと私は考えています（この点については、保守の人達の中では、定説になっています）。おさらいの意味を含めて、なぜそうなったかという時代の流れを簡単に記してみます。

昭和二十年、西暦一九四五年八月、日本は大東亜戦争――戦後は「太平洋戦争」とGHQ（連合国最高司令官総司令部）より強制的に言わせられた――に負け、日本は昭和二十七年四月二十八日、主権を回復するまでアメリカ（連合国）の占領下にありました。簡単に言えば、日本の意思で政治も教育も経済活動も、さらには日本としての主張もできなかったということです。

ここに至るまでの世界の歴史を簡単に説明します。

十五世紀の終わり、大航海時代の成功によりポルトガルとスペインが地球の半分ずつを支配しようとする時代がありました。両国はその条約を結んでいます。それぞれが発見した陸地は、それぞれの国に属するというわけです。この時代のコロンブスの新大陸発見は、勇気ある行動としての評価もありますが、それが白人による侵略の始まりとも言われています。

その後、産業革命が起こり、白人世界の国々は圧倒的な武力で、アジア、アフリカなど多くの有色人種の国々を侵略――白人に言わせれば遅れた文明国を、文化の進んだ国が解放するという理由でその侵略を正当化――して植民地にしていました。そして世界制覇は目前でした。

ところが日本が日清戦争に勝ち、そして日露戦争に勝利してから黄禍論（黄色人種、特に日本人の台頭が白人文明ないし白人社会に脅威を与えるという主張）が出てきます。白人にとって有色人種は動物に近い人間として扱ってきたのに、その有色人種の日本人が、我々白人の世界制覇を邪魔する――禍をもたらす――憎《にっく》き奴ということです。

次第に白人による日本包囲網――石油が止められ、資源が止められ、息の根を止められる状態――がなされ、日本は追い詰められてしまいます。そこで日本が最終的に選んだのが戦争ということになります。日本が掲げた戦争目標は、白人によって占領されたアジアを解放するという大東亜共栄圏構想です。昭和十六年十二月八日、ハワイの真珠湾の攻撃からこの戦争が始まったわけですが、アジアを解放する戦いということで大東亜戦争と名付けました。

そして日本は負けました。大東亜戦争で掲げた「白人によって占領されたアジアを解放する」というのは、裏を返せば白人がアジアやアフリカなどの国々を侵略してきたということです。その過程で白人は、悪いことを沢山しています。その事実を全て覆い隠す目的で昭和二十一年（一九四六年）五月から昭和二十三年（一九四八年）まで開かれたのが東京裁判（極東国際軍事裁判）です。

白人が犯してきた罪を覆い隠すため、あたかも全ての罪は日本国家にあるという印象を、東京裁判を通して行ったのです。裁判というといかにも公平、公正と受け取りがちですが、東京裁判はとんでもない茶番劇、勝者が敗者を裁く、やらせ裁判でした。

悪いのは「日本」。日本は戦争して残虐なことをやってきたという物語を作り上げたのです。「大東亜戦争」の呼び名も占領軍によって「太平洋戦争」と変えさせられました。

悪かったのは「日本」という国と、そして一部の指導者である。日本国民よ、今度はそれに騙されてはいけない。国家より個人の気持ちを大事にしよう。国家を考えることなく個人のことを大切にして生きよう。いや国家は悪いことをするので国家を考えてはいけない。国家意識を持つ必要はない。

あくまで個人が大切、個人として生きよう。

さらに、「諸国民の公正と信義に信頼して」いれば——世界の現実は、そんなに甘くない——自主独立を守る戦争さえも必要としない。悪いことをするのは日本だけなので、日本さえ悪いことしなければ世界平和が実現するという徹底した日本悪玉論が根底にあって作られたのが、日本国憲法です。ですから現在の日本国憲法は、国家としての視点がすっぽり抜けているわけです。

そして日本国憲法発布と同時に明治憲法は廃止され、同時にそれまで日本人の精神を築いてきた教育勅語も廃止され、個を優先する教育基本法が施行されました。

その結果が、自分さえ良ければ、国はどうでもよいという個を優先する国民、トップリーダーが育っていったということになります。

戦後の教育は、国家意識は悪いものとして子供達に教えてきたのです。

自己のみを優先する生き方の恐ろしさ

少し硬い話になってしまいました。人間の体に例えて説明したいと思います。

人間の体は、六十兆個の細胞からできているといわれています。体全体を国家に、細胞を国民にたとえます。個のみを優先するというのは、体全体のことを何も考えずに一個一個の細胞が好き勝手に生きることです。戦後流行った思想で平等論があります。この考えがエスカレートすると、何でもかんでも平等でなければならないということになります。

例えば、足の裏の細胞が「いつも踏まれて大変だから、たまには自分も頭のところに行きたい」また、お尻の細胞が「そんなことをいうなら、私も頭になりたい」

というように、私も、私もと、全ての細胞が頭の位置を希望したらどうなるでしょうか。

人間の体そのものが成り立ちません。頭の細胞、腕の細胞、足の細胞などがそれぞれに、その位置、その位置で役割を果たすことで、はじめて体全体の機能が成り立つのです。

人間の体の機能を充分に発揮するために、それぞれの細胞が頑張ってこそ全体の細胞が生きるのです。自らの役割を考えずに、自らの主張のみを通そうとすると、その組織全体を壊してしまいます。

ということは、自らが生存する場所さえ失ってしまうことになるのです。

個のみを優先する生き方は、自分のこと、個しか考えない生き方ですので、家庭でも会社でも団体でも国家でも有機体としての機能を失い、その組織を崩壊させてしまいます。

まして国家のトップリーダーが、国家観なく個のみを優先させる政治運営をしたら、その国家の崩壊は早まります。だから私は、必死で国のトップリーダーには国家意識を持って欲しいと願っているわけです。

ここで言いたいことは、個だけを優先していたら全体は成り立たないということです。細胞と体は運命共同体、国家と国民もまた運命共同体なのです。

政治のトップリーダーが国家観を持ち、国民が国家意識を持つ大切さを言っているのです。まだまだ日本が国家として成り立っているのは――国民自身が意識しているか、していないかは別として――国家と国民が運命共同体として繋がっているからです。

ところが、こともあろうに国家意識を持たないトップリーダーが、その大切な国家と国民の絆を壊しているのです。それが日本の現状です。

まさに個を優先する戦後教育が、いまの日本の状況を生んでいるわけです。

というと何でもかんでも国家を意識して生きなければならないのかという疑問を持つ方もおられると思います。そうではありません。

わかり易く戦争時代を「国家意識一〇〇%。個人の意識〇%」とすると、戦後教育は「国家意識〇%。個人の意識一〇〇%」といっていいでしょう。

どちらも極端すぎます。しいていうなら、トップリーダーなら「国家意識一〇〇%」といいたいところですが少なくとも八〇%以上は欲しい。公務員なら「国家意識五一%以上」。一般の人なら「国家意識数%～数一〇%」、要は、日頃国家を口にしなくても、自分は国家に繋がっているという意識を忘れないようにするということです。

別な言葉でいえば「公《おおやけ》」の心を持って生きようということです。

二千年以上続く皇室のご存在

公の心を持つということでは、特に日本では皇室のご存在があります。

皇室のご存在を高く評価するのは、日本人よりも外国の要人かもしれません。天皇陛下に拝謁できることを何より誇りに思うそうです。

民主党政権下で起きた東日本大震災、様々な支援で助けられましたが、皇室のご存在が日本国民の大きな力になっていることを忘れてはなりません。

熊本、大分震災でも同じです。

平成二十三年三月十六日には、天皇陛下からのお言葉がありました。

どれだけ多くの人が、このお言葉で救われたことでしょう。私自身、感動して読ませてもらいました。大事なお言葉として、ここに掲載します。

天皇陛下のお言葉　全文

この度の東北地方太平洋沖地震は、マグニチュード九・〇という例を見ない規模の巨大地震であり、被災地の悲惨な状況に深く心を痛めています。地震や津波による死者の数は日を追って増加し、犠牲者が何人になるのかも分かりません。一人でも多くの人の無事が確認されることを願っています。また、現在、原子力発電所の状況が予断を許さぬものであることを深く案じ、関係者の尽力により事態の更なる悪化が回避されることを切に願っています。

現在、国を挙げての救援活動が進められていますが、厳しい寒さの中で、多くの人々が、食糧、飲料水、燃料などの不足により、極めて苦しい避難生活を余儀なくされています。その速やかな救済のために全力を挙げることにより、被災者の状況が少しでも好転し、人々の復興への希望につながっていくことを心から願わずにはいられません。そして、何にも増して、この大災害を生き抜き、被災者としての自らを励ましつつ、これからの日々を生きようとしている人々の雄々しさに深く胸を打たれています。

自衛隊、警察、消防、海上保安庁を始めとする国や地方自治体の人々、諸外国から救援のために来日した人々、国内のさまざまな救援組織に属する人々が、余震の続く危険な状況の中で、日夜救援活動を進めている努力に感謝し、その労を深くねぎらいたく思います。

今回、世界各国の元首から相次いでお見舞いの電報が届き、その多くに各国国民の気持ちが被災者とともにあるとの言葉が添えられていました。これを被災地の人々にお伝えします。

海外においては、この深い悲しみの中で、日本人が、取り乱すことなく助け合い、秩序ある対応を示していることに触れた論調も多いと聞いています。これからも皆が相携え、いたわり合って、この不幸な時期を乗り越えることを衷心より願っています。

被災者のこれからの苦難の日々を、私たち皆が、さまざまな形で少しでも多く分かち合っていくことが大切であろうと思います。被災した人々が決して希望を捨てることなく、身体《からだ》を大切に明日からの日々を生き抜いてくれるよう、また、国民一人びとりが、被災した各地域の上にこれからも長く心を寄せ、被災者とともにそれぞれの地域の復興の道のりを見守り続けていくことを心より願っています。

その後の避難所のご訪問もまた、被災者のみならず日本国民に大きな力を与えて下さいました。
宮城県南三陸町の佐藤仁町長の手記を少し紹介します。（『明日への選択』平成二十三年八月号）
「ヘリコプターで高台にある小学校に到着された両陛下は、グラウンドから壊滅した町並みを見られた後に、深々と黙礼されました。その後、約二百人が避難していた中学校の体育館を訪れたのですが、とても心に残ることがありました。

両陛下にはスリッパが用意されていました。私は先に体育館に入ってお待ちしていたのですが、入り口付近で皇后陛下は私がスリッパを履いてないのを見られると、自らもさっとお脱ぎになられたのです。また、天皇陛下もそうなされようとしたので、私はそのままお履きいただけるように必死にお願いいたしました。こうした両陛下のさりげない謙虚な姿勢から、国民はいつも勇気と元気をいただいているのでしょう。皇室の『存在感』というものを間近で実感いたしました」

「さらに私が感動したのは、避難所の体育館を出られる際、天皇陛下から『がんばって下さい』とお声をかけられると、町民から『ワァ』という大きな歓声と同時に、拍手が巻き起こったことです。泣いている人もいました，それまで町民は慣れぬ避難所生活で疲れ、精神的にもギスギスしていたところを、両陛下のお見舞いによってほんとうに救われたのです」

大震災でよみがえった絆

戦後教育で、個を優先する生き方を学んできたなかにあっても、やはりこうした大震災を受けると人と人とのつながり、絆の大切さがよみがえってきました。

地震で家屋が崩壊し、津波にすべて流されたなかで、多くの人たちがすぐに救援活動を始めました。

津波で孤立した人々を救うヘリコプター、ボランティアを志願する人々、被災者のお世話をする中学生、高校生、津波の来襲を最後の最後まで知らせ続け最後は自分が津波に襲われ命を奪われた防災職員、先生の教えをきちんと守って小学生を引率して無事に命を守った中学生、病気の人に接する医師、看護士、寒さに震える被災者に一刻も早く灯油を届けたいと仕事に励む人達、救援品を届ける運転手、様々なところで、様々な人が助け合い、励まし合う姿がみられます。

企業からの援助物資、募金も銀行のＡＴＭシステムがパンクするくらいに多くの人が振り込んでくれていました。自治体の人も必死で頑張っていました。

外国からも救援部隊が派遣され、救援物資も届いています。略奪がない、水をもらうにもきちんと並んでいる。そんな姿をみた外国人は一様に驚き素晴らしいと褒めてもいます。

原発事故に取り組む職員、自衛隊、消防隊、被災者を受け入れる全国の自治体、自宅でも受け入れる人たち、本当に沢山の人たちが救済と援助と復興にむけて頑張っています。

これは震災直後の話ですが、多くの人たちが助け合うことのありがたさを感じています。闇だけを見ていては暗くなるだけです。悪夢の中に、まさに光ありです。日本国民が一つになって頑張っている感じがします。

残すは為政者の勇気と行動です。

勇気ある決断をする政治家の出現と、そしてそれを支える国民が一体となって復興に頑張る。

そうしたことが一日でも早く実現することを願っています。

出でよ　国家経営の感覚を持つ為政者よ!!

とにかくいまは、気骨のある政治家、国家の指導者、為政者が日本に必要です。公のために尽くす武士の心を持った指導者が必要です。

「ならぬものはならぬ」、イエスかノーをはっきり言えて、責任をとる覚悟が出来ている指導者が必要です。イエスかノーかをはっきり言えない、責任をとらない人は公の心を優先するサムライ、すなわちトップリーダーには向いていません。

我々中小企業の経営者も同じです。まして政治家、為政者は国家を担うトップリーダーですから、イエスともノーとも言えない、良いか悪いかもはっきり言えない、ダメなものはダメとズバリ言えないようではトップリーダー失格です。

そういうリーダーでは、中国や韓国、ロシアなどに好き勝手なことを言われても反発できず、追い込まれてしまいます。尖閣諸島しかり、竹島しかり、北方領土しかりです。

尖閣諸島で起きている領海問題は韓国でも起きています。しかし韓国は中国船を拿捕しています。しかも日本のように簡単には返さない。謝罪にも賠償金にも応じない。それがなぜできるか。それは国家を守るという強い姿勢が韓国民にあるからです。その実態を自衛官はみんな知っています。おそらく政治家も知っているでしょう。

しかし、そうした行動を日本は起こさない。

自民党時代から繰り返してきた屈辱外交のツケがいまなお残り、何もしない日本になってしまっているのです。会社ならとっくに倒産です。

国が潰れたら、元も子もありません。

政治家に文句を言うだけでは変わりません。国民が生まれ変わり、少なくとも国（日本）を売るような政治家は選ばない。日本国家再生を託せる政治家を選んでいかなければなりません。

とにかく、国家経営者として卓越した力を持つ為政者が必要です。

安倍政権に大きな期待を寄せるのも、安倍首相が卓越した指導力を発揮しているからです。

この項の終わりに一言。

政治家を馬鹿にしてもいいが、政治を馬鹿にしたら国は滅びる!!

国民よ　目覚めよ！　日本を愛する日本人たれ！

そのII　こんな日本に誰がした

国を愛し讃えることを否定する教育

いったい、今の日本と日本人はどうなってしまったのでしょうか。

私はいま、日本が国家存亡の危機に瀕しているのではないかと痛切に感じています。しかし、その現実を、果たしてどのくらいの日本人が認識しているでしょうか。

一国のトップたる総理大臣が相次いで任期途中で政権を投げ出し、国民生活の安心と安全を守る警察官が自ら犯罪に手を染め、あるいは国民が納めた年金保険料を着服する役人がいます。また子供を虐待する親が後をたたず、親の死亡届を出さずに年金を不正受給する輩まで出る始末です。

日本人がおかしくなった背景として、戦後教育のあり方を見逃すことはできません。中でも日教組（日本教職員組合）が無責任な言動を取り続けてきたことが、若い世代に悪影響を与えてきたと言っていいでしょう。

日本人を育ててこなかった日教組の罪は、言いようがなく大きいわけですが、問題はそれを政治が許してきたことにあります。

細かく言えばきりがありませんが、平成の大愚策とも言われるゆとり教育は十数年も続けられました。幸い、国際学力比較調査で日本の子供達の学力の低下ぶりが際立つ結果となり見直されることになりました。

問題は、ゆとり教育で学力水準が低下しただけではありません。

戦後のゆがんだ教育の影響で、子供の我慢強さや忍耐力が損なわれ、さらには隣人愛や社会愛、両親に対する感謝の気持ち、社会に貢献しようという使命感の欠落など、さまざまな弊害をもたらしています。

他人を思いやる心が壊れ始め、特に家庭内での幼児虐待は珍しくないニュースとなっています。逃げ場のない子供達を虐待した親や大人は異口同音に「しつけのため」と言い訳をしますが、当人のしつけこそ足りなかったと言えます。

中でも歴史教育は、自国に誇りを持たせるものでなければならないのに、自虐的な歴史観を子供達の頭に刷り込んできました。いまの日本の歴史教育は、亡国行為以外の何ものでもありません。

その結果、エゴがあまりに大きくなり、国家意識を喪失してしまっています。

国民の間に国を真剣に思う気持ちがなく、正当な国家観、歴史観が身についていない。そのため、「愛国心イコール軍国主義」などという、単純な考えが出てきています。

国民が自分の国を愛するのは当たり前です。自分の所属する国や組織を嫌っていては、国を愛する心も、会社を愛する心も生まれてきません。

国歌や国旗を大切にするのは、国を愛する心の延長線上にあり、国民としてごく自然な行為です。

ですから国民として、国旗を掲揚し、国歌を斉唱することはどの国でも当たり前にやっているわけです。

にもかかわらず日本は、毎年、卒業式の季節になると国旗掲揚や君が代斉唱を巡ったトラブルを耳にします。日本を嫌いになるような教育を日教組はしてきたのです。

若い時に受けた教育は、その子の考えに大きく影響します。日教組の教育は子供達の心を蝕み、日本を悪くする禍根になっているのです。その罪は、とてつもなく大きいと言ってよいでしょう。

ここで一言

学校教育として、必要な知識を持たせるのは当たり前です。

その一方でとくに義務教育においては、国民としての意識を育てることが求められます。

社員教育なら愛社精神、国の教育なら愛国心を醸成することこそ教育の基本とすべきです。

自虐史観に縛られた日本

戦後教育の歴史観は日本の歴史を徹底して悪く言う自虐史観になっています。これが日本の外交姿勢を支配し土下座外交や謝罪外交となって現れています。これは確実に国益を損ないます。

その典型がアジア諸国（中国、韓国、北朝鮮）に対する外交姿勢です。歴史問題に注文がつくたび、十分な検証もないまま、謝罪で済ませてきました。これは、国際社会における説明責任を放棄していることに他なりません。

それを日本政府そのものがやってきたのですから、国がおかしくなって当たり前です。

それを象徴するのが、次に挙げた二つの談話です。

①村山談話（一九九五年八月十五日）

「遠くない過去の一時期、国策を誤り、戦争への道を歩んで国民を存亡の危機に陥れ、植民地支配と侵略によって、多くの国々、特にアジア諸国の人々に対して多くの損害と苦痛を与えました」

「わが国は、深い反省に立ち、独善的なナショナリズムを排し、責任のある国際社会の一員として国際社会を促進していきます」

戦後五十周年の終戦記念日に、社会党の村山富一首相が閣議決定に基づいて発表した声明です。

この村山談話は、橋本内閣から鳩山内閣、菅内閣まで踏襲され、対外的に日本国政府の公式の歴史的見解として定着し、アジア外交、歴史教育の足を縛ることになっています。

こういう誤った談話は、国家として廃棄すべきです。

②河野談話（一九九三年八月四日）

「慰安婦の募集については、軍の要請を受けた業者が主としてこれに当たったが、その場合も甘言、強圧による等……官憲等が直接これに加担したこともあった」

宮沢内閣の河野洋平官房長官が、第二次世界大戦中、朝鮮人の女性が従軍慰安婦として強制連行されたということを認め、全面的に謝罪した談話です。しかし、その後、歴史的な事実として立証できないことが明らかにされています。

つまり、軍の強制はあったとする証明がなされていないにもかかわらず、日本政府の見解としてありもしない罪を「ある」と認めたのです。

一九九六年までは日本のすべての歴史教科書に従軍慰安婦の強制連行に関する記述がありましたが、二〇〇三年の教科書検定以降、すべての日本の歴史教科書から削除されています。それは軍の強制は無かったということです。しかし一定期間、日本の歴史の授業で誤った内容が事実として教えられていたことになります。その罪は限りなく大きいと言わざるを得ません。

日本のメディアも一部を除き、客観的な立場から歴史を検証するのではなく、海外からのクレームをそのまま真実のように報じています。いったいどこの国の新聞なのかと思ってしまいます。

個人であれば、とりあえず詫びてその場を収めることも選択肢の一つでしょう。しかし国家間となるとその重みは比較にならないくらい大きくなります。

相手の言い分に対して真実を主張するのではなく「とにかくお詫びして穏便にすませよう」という姿勢は、あまりに安易で無責任です。

対アジア諸国だけの問題ではなく、日本が謝罪外交を続ける限り、欧米諸国も日本を戦争犯罪国家として見ることになります。謝罪するということは、それを事実として受け入れたことになるからです。

GHQの計画、成功せり

自虐史観はなぜ生まれたのでしょうか。それは極東国際軍事裁判（東京裁判）によってです。東京裁判で日本はとんでもない判決を押し付けられてしまうのです。しかしその判決に、法の精神に則り反論した裁判官がいました。その名は、インドのラダビノート・パール博士（判事）です。

東京裁判で、唯一の国際法専門家だったパール判事は、アメリカの対日最後通牒《つうちょう》というべきハル・ノート（一九四一年十一月）について、「ルクセンブルクやモナコでも矛《ほこ》をとってアメリカに立ち向かうだろう」と述べています。

そして「日本のいかなる戦争も国際法に違反したものではない」と結論付けています。

しかしその意見は、東京裁判では受け入れられませんでした。

ところがです。その裁判を操ったマッカーサー総司令官は、昭和二十五年、朝鮮戦争が勃発した後アメリカに戻され、米国議会で日米戦争について「日本には自衛上開戦もやむを得ない状況にあった」と発言しています。

日本は大東亜戦争（太平洋戦争）に負けましたが、その後は、白人によって植民地とされていたアジア、アフリカ諸国の独立運動が活発化しました。日本が欧米と戦ったことで、植民地化されていたアジア、アフリカの国々が勇気付けられ立ち上がったのです。民族の独立というのは、民族にとって悲願です。だからこそ、いまなお独立を目指す国々があるのです。日本の戦いはアジア、アフリカの国々の独立に大きく影響していると言っても間違いないでしょう。

日本人ならば、そうした歴史の真実を知る必要があります。

しかし戦後は、アメリカ（ＧＨＱ）が実施した「ウォー・ギルト・インフォメーション・プログラム」で洗脳され、日本人は戦争に対する罪悪感を植えつけられてしまいました。その後の日本政府の対応を見る限り、また日本の教育を見る限りこの計画は見事に成功したと言えます。

長い目で見た場合、日本が謝罪外交を続けることは、近隣諸国との友好的な立場を保つのをむしろ困難にします。日本の歴史に自信を持ち、信念のある外交を確立することこそ、真の友好関係を築くことになります。

勇気をもって、外交の場で相手と対峙する為政者の登場こそ、いまの日本に必要です。かの吉田松陰の詠んだ次の句の覚悟が求められます。

かくすれば　かくなるものと知りながら　止むに止まれぬ　大和魂

日教組に迎合した戦後の教育

吉田松陰と言えば、改革者とともに教育者として凄い力を発揮しています。明治の元勲を育てたことでもそれがわかります。教育者、指導者は、その指導力を学ぶべきでしょう。

日教組は様々な点で日本の教育をダメにしてきましたが、「強制はいけない」として教師や親から指導力を奪ってしまいました。それが子供達の学力に影響したことはご承知の通りです。

勉強というのは、「勉めて強いる」と書きます。強制は良くないということで、子供達に強いることをしないできたのが戦後教育であり、その具体的手法がゆとり教育でした。

人間的成長を願うなら、子供に我慢を教えなければなりません。それが大人になってどれほど役に立つことでしょう。ですから、よいことを強制することは正しいのです。

義務教育では、知識と知恵を持たせることが基本的な目的です。

創造力や発想力を伸ばすためにも、まずインプットがなければアウトプットできるわけがありません。にもかかわらず、強制せずにゆとりを持たせるというのは、無責任極まりない発想でした。

その言い訳として、子供の自主性を尊重すると言ってきましたが、その裏に教える側の無責任さが見え隠れします。そんなことで、果たして教育者と呼べるでしょうか。

教育は国家を支える人を育てることが基本中の基本です。人物なくして国家を建設することはできません。であるならば、真の教育を行う大前提として「国家を支える人物を育てる」という確固たる教育方針、理念が不可欠です。これがなければ日本は国家の体をなさず、とんでもない国民が出来上がってしまいます。それが現代日本の教育と言っては言い過ぎでしょうか。

まさに戦後の日本の教育は、日本人を、そして健全な人間を育てようとしなかったのです。日本の為政者、文部科学省は、日教組に迎合しそれを許してきたということです。

その結果、親世代が健全な日本人を育てられなくなって、さらにそれが次の世代に受け継がれ、自分のことしか考えない人間、わがままな人間が育っているのです。

ヒトが人として育たなければ、正常な人間社会は築けません。

いま必要なのは「勉めて強いる」教育です。

最近、少年による身勝手な犯罪が頻発しているのも、堕落した家庭教育、学校教育のなせる業でしょう。自分たちの陰湿ないじめによって同級生が自殺したにもかかわらず、一向に反省の色を見せない子供達を見て背筋が凍る思いがします。

戦後の日本の教育は、なんら事前の検証をしないまま、こうした子供達を育ててきたのです。どんな改革にせよ、実行するのは人間です。日本人として、立派な人間として人が育ってこそ日本の再生も可能となります。為政者は、その重要性を肝に銘じ教育改革にあたってほしい。そうでなければ、間違いなく日本は崩壊してしまいます。

国家も企業も家庭も、すべて教育のあり方次第で良くも悪くもなるのです。

ここで一言

人は人を幸せにするために生きてこそ幸せを感じます。
そういう人間本来の使命感を持たせることが、
教育の根本的な目的と言っていいでしょう。

近隣諸国条項という足かせ

子供達が自分の国に誇りを持てるように、正当な歴史教育を行なう。これは、どこの国でも実施されている、ごく当たり前のことです。ところが、日本はこの点において自らを危機的な状況に追い込んでしまっています。

一九八二年（昭和五十七年）、教科書検定に近隣諸国条項が制定されました。「近隣のアジア諸国との間の近現代の歴史的事象の扱いに国際理解と国際協調の見地から必要な配慮がされていること」となっています。

鈴木善幸首相の訪中を控えたタイミングだったという事情はあるにしても、日中友好を優先させ日本の教科書に真実の歴史が書けなくなりました。その結果、間違った歴史を日本の子供達に教えることになり、謝罪外交があたりまえのようになりました。

日中友好を中国側から言うと中日友好となります。

この場合の友好の意味は「日本が中国の言いなりになる」ということです。

そう考えると、今までの中国に対する弱腰外交がよく理解できると思います。

それによって日本の子供達は、自虐史観をベースにした歴史教科書で歴史を学ばざるを得なくなりました。すなわち自分が生まれた国について、暗黒の歴史のみ強調される、この上なく不幸な事態に陥っているのです。

歴史教科書の内容について他国が口出しすることは内政干渉に他なりません。にもかかわらず日本の政治家は、中国、韓国、北朝鮮の歴史観に迎合しています。この条項がある限り、日本の青少年はゆがんだ歴史観を植え付けられることになります。

ここで一言

たとえば、自分が勤めている会社が、反社会的行為を行なっていると言い立てられて、社員のやる気が出るでしょうか。

若者が自分の生まれた国に誇りが持てないということは、今後の日本にとって取り返しのつかない負の遺産になります。

大人、子供を問わず日本人一人ひとりが、近代の歴史を学び直すこと。この努力なしには、自虐史観から脱却することは不可能です。教育に携わる人々、そして為政者は、この基本的立場に立って役割をきちんと果たしてもらいたい。

企業で言えば、社員教育の徹底です。

コラム1

教育が企業と国家の命運を決める

私（筆者）の事務所では、社員のモチベーションを高める具体的な施策として、年四回の儀式（イベント）を行なっています。

一　月　新春方針発表会（個人の決意発表）
四　月　合同入社式（入社歓迎とグループ会社方針の確認と徹底）
七　月　五年後のＪＰＡ総研グループ経営指針の発表および長期事業構想、経営計画発表会
十　月　ＪＰＡ秋季大学、成功体験発表会
　　　（各人がそれぞれ一つの研究成果、成功事例を発表）

その冒頭、国旗に向かって国歌を全員で斉唱します。そして、事務所の経営理念、方針を社員に浸透させます。仕事のパートナーとしての位置付けと意味付けを確認する場であり、全社員を一堂に集めて、方針、夢、ビジョンを語り合うのです。

将来に向けた確固たる信念、希望の持てる職場でなければ人材は定着しません。儀式に参加することで、社員は会社の方向性を確認することができます。

「自分たちはこの会社の一員である」ということを強く実感し、組織における自分の立場、今後自分に求められる役割を発見することができます。すなわち自己発見の場であり、モチベーション（動機づけ）を高め、生きていることの喜びを与えるものです。

経営資源の乏しい中小企業では、人材が何よりも重要です。特に、現在のような厳しい経営環境下で、会社の業績に貢献しない、ただ給料だけをもらいに来る社員を抱えていたら、中小企業に限らず会社は確実に潰れてしまいます。

こうしたお荷物社員を一人も出さない職場づくり、人生の修練の場としての「やる気の土俵づくり」に取り組む必要があります。

年に四回の儀式を始めたのは昭和五十一年、㈱日本パートナー会計事務所に組織変更してからです。それまではモチベーションを高めるのに苦労してきました。

期首の経営計画発表会はそれ以前からやっており、この場で私をはじめとする幹部が社員に檄を飛ばすとみんなの目は輝きます。ところが、三ヵ月くらい経つとその士気が衰え始めるのです。

頻繁に飲み会をやって社員に発破をかけ、激励しましたが、単なる飲み会では全員の士気を鼓舞するところまでは無理でした。そこで、三ヵ月ごとに儀式を開催し、トップの考え方が肉体化するまで、とにかく繰り返し注入しているわけです。

メンバー全員一人ひとりが自らの所属する組織にプライドを持ち、やりがいを感じること。これが、組織の力を高めていく上で欠かせないことです。

翻って、日本が行っている教育のあり方はどうでしょうか。確かに戦争は二度と繰り返してはなりませんが、近隣諸国の注文を受け入れた歴史観に沿った歴史教育が教育の現場で行なわれている異常さは見過ごせません。

日本が国民に対して行なう教育は、少なくとも「日本人に生まれてよかった」という誇りを持たせるものであってしかるべきです。

どのような目的でどのような教育を行っていくか。これは組織や国家の命運を左右するテーマであり、それだけにトップが知恵を絞る必要があります。

その III　国益を捨てた政治家たち

為政者の責務

為政者として最大の責務は、国民に対して日本の未来図を提示することです。企業経営者で言えば経営理念に沿った経営計画を立て、目標と具体策を設定することです。これを実行することで収益が上がり、社員の給与所得が増えていくという未来図です。

国民は将来に希望が持てなければ、先行きに不安を感じ自己防衛に走ります。経済の面で言えば国民のお金は消費に回らず、タンス預金となって世の中には流通しません。そのため企業収益が上がらず、給与所得も増えません。日本はいまデフレ経済の悪循環にどっぷりつかってしまっているのです。

その打開策の一つとして、税制改革という名の小手先の対応ではなく、「増税なき財政再建」に向けて踏み出し、財政の立て直しを断行することが最優先すべき課題と考えます。

そのために為政者には、「わが身をつねって人の痛みを知る」という、米沢藩の財政再建を成し遂げた上杉鷹山の姿勢が求められます。

いまの日本にとって必要なトップリーダーは、そういうことをきちんと言える人物ということになります。

ここで一言

企業経営も国家経営も同じです。

トップが明確なビジョンを示せなければ組織は立ち往生してしまいます。

優秀な経営者は、社員の生活を第一に考えます。

いま、日本の政治家はどうでしょう。

国家、国民に対する責任を果たしているでしょうか。

その姿勢、責任が問われているのです。

難しい問題を先送りする政治

政治がここまで悪くなったのは、明らかに政治家自身の驕りでしょう。命を賭けても国家国民を守るという政治の原点を忘れています。

国家の精神的支柱となる日本国家としての正しい歴史教育もせず、逆に日本を崩壊させるようなことばかりをやっています。

靖国神社に参拝もせず、何をもって国を守ろうというのでしょうか。

人間は、どうしても安定した生活に慣れっこになってしまうと、自分の役割を忘れ精神が腐ってきます。まして二世、三世の政治家ともなれば、お膳立てが全部揃って当然となるわけですから、政治家としての信念や覚悟がなくなっても当然です。

中国が日本の水資源を買っている、また日本の各地にチャイナタウンをつくる、これは明らかに中国の二十年後、三十年後を見据えた戦略です。

今でさえ中国の横暴には手を焼いているわけですから、日本政府は頑としてそれを許さずに日本の国益を守るべきです。

それを友好という名で、何でもOKしてしまっては日本が日本でなくなります。

前にも述べましたが、中国の言う友好は「中国のいいなりになる」ということです。自民党政権時代からその友好という言葉にのせられて、中国のいいなりになり、難しい問題については先送りしてきたのです。

民主党政権になってからは、むしろ積極的に中国や韓国のいいなりになっていると言っても過言ではないでしょう。

それもこれも、国家国民を守るという政治家の役割や信念を、忘れた結果と言えます。

将来を何も考えず、まあ、ちょっとくらいいいやという安易な姿勢が、大きな問題となって現在に押し迫ってきているのです。

会社でも国家でも、トップリーダーが果たすべき役割、使命を忘れてしまっては、取り返しのつかないことになります。政治家は国家、国民を守るという信念、経営者は社員とその家族を守るという強い信念と行動力がなければ、国民や社員を不幸へと導くことになるということです。

外交のあるべき戦略とは

外交は常に戦略が基本となります。その戦略とは、すなわち戦わずして勝つことです。日本がアメリカ一辺倒になっていることは、現実的選択肢でしょう。アメリカに軸足を置き、日本の主権を守りながらどう国益を維持していくかを考えて中国と付き合う必要があります。なにせ中国は、相手の主張がどうであろうと、自らの主張を無理にでも押し通す国だからです。経済的に協力し、ＯＤＡでいくら援助しても、受けて当然の中国は、お人よしの日本人とは考え方が根本的に違います。

そういう相手に対しては、一歩も譲らずの姿勢が求められます。最近民間外交で中国を巻き込んでいく力を備えようという人々が出てきていますが、普通の国ならそれでＯＫでしょうが、そうはいかないのが中国です。その点をよく認識すべきです。とにもかくにも、日本は大人になることが必要です。

今のままでは、まるでお父さんであるアメリカに肩車されて、「お父さんよりも大きいよ」とはしゃいでいるようなものです。それではまともな外交はできません。

自分の立場をきちんと主張し、必要に応じて相手の顔を立てることです。いわゆる大人の感覚を持たなければなりません。

その点、徴兵制を維持しながら永世中立国の立場を堅持しているスイスなどは立派な大人と言えます。日本はスイスを見習い、戦争放棄を理念とするアジアの紳士たる責任ある行動が必要であります。

そのためにも、潜在的核戦力の保有国であることを内外に宣言することです。

再び世界的な戦争が起こると、人類の滅亡につながりかねません。唯一の被爆国である日本が、喧嘩は嫌いだとお題目だけを唱えるのではなく、いざとなれば戦うぞという姿勢をはっきりと見せる国になり、他国が押さえのきかないくらいの実力を見せるべきです。

潜在的核戦力の存在を知らしめ、これを絶対に使わせたくないと思わせることです。優柔不断な態度に終始するのではなく、必要なときは、日本人を怒らせるなということを外交の交渉時に強く印象づけるのです。それが日本の外交姿勢に求められています。

一〇〇〇兆円超えた「国の借金」

国債、借入金、政府短期証券を合わせた「国の借金」は二〇一六年度で一〇〇〇兆円を超えています。借金がここまで膨れ上がるのは、戦時中であれば世界的に見ても珍しいことではありません。しかし、日本は平時にあってここまで増やしてきました。

バブル崩壊後の一九九三年以降、税収が頭打ちになった中で、自民党政権は税収不足を補い、景気てこ入れのために赤字国債発行による巨額の財政出動を繰り返してきました。

国債残高がここまで積みあがると、利払いだけでも膨大な金額になります。金利が一％上昇すると国の利払い金が二・五兆円増えます。

また、金利上昇は国債の価格低下につながり、金融市場の波乱をもたらしかねません。金融緩和政策が長らく続いてきた背景には、デフレ対策というよりむしろ、国債管理の側面が大きいのです。

そのあおりで最も苦しんでいるのは、年金で生活している高齢者です。国債の利払いを抑えるために長きにわたる超低金利政策がとられてきたことで、予定されていた利息が手に入らず耐乏生活を強いられているからです。

さらに懸念されるのが、国債市場が変調をきたした場合です。国債の相場が急落すると長期金利が上昇し、それが企業向けの貸出金利、住宅ローン金利に跳ね返り、返済不能に陥るケースが頻発することになるからです。また、急激な円安が発生し、日本経済はデフレとインフレのダブルショックに見舞われる恐れがあります。

さらには、国民が預貯金を預けている金融機関は大量に国債を買い込んでいるため、預貯金の払い戻しが不能になることも考えられます。

ということで財務省は、もうこれ以上借金はしたくないということで、増税を打ち立てているわけです。でも現実は赤字国債を発行しなければ、やっていけないということでその法律を検討しています。

平時であれば、これ以上国債は発行しないという政治決断をする必要があります。

大震災においては復興資金を政府が供給し、経済を活性化することです。それを早くしなければ、財政の立て直しも、ますます困難になってしまうでしょう。

そこで問われるのがトップの姿勢です。

コラム2
問われるトップの姿勢

私は事務所の開業当初から、自分のやらない仕事を決める、それを実行してきました。そして、トップである自分よりも潜在能力を持った人材を採用することに努め、自分のやらない仕事を担当させました。さらに、これは幹部になれると見込んだ者には、その能力ぎりぎりの仕事をどんどん任せて鍛え上げていきました。

しかし、社員に任せるのは意思決定ではなく、あくまで実務です。社長の最大の役割は意思決定であり、社長業は意思決定の連続であるからです。

日本国家の経営も同じです。通常の実務は官僚に任せても、防衛にしろ財政問題にしろ国家が抱えている問題を解決する時には、トップが意思決定を下さなければなりません。

問題があるということは、今までのやり方ではやっていけないということですから、現状否定となります。官僚は「前例がない」などと言って反対することもあるでしょう。しかしトップは勇気を持って「未来の国家と子孫のために」改革を進めなければなりません。

安倍首相には、強いリーダーシップで日本再生を果たして欲しいと強く願っています。

そのⅣ　為政者は国家ビジョンを描け

国家の安定なくして企業の繁栄もなし

先が全く不透明な時代になっています。一部の企業を除き瀕死の状態にあえぐ中小企業が多く存在しています。私の事務所にも今後も経営をやっていけるのかと相談にみえる社長もおられます。そこで感じるのは、この一社が倒産するとそれに関係する中小企業が何社か連鎖倒産するだろうということです。保証協会付きだから安心と思っていたのに、保証人にそのシワ寄せがくる現実をはじめて知ったようです。

何度も言いますが、私は日本を支える中小企業が元気にならなければ、日本は元気にならないと思っています。ところが今の日本はどうでしょう。中小企業が苦しむ中で、政治は信頼を失いまるで機能していません。

すなわち、企業経営も国家経営も困難な時代です。ならば、元気になるのは国家が先か中小企業が先か、やはり、国民としては国家がどのような方向に進んでいくのか国家ビジョンが欲しいのです。

経済の成長戦略、財政政策が、ちゃんと方向づけられていくのか。国民が納得いくような税制を示してくれるだろうか。今の政治から、それらが全く見えてきません。

国が不安定な中で我々中小企業は、安心して商売をやっていけるのかどうか。政治と深く関わってきた土木、建設、不動産業に限ったことではありません。サービス業も含む全ての業種に政治のあり方が関わってきます。

ここで一番私が言いたいことは、為政者は国家経営者たれということです。政治というと経営とは別の印象を持つ人もいるかもしれませんが、国家も経営です。健全な国家経営をするためには、為政者は社長業——とくに中小企業の経営者——に学び、国家経営に徹して欲しいのです。

また経営者は、政治家の姿勢から何が不足しているのかを学び今後の経営に生かしていく。そういう意味でお互いが反面教師となり日本を支えていくのです。

私が経営の根底に置く言葉に「自利利他」という言葉があります。「自利利他」とは自利即利他であり利他の真っ只中に自利があるということです。それと同じように、国家経営の安定があってこそ中小企業の繁栄は可能であり、中小企業の繁栄があってこそ国家が元気になるのです。

そういう視点で私の思いを展開していきたいと思います。

トップリーダーとしての志

国民の意識によって政治も変わっていきますが、何より大事なのはトップリーダーの志です。なぜならトップリーダーは、その組織、団体に大きく影響を及ぼすからです。

会社の経営が良くも悪くもなるのは、すべて社長の責任と書きました。本当に中小企業の経営者は自分の命（生活）を懸けて事業を展開していきます。

それは社員とその家族を守るためです。それを本気で思っているからこそ、自分の生活の全てを懸けることができるのです。いや、そうしなければ会社は倒産してしまいます。倒産すれば社長の役割、社会的使命は果たせません。

翻って為政者は、どうでしょう。自ら国家国民のために動かなければ、国家が潰れてしまうと本気で思っているでしょうか。世の中がいくら不景気と言っても、自分たちは安定して歳費が支払われ、別に明日の生活を気遣いする必要はありません。そうなると人間は、安定に慣れ公に尽くす気持ちを失っていきます。

それに負けない心がなければなりません。

それをもたらすのが志です。

その志をそもそも今の政治家は持っているのか。

志とは、士の心、サムライの心、公に生きる心を持っているかということです。

国会議員にとっての志は国家国民のために尽くすことです。それが国の舵取りであり、国会議員は国民からその任をまかされているわけです。

その思いが今の政治家にあると言えるでしょうか。ないとすれば何をもって政治家として国家運営にあたるというのでしょうか。少なくとも、中小企業の経営者を見習って、志を持ち、日本のために尽くして欲しい。そう思います。

いまこそ国民教育を

トップリーダーの志と同時に、国民の気持ちも大事です。国民の総意として政治家が選ばれ政治が行われるからです。

企業で言えば、社員教育は非常に重要な要素ということです。とくに社員数の少ない中小企業は、社員の質が問われるだけに社員教育が大切になってきます。

それと同じように国家経営を考えた場合、国民教育は非常に重要です。国家のなすべき重要課題であると言ってよいでしょう。ところが、いまの日本はどう考えても国民教育がなされているとは言えません。

むしろ、その逆を行っていると言っていいでしょう。

国民教育なくして、国家が健全に運営されるわけがありません。

なぜ、このような日本になってしまったのでしょうか。

簡単に言ってしまえば「全ての点で個を優先する戦後教育」がなされてきたということです。

その結果、自分さえよければいい、国家などどうでもいいという、いわゆる国家意識がすっぽり抜けた状態になっているのです。自分の国である日本領土を奪われようとしても命を張って守ろうとしない政治家は、その代表的な例と言えます。国家意識がないと、そういう結果を招いてしまうのです。

では国家意識とは何でしょうか。

それは、国家と自分の命は繋がっているという一体感です。

なかなかピンとこない人もいるかもしれませんが、もっと分かり易く言うならば公の心、仲間を思う気持ち、親や兄弟姉妹を思いやる気持ちを持つということです。

基本的には家庭で公の心を育てる、「個を優先するだけの生き方ではいけない」ことを教えなければなりません。そして国家が、公の立場で公の心を育てる仕組みをつくることです。

それが義務教育の役割です。義務教育の費用は税金で賄われています。学校は公の場であるということです。ですから学校で公の精神が教えられなければ、税金を使って教育する意味がないことになります。

その象徴が、国旗を掲げる、国歌を歌うということです。それを日教組の先生方は、戦争に繋がるという理由で、国旗掲揚とか国歌斉唱を拒んできました。それではまともな国民精神が育つわけがありません。日教組はとんでもないことをやってきたのです。

国家を考えない政治家のように、国家意識を育てない先生は即刻辞めてもらいたい。

私の事務所にも国家意識がない職員が入社してきました。国歌を歌わない。国民として歌うのは当然だろうと言うと、「私は市民だ」と言うのです。これにはビックリしました。税理士は国家資格です。国家意識なくして、何を基盤に仕事をするのか。公に役立つ仕事をしなければ我が事務所の存在価値はありません。そういう者には辞めてもらいました。

企業経営者が真剣に社員教育を行なうように、国家が国民教育をするように政治家は取り組まなければなりません。

政治家自身が、まず国民の一人として国家意識を持ち、その上で国家のトップリーダーとして国家国民に尽くす。そうなって欲しいのです。

ここで一言

国民教育をするために、私は教育勅語を教えたらよいと思っています。

人間として日本人として生きる上で、あれほどいい教育指針はないと思います。

憲法と同じようにＧＨＱは、教育勅語を廃止しました。

日本人から日本精神を消し去るためでした。

それだけ、教育勅語は日本精神を育てるのに効果があったということです。

民主政治の落とし穴

最近の政治家は国民に迎合し過ぎです。国全体のことを考えずに自分の要求だけをする国民の言い分ばかりを聞いていては、財政がパンクしてしまいます。

そういうことに対しては、政治家は時に国民と戦わなければなりません。なぜなら国家の舵取りをしている政治家と、その政策を受けて生活する国民は利害が一致しないからです。

それをなんとかまとめているのが民主政治です。

ここでいう民主は、民主党の民主ではありません。民主主義の民主です。

会社は社長次第と何回も述べてきました。国家経営も同じで、政治は政治家次第で変わります。

その国会議員は国民の投票（選挙）によって選ばれます。

国民が国の舵取りを国会議員に委託した形をとるのが議会制民主主義です。

ですから政治が悪いのは国民のせい、ということにもなりかねません。

政治が悪いのは国民が悪いからと言われるのはそのためです。

しかし、そうであっても政治家に志があれば違ってきます。本当の意味で国家国民に尽くす覚悟があれば、自ずと行動が違ってきます。保身や自らの利益は後回しにするようになるでしょう。

と言って現在の政治の体たらくを見るにつけ、国民のレベルで政治家が選ばれているというのも事実です。それは二十歳を過ぎれば誰でも選挙権が与えられてきた、いわゆる民主主義がなせるわざです。平成二十八年七月の参議院議員選挙からは、十八歳以上が選挙権を与えられます。学校では、民主主義は素晴らしい、現代の政治原理として最良であるかのように教えられます。確かにそれでまあまあの政治が行なわれていることも事実です。

しかし、実際の国家運営や会社運営を考えた場合、必ずしもそうとは言えません。

民主主義という言葉を丸々信じることで、ダメ経営者が陥りやすい問題があります。それは「民主経営」という問題です。

では「民主経営」の何が問題なのか。経営者も政治家もこれをしっかりと把握しておかなければなりません。

民主経営論で国の経営はできない

社長も社員も同じ人間ではないか。お互いの意見を大切にしてやっていこう。これが経営における民主経営論です。みんな仲良くということですから、非常に聞こえは良いものです。

しかしこれは、「管理」と「経営」をはきちがえた大間違いの考え方です。

もちろん、会社を運営するに当たって民主的にすることは大切です。

民主的という言葉で代表されるやり方は、コミュニケーションです。それを十二分にとることによって風通しの良い組織となり、全社員が働く意欲を持って業務に取り組み、業績が向上して元気な会社になると言えるからです。

しかし、それはあくまでも運営管理のレベルであって、経営の本質ではありません。

ここを、経営者も政治家も間違ってはいけません。

経営者は、命の次に大切な財産をぶち込み、まさに己のすべてを経営に費やしています。だからこそ、責任のある仕事をします。

民主経営などと言って社長が責任をとらずに済むかというと、決してそんなことはありません。会社が潰れたらトップが一〇〇％責任を負うことになり、社員や幹部が責任をとることはありません。

民主経営を唱える人は、会社を仲良しクラブと勘違いしているのです。

すべての責任を負う社長がすべての意思決定をするワンマン経営こそが正しい経営で、それ以外の経営はすべて誤りです。

これでも分かるように、国家を担う政治家に当てはめてみると、政治家は全責任をとる立場にあるのです。税金で生活しているということは、公の立場にあり、その分、責任があるということです。

それなのに国家を売るような発言や行動をする政治家がおります。それは、まさに税金泥棒。即刻辞職してもらわないと困るのです。

コラム3

会社経営の原点と言える教訓

経営の神様、松下幸之助氏が説いた会社経営の原点と言える教訓。

それは

和をもって興し、

周知を集め、

主体的に決定する。

国家のビジョンを描け

もし社長が、自分はこれから何をしたらよいか、それを知るために「会社とはなんぞや」を今から勉強しますと言ったら、社員はどう思うでしょうか。そんな社長には誰もついてこないでしょう。

社長業とは意志決定の連続が日課であるのがその専担業務として取り組むからこそ、全てに責任を負う立場にあります。常に会社の向うべきビジョンを掲げて、目標をしっかり社員に与えて、みんなの夢を実現するために職場を活性化させ、儲かる仕組みづくりとやる気の土俵づくりをすることです。

それが社長の役割であり仕事です。

国家経営も同じです。総理大臣が、国民が将来安心して暮らせるようなビジョンを描き、自らの意思で決定しその実現に向って政治行動することなのです。

二十一世紀の国家経営のビジョンを見える形にした上で、財政と経済政策をマッチングさせ税金で財政が賄えるような政策を実行しながら、国民が本気になってやる気と元気がでる国家を運営する。

それを実行するのが政治家であり、政治の役割であるはずです。それがかつての民主党には何も感じられませんでした。

国家意識がないと国家ビジョンも描けません。人材教育、国民教育がなされなければ健全な国民は育ちません。行き着くところは教育になりますが、人を育てることは短期間ではできません。

やはりここでも、どういう人材を育てるのか、その方向性、ビジョンが必要なのです。

国家意識——国家ビジョン——国民教育——人材教育のビジョン——国家意識

これが善の循環になれば健全な国家経営が実現します。

しかし今の日本は、これが悪循環になっています。悪循環を断ち切り正しい循環にするのが、本来政治家の役割であり使命のはずです。

国会議員は、本当に大きな役割と使命があるのです。

核武装

世界で唯一の被爆国である日本は、核について提言できる特権があると私は思っています。信じるかどうかは別にして、現在でも核爆発の地下実験が年間驚くほどの回数で実行されていると聞いています。

それでは地球がおかしくなって当然です。

地下とはいえ実際に実験が行なわれているのであれば、事実上核兵器を使っているのと同じです。地下が汚染されれば、食糧も汚染されることになります。

そう考えると私は、もう核開発は止めるべきだと思います。核保有国は地球に責任を持つということで、核を減らしていくことが緊急の課題でありましょう。

ただ問題は、理論や理屈は正しくとも、何事においても自国の利益を優先させる国際社会においては、理想論だけではやっていけません。

北朝鮮あり、世界の脅威となっている中国の軍拡あり、その中で日本は核武装をどう考えていけばよいのかということになります。

中国は自分の国の軍拡については自衛と言い、日本に対しては何かあるとすぐに軍国主義と言って批判します。日本はすっかり軍事に対しアレルギーになり、いまもって真面目に核について、保有しない、製造もしない、持ち込まない、そして議論もしない国になっています。

中国が自衛と言うなら、日本も自衛のために核武装をすると大いに言うべきです。日本は、潜在的核保有国であると…。しかし、本気で核武装するわけではありません。

ただ世界は軍事力が最後の決め手となる現実を忘れてはなりません。

日本の自衛隊は、国を守る意志がない民主党政権時代の総理大臣の下では機能しません。

また核爆弾を使えば人類は滅亡につながります。ですから、実際に使わないというのが世界の常識になっています。

それに加えて地球を守るという視点からも、核開発はもう止めるべきです。地球がおかしくなったら人類は本当に滅亡してしまうからです。

現実の中で理想を実現するのは難しいですが、勇気をもって政治家には発言してもらいたいのです。

国家の何を守る

国家の何を守るかと言えば、国家国民の生命財産を守ることです。生命財産には、文化、伝統、歴史も含まれます。これは世界の共通の認識と言っていいでしょう。もっと言うなら、アインシュタイン博士が言ったように、世界の生命財産を守ることが共通のテーマだと言えます。

アインシュタインは、「人は何のために生きているのか」の答えとして「人は人様の幸せを実現するために生きている」と言っています。

なぜか。その説明もまた面白い。

人間は、自分の顔を実際に見た人は誰もいません。自分の後ろ姿を見た人もいません。鏡で見ていますと反論する人もいるかもしれませんが、実際の自分の顔ではありません。実際に見ているのは人様の顔です。鏡を見ているのは虚像です。

本物の自分の顔は見られないように、見えないように神様が創ったのです。後ろ姿が見られないのは、即ち、人様の顔を見て生きている。つまり、人様の為に生きる。人様の報恩感謝で生かされているということです。

その視点に立ってもう一度国家は何を守るかを考えてみると、究極は人の幸せを守るということになります。そして世界の幸せを守ることによって、自国の幸せを守ることができます。

そしてアインシュタインは、「人の幸せを実現しない生き方は、人間の生きる目的に反している」と言っています。人様を幸せにして自分が幸せになるのです。

企業を例にとれば、その意味がよりはっきりとわかります。社員を幸せにする、その家族を守るために会社があるのです。

そのことを経営者が考えているからこそ、社員の教育を徹底し、五年先までの資金繰りを考えた経営計画書、資金計画書を作り、一年毎にしっかりと収支を合わせ、継続的な経営を可能にする対策を立ててそのつど練って改善しているのです。

国家の財政もやることは同じです。借金を積み重ねた日本の財政、今のままで本当に国民を守れるのかということになります。

口を開けば国民のためと言いながら、それとは逆の方向に行っているのが今までの日本の政治と言ってよいでしょう。

そのⅤ　政治家よ、責任を他に転嫁するな

官僚組織、公務員制度改革

どんな企業でも絶対に潰れないという保証はありません。茹でガエルよろしくぬるま湯の中に長くいると、ついつい自分の役割を忘れ、安定した生活が続くと思ってしまいます。さらに問題なのは、それができなくなると自らを反省するのではなく、他に責任を求めてしまうことです。大きな組織になればなるほど、安定した組織であればあるほど、その傾向になりがちです。いわゆる大企業病です。

この病気に陥った企業は死に体になり潰れます。

明治以来日本を支えてきた日本の官僚制度が、まさにその大企業病にかかっています。国益よりも省益を優先させたり、転職するごとに退職金をたんまりもらって何の罪の意識も持たない高級官僚がいたり、とんでもない実態がマスコミをにぎわしたりします。

税金を負担している国民の気持ちなどそっちのけです。貰えるものは何でも貰ってしまえというわけです。そして誇りだけ高くて責任はとらない。

企業がそんなことをしていたらとてももちません。

官僚には、企業がどうやってお金を稼いでいるのか、そこに思いを寄せて税金を使ってもらいたいものです。

自民党の時代から何度となく公務員改革が叫ばれ、組織の変更があったり一、二割の職員を減らす話などもありましたが、一向にその成果は見えてきません。

このあたりで勇気ある政治家が出て、断固改善してもらいたいのです。

ここでも為政者は、企業経営に学んで欲しいと思います。

責任をとるという覚悟

為政者に限らずですが、上に立つ者の最も必要な資質は、人のせいにしないということです。

社員が失敗しても自分が全部責任をとるという覚悟です。

トップリーダーは部下を引っ張る役ですから、部下がついてくるような人間にならなければなりません。その最も有効な環境づくりは、部下が安心して仕事ができる雰囲気づくりです。すなわち部下のやったことに対しては、全て自分が責任を取ることを明らかにしておくことです。

駄目なトップリーダーほど、民主経営をやってしまいます。みんなの意見を聞いて決めるということですが、それは自分が責任をとりたくないということです。

驚くなかれ、民主党政権時代では「尖閣諸島は日本の領土と決まっているので何もしない」という態度でした。まさに自分達は責任をとりませんということです。侵略されても何もしない。日本人を上陸もさせない。どうぞ尖閣諸島を獲ってくださいと言っているようなものです。

責任をとらない政治家は、政治家の役割を果たすことはできません。即刻議員を辞職すべし。

政官財一致の構造へ

ローマは一日にして成らず。しかしローマは一日にして滅びました。それはマーケット税が引き金でした。

どこの世界でも同じです。為政者がこれ以上の贅沢はないほどの贅沢をして財政をたれ流す。そしてその負担を国民に押し付けてしまう。これがローマ市民が立ち上がった本当の理由です。エジプトのデモも大統領の辞任にまでいきました。やはり物価上昇がきっかけでした。政府は国民の生活実態を把握して、食料品の価格上昇を抑えればよかった。しかし穀物相場が上がっていたためそのまま上げようとした。

一方で為政者は贅沢をしたまま、国民に負担を強いて、もっともっと贅沢を……。それで国民は、これ以上独裁政治は許さないとなったのです。

日本も財政が破綻しない前に手を打たなければなりません。足りない分を増税で賄う発想ではなく、税金で賄える福祉ビジョンを確立する。こうした視点に立った経済政策を行なうべきです。

成長経済政策のポイントをどのあたりに置いたらよいのか。国内の需要を喚起するか、あるいは海外との取引、海外進出を増やし、アメリカ、ヨーロッパを含めて、特にアジアで貿易の収入を上げていくという方向が考えられます。

中国はいろいろ問題がありますので別に置くとして、アセアン（東南アジア諸国連合）やインドなどは有望です。

こうした戦略を実行しているのが韓国です。政官財がかつての癒着の構造から一致の構造に変わり、手を取り合い力を合わせて取り組んでいます。政府がトップセールスをやっているわけです。日本も政官財一致の構造で取り組むべき時が来たと思っています。

日本国の公会計を複式簿記に

いま、何より優先して行なうべきことは、国の会計制度を国民にはっきり見えるものにすることです。そこで提案したいのが、複式簿記の採用です。

複式簿記は記帳された数値の正否を自動的に検証する機能があります。ドイツの文豪ゲーテが「複式簿記は人類最大の発明」としているのは有名な話です。

日本でも明治八年、大隈重信（肥前）が公会計に複式簿記を導入しました。ところが、何かと金銭スキャンダルが多かった長州閥にとっては邪魔な仕組みであったせいか、明治二十三年山県有朋内閣のときに単式簿記に戻されてしまった経緯があります。

同年に一部政治家と官僚の利権の温床となった特別会計が誕生したのも何かの偶然でしょうか。以来、基本的に大福帳と変りのない仕組みで公会計が使われてきたのです。

一九六二（昭和三十七）年、第一次臨時行政調査会が公会計について複式簿記の採用を勧告していますが実現していません。

いまこそ公会計を複式簿記制度に切り変え、国民や海外からの信頼を確保することこそ、財政規律を立て直すための第一歩です。

複式簿記にすると予算の繰り越しができなくなり、バランスシートに表れるため、歳出の内容が問われることになります。

単式簿記のままなら、単年度主義で無罪放免になります。いわば収支決算報告書に過ぎず、これは無責任会計の象徴だと言わざるを得ません。

公会計への複式簿記導入に対して「複式簿記が難解だから」を理由に反対するのは大うそです。無責任な財政支出を隠ぺいするために単式簿記で行われてきたと言えます。

複式簿記に変更されれば自分たちがやってきたことが明らかになり、不正が暴露されてしまう。現在の日本の公会計は、あたかも大福帳のように収支だけを見せ、各事業の結果を見せないための、政官財の隠れみのと化しているのです。

税理士、公認会計士による行財政の監査を徹底して行えば、必然的に複式簿記が必要になります。財産目録をきっちり整えたうえで、バランスシート経営を行うのです。

経営者に対して、決算監査、ＭＡＳ監査があるように、官僚、政治家に対しても国家財政監査、政治資金監査が徹底され、正直者が馬鹿をみない、報われる社会を作り上げるべきです。

公会計の実践によって、国家の財政、地方の財政の監査を専門家であるわれわれ会計人が監査人として担っていく。国家公務員の業績のディスクロージャー(情報公開)をきっちり行なうためにも、行財政の監査人監査制度の確立が求められます。

国民の健全な納税者意識を醸成する

現状のシステムでは、税理士は徴税機関の一部になってしまいかねません。そうした実務家の域にとどまらず、税金の使われ方を監視すべき立場が求められていると思っています。

日本の予算を見ると、五十六兆円の税収に対し九十七兆円の予算を組んでいます。年収五六〇万円で毎年九七〇万円も支出に回したら家計は破産するに決まっています。バランスシートを見れば過度に悲観する必要はありませんが、これ以上の財政悪化にはブレーキをかけなければなりません。

消費税の税率だけを議論していてもダメです。

財政は政治、行政と密接に絡んでいるからです。

税制改革の前に財政の健全化に向けた道筋を付け、監査をきっちり行うことを先決すべきです。予算が正しく使われているかどうかを会計検査院がチェックするのです。

会計検査院にできないのであれば、税理士や公認会計士にまかせ、自覚せる職業会計人集団である我々ＴＫＣ全国会に委ねればよい。財政再建のための行財政改革は避けては通れない道です。

日本の国民は、残念ながら納税者意識がなさ過ぎます。世界にも例を見ない意識の低さです。それが、税金の使われ方に対する鈍感さにつながっているのです。ムダ使いをされても無頓着でいられるのは、自分が税金を払っているという自覚がないからです。

その象徴的な仕組みが、一九四〇年四月一日に導入された源泉徴収制度です。戦時中に国が戦費を効率的に集める手段としてナチス・ドイツを見習って導入されもので、この制度こそが納税者意識の希薄化をもたらしていると言えます。

思い切って源泉徴収制度を廃止し個人が直接納税するようにすれば、国民は税の重みを実感し、税金の使い方に強い関心を持つはずです。国は徴収に今までにない手間がかかるでしょうが、国民の健全な納税者意識を醸成するには、こうした思い切った改革も必要と考えます。

税制は国家の背骨　税金は政治の鏡なり

税制は国家の背骨とも言うべきものです。政治主導でよりよい仕組みに改善される必要があります。そして、その仕組みによって国民のやる気を引き出すことができます。

日本の税制はどうか。誠に残念なことですが、税制改正という名の修正こそ幾度となく繰り返されてきましたが、税制改革は行なわれたことがありません。日本の税制は国民のモチベーションを高めるどころか、元気をなくす方向に作用しています。

縦割り行政の下、官僚がそれぞれの権益のもとで政策を打ち出します。

政治家は、当事者意識のないまま、自らが国民より優れていると錯覚し、政策を考えることなく、官僚が出してきた政策をそのまま成立させます。

本来は政治が主導権を握るべきところ、官僚主導型の政治が行なわれてきたのが現状です。その結果として、国家としての方向性よりも省庁の権益が優先されてきたわけであります。財源を確保するために消費税を上げろというのも、その一例です。

消費税率の引き上げは、少なくとも「景気の底打ち、回復が明らかになったら」という付帯条件をつけない限り、むしろ税収増には結びつかないでしょう。

中小企業に対する減税や法人税率の引き下げによって、国内経済を活性化することで税収増を図るべきことは、経済の素人であっても分かります。ところが、優秀であるはずの霞が関官僚はあくまで財政原理主義を金科玉条とした硬直的な思考回路から脱却できていません。

アベノミクスを成功させるためにも、税の公平、公正を実現すべく大企業が優遇されている法人税の実効税率を見直し、それを財源として予算にまわせば消費税アップを止めることも、中小企業対策に手を回すことも可能になります。

正に、「税制は国家の背骨、税金は政治の鏡なり」です。

第三章

日本国家再生の経営維新
我ら一億総活躍国民よ、平成の坂本龍馬たれ！
今こそ日本の未来の国家と子孫のために

「国家再生の道筋づくり」を本気で取り組む覚悟を持て!!

本章では、日本国家再生のために国民はどうすれば良いのか、日本が抱える諸問題を挙げながら述べていきたいと思います。

日本国家再生となれば、当然その中心的役割を持つのは政治家と言えますが、国民もまた日本国家再生にあたっては無関心、傍観者であってはなりません。国家のあり方は、国民生活に直結しているからです。

のみならず、護憲派が好んで使う「主権在民」――彼らの言う主権在民は政治家の好きに政治をやらせないということですが――国家あっての主権ですから、正しくは国家の運営に国民が責任を持つということになります。

では、何のために責任を持つかと言えば、「未来の国家と子孫のために」ということになります。未来の子孫に「誇れる日本」を譲り渡すことが、今に生きる我々の使命と考えるからです。

その意味するところをまとめた言葉が「我ら一億総活躍国民よ、平成の坂本龍馬たれ!」です。坂本龍馬が「今一度日本を洗濯致し候」と言った言葉を我が思いとして、日本国家再生に頑張ろうではありませんか。

そこで国家経営維新を事業経営の観点から考えると、企業にビジョン経営事業が必要であるように国家にもビジョン国家経営が必要です。また企業が成り行き経営から理念経営、計画経営に変えなければならないように、国家も理念国家、理想国家再生経営に変えていかなければなりません。今こそ理念国家、理想国家再生経営のために全力投球で取り組む時なのです。

改革の必要性を十分に知りながら、手を打たずに会社を潰して行った中小企業経営の失敗者を見てきました。同時にそれは経営のあり方を学ぶことでもありました。だからこそ、その学びを国家再生にも生かして欲しいと強く思うわけです。

子孫に残す未来の国づくりのために、「民活」を最大限に活かす「国家再生の道筋づくり」のために、その王道を歩むロードマップ運営の日本国家再生プランを、政治家も一億総活躍国民も平成の坂本龍馬となって、共にその使命と役割を果たすよう訴えるものであります。

以下、緊急性のある項目順に述べてみます。

そのⅠ

少子高齢化社会の社会保障制度改革
―今こそ国家福祉ビジョンを示す国家再生の時なり
財政再建はあと、共助社会を建設せよ!!

（1）国家も国民もそして為政者である政治家も変化せよ

社会保障を充実させたくても、いや現状を維持していくにも、日本は世界一の高齢化と少子化によって、それができない状態になっています。それを支える財源の確保が難しくなっているからです。平成二十八年度の当初国家予算は約九十七兆円、そのうち歳入は約六十三兆円、不足分の約三十四兆は借金・国債で賄っています。その借金は国と地方を合わせて一〇〇〇兆円を超えました。

その中で、社会保障関係費は幾ら使われているかと言えば、約三十二兆円です。それがこの先、高齢化によってその費用は益々膨らみ、少子化によって働く年代の人口が少なくなり、財源の確保は益々厳しくなっていくわけです。

こうした状況がやってくることは以前からわかっていました。だからこそ国は、年金の支給開始時期や支給金額を変更したり、医療費削減などに取り組んできたわけですが、国民の反発が起きないように気をつかい、改革が小手先になり本格的になされないまま現在に至っているわけです。それももう限界にきており、財政改革は待ったなしの状態にあるのです。本気で改革をしなければ、間違いなく国家財政は破綻します。破綻してしまえば、今まで受けて来た年金も、医療保険も介護サービスも、今までのように受けることができなくなります。

ですから社会保障制度の問題は、国民自身も一緒になって改革を考えなければならない、国民一人一人の身近な問題なのです。当然、政治家としても重要かつ緊急問題として解決しなければならない問題なのです。

ところが、改革の先頭に立つべき政治家に、その意識があるかどうかは、はなはだ疑問です。国民もまたしかり、現状を把握して、国家の危機に対応する気持ちがあるのかどうかは、残念ながらまだまだ薄いと言ってよいでしょう。

政治家も国民も、今こそ「今のままでは日本の国家財政は破綻する」との認識を持って、本気で改革する意識改革をする必要があります。

政治家は国民に選ばれ「国家国民のために政治をする」役割を担っています。そうであればなおのこと、政治家は平成の坂本龍馬になって、将来破綻する恐れのある社会保障制度改革を国民のためにも訴えるべきです。

そうした訴えは選挙で不利になるかもしれません。しかし政治家として国家国民のためになるという志が本物なら、勇気をもって語るべきです。そして国民は、平成の坂本龍馬になって、その提案を受け入れるべきです。

二〇〇〇年の十月、フランスで開かれた世界老人問題研究学会で、一つの結論が出されています。日本がこのままで行けば必ず少子高齢化が進み、二〇三〇年には財政的に行き詰まり、全くたちいかなくなってしまうというのです。そして老人狩りが始まるというのです。今の日本は、まさにその状況にあるのです。

時代は変化しているのです。それに対応していくには、国家も国民もそして政治家も官僚も変化しなければなりません。現状維持では済まされないのです。

人の身体も日々細胞が生まれ変わり再生されています。それと同じように、国家も国民も為政者も官僚も生き方を変え、社会保障制度を改革していかなければなりません。

（2）政治の無責任と国民の甘えの構造を改革せよ

改革が進まない理由の根底には、日本人全体に無責任、甘えがあると考えられます。

政治家、官僚は「前例がない」と言って改革をしようとしません。何もしなければ反対も反発もない、まさに無責任な「ことなかれ主義」を守ろうとするのです。

また大企業の経営者は〝寄らば大樹の陰〟で、現状維持で体制を守ろうとし、国民はなんでも国にやってもらって当たり前という依存症に陥っているのです。

日本国家の借金は一〇〇〇兆円を超えるまでに膨らんでいます。次の世代にそのツケを回していいのかということです。これこそ「未来の国家と子孫のために」なりません。

なぜこのような状態になっても、平気でいられるような日本人が多くなってきたのでしょうか。それは、戦後思想によって、自分さえよければいいという思想がはびこっているからです。日本の防衛さえアメリカに守ってもらえればいいと思っているわけですから、この戦後思想の根は相当に深いということになります。

戦後思想の象徴は日本国憲法にあります。本来権利と義務は一体のものであって、義務を果たしてこそ権利があるわけですが、日本国憲法では、義務は限りなく少なく、納税、勤労、子供に教育を受けさせる、の三つです。権利はその約五倍はあります。そこから、何でもしてもらえるという思いができてきて甘えの構造が出来上がっているのです。

さらに言えば、憲法と同時に施行された教育基本法に問題がありました。全てにおいて個を優先する生き方を説いているからです。現在の日本国憲法が公布されるまで日本には、日本人を育てる上で重要な役割を果たしてきた教育勅語がありました。教育勅語の内容は世界でも認められています。

教育勅語の精神を取り戻せば、間違いなく日本も日本人も甦ります。そんな思いもあって私は、平成二十七年の私どものカレンダーに教育勅語の言葉を載せました。

個を優先する生き方の元凶として日本国憲法と教育基本法を挙げましたが、個の優先は甘えの構造につながります。それを象徴するおかしな現象が今の日本に起きています。

その一つが生活保護世帯の増加です。平成二十七（二〇一五）年度で約一六三万世帯あります。

おかしいというのは受給者にもいろいろな事情があるでしょうが、国民年金を受け取っている人よりも受け取る金額が多いことです。こんなバカなことがあるでしょうか。

中小零細企業の人達は、真面目に働き国民年金を積み立てています。正直者がバカをみる政治は許せません。

なぜこんなことが起きているのでしょうか。

なぜそれを是正しようとしないのでしょうか。

これも政治家、官僚が波風を立たせたくないという「ことなかれ主義」に陥っているからです。

政治家、官僚が平成の坂本龍馬になって、「未来の国家と子孫のために」と考えれば、改革はできるはずです。

それをやらない大きな理由は、改革には痛みが伴うことです。

でも、この点を突破しなければ一歩も前に進みません。政治家や官僚は痛みの必要性を説き、生活保護を受ける側はその痛みを受け入れることです。

変化によって生じる痛みを、怖れてはいけません。私はよく経営維新ということで、現状否定、脱皮創造、想念実現の話をしますが、そこで何より重要なのは「経営者の意識改革」です。経営者とはトップや為政者の立場です。トップ自身が変化しなければ、改革は一歩も前に進みません。

日本の改革が進まないのは、政治家自身が意識改革をしないからです。もう現状維持ではやっていけないところまで来ているのです。

同時に、国民自身も意識改革をしなければなりません。そこで思い出すのは、ケネディ大統領が就任演説で語った有名な言葉です。

「国があなたのためにしてくれるかではなく、あなたが国のために何ができるかを考えようではありませんか」

まさに現在の日本国民も全く同じで、これを素直に聞き入れる必要があります。

かつての日本人は、自分のことより相手のことを思いやって行動したものです。そのＤＮＡは日本人の心の底に残っています。それを証明してくれたのが、東日本大震災であり熊本地震です。平成の坂本龍馬の生き方が現れたのです。

望みはまだあるのです。政治家がビジョンを語り、先頭を切って改革に臨めば改革はできます。いや、しなければならないのです。

（3）同世代共助体制の法制化こそ先だ!!

人が生きていく上での基本は、他人に頼らず自力で生活することでしょう。すなわち自助です。と言っても人間は決して一人で生きているのではなく、自分が意識するかしないかには関係なく、多くの人の支えがあって生きています。

また子供時代には親や家族の世話になり、老人になってからは子供や社会のお世話になったりします。つまり人が生きていくには自助だけでは限界があるということなのです。

この（平成二十八年）四月には、熊本、大分で大きな地震がありました。また五年前（平成二十三年）

には東日本大震災が起こりました。多くの人が亡くなり、今でも行方不明の方もおられます。自衛隊や警察、消防など、被災地・被災者支援で活躍しています。いろいろやり方に問題があるにしても、国や自治体からの支援がなされています。すなわち公助です。しかしこれも全てに亘って救済はできません。やはり限界があります。

そこで、年金、健康保険、介護保険などの共助、即ち、自助、公助でできなかった部分を、共に助け合うことで成果を挙げてきました。ところが何度も指摘しているように、少子高齢化でそれが出来なくなってきているのです。

内閣府が発表している「平成二十六年版高齢社会白書」の数字を見ると、日本の総人口、一億二七〇八万人に対し六十五歳以上の高齢者人口は過去最高の三三〇〇万人。高齢化率は二六・〇%になっています。これが平成七十二（二〇六〇）年には高齢化率が三九・九%に達し、二・五人に一人が六十五歳以上になると予想されています。

平成二十六（二〇一四）年には、高齢者一人に対して現役世代（十五〜六十四歳）は二・四人なのに、平成七十二年には一・三人になるということです。親世代を子供世代が順に支えるという現在のやり方は、もう限界なのです。

これをどう解決するかです。一つの案として同世代で支え合う共助体制の法制化を提案したいと思います。例えば七十五歳以上の後期高齢者は、七十五歳以上の世代で賄う。すなわちその世代間の人達で年金を賄うというやり方です。その財源はその世代で資産のある人から税の形で納税してもらい年金に回すのです。同世代の中で頑張ることが出来たというお陰様料です。

こうなれば、次世代にツケを回すことなく支え合うことができます。政治家には、早急に法制化に向け取り組んで欲しいと思います。

(4) 高齢化社会では長寿で安心できる医療社会建設を

日本の国民皆保険制度は、国民にとって本当に助かる制度です。アメリカにはないので、アメリカで病気をしたら大変です。医者にかかると、個人の経済的負担は非常に重くなるからです。逆に日本は、国が財政的に大きな負担を背負うことになっています。潤沢なお金があってやっているわけではないからです。

実際は、借金財政なのです。それも、思い切った改革をやらなければ、国家財政は破綻してしまうという状況にあるのです。

その現実を、政治家は知らないわけがありません。となれば、当然先頭に立って改革に取り組まなければならないのに、やらない。

なぜでしょうか。

医療制度は政治によって決められますから、業者にとって政治家は大切な人です。同時に、政治家は選挙応援をしてもらうのに業者が必要です。持ちつ持たれつの関係ということですが、それが長く続くと癒着の関係になります。それが医療のなかでないとはいえません。いわゆるお互いが権益を守ろうとします。

医療の実態を考えたら、もはやそんな時代ではありません。いかに医療費を減らすかが政治に求められています。医療側も同じで、将来に亘って医療制度が継続できるよう自ら改革を図ることが求められています。

まず手をつけなければならないのは、老人医療です。老人医療費は聞くところによれば、若い人の約六倍もかかっているそうです。医療技術の進歩によって、延命治療なども施されますが、果たして本人や家族にとって本当に延命治療は必要なのでしょうか。単に生き永らえるのは、本人にとって幸せなことでしょうか。

延命治療のあり方を、長命ではなく、生きていて良かったと思える長寿の視点に立って見直すべきです。医療行為だけではなく、その人の人生や、国全体のことも考えて、本人も家族も国の財政も助かるという長寿社会を目指すべきです。

長寿でなく、延命治療にかかる費用は自己負担にする。という思いきった改革も必要です。個人の延命のために税金が際限なく使われてしまうのは、社会の公平、公正から言っておかしなことです。ここでも政治家、官僚、医療業界、そして国民一人ひとりの痛みを伴う意識改革が必要になります。

最近、その必要性と医療のあり方を考えさせるニュースがありました。「一つの薬剤を契機に、国が滅びかねない」という声が医療の現場から挙がったことです。

「夢の新薬」として使われている一人年間約三五〇〇万円かかる肺癌治療薬があるそうです。患者の負担は月八万円程度。差額は医療保険料と税金で賄われます。

日本に肺がん患者は推定十三万人、その約半分の患者六万人を対象にその薬剤を使うと一年間で約二兆円の薬代がかかります。日本の医療費は年間約四十兆円、そのうち薬剤に使われているのが約十兆円、二兆円は国民全体で使用している薬剤費の二〇％近くに相当します。

医療技術の発展により病気が治ることは素晴らしいことです。しかし、一薬剤、一年間で約二兆円の薬代がかかる治療を、健康保険があるからと言って続けていってよいのでしょうか。医療のあり方を含め、財政問題としても大いに問題があります。長寿の視点は、老人医療に限らず医療全般に関わって大事なことだと思います。

ここでも平成の坂本龍馬になって改革を進める必要があるわけです。

（5）医師は聖職の立場、倫理哲学をもつ医師の誕生を

人は健康であれば、病院に行く必要がありません。これは医療の理想です。もともと医療は、人間に備わる「自然治癒力」を引き出すことが本来の役割と聞いています。それが今は病気治療イコール医療となっています。

これを病院の立場から言えば、患者がいなければ経営が成り立ちません。医師に給与を払うこともできません。ということは病院にとって患者は、大歓迎なのです。そして高額医療になれば診療報酬が高くなりますから、そちらの方に力をいれたいと思うのは人情です。

では、病気治療だけが医師の役割でしょうか。

人間に備わる「自然治癒力」を引き出すことが本来の役割となれば、病気にならない体づくりの方が、むしろ主眼ではないでしょうか。未病や予防の勧めということです。

ところが現在の診療報酬は、病気治療に支払われるもので、未病や予防指導はお金になりません。必然的に病気治療のほうに向いてしまうことになるのです。それも仕方のないことかもしれませんが、今のままでは医療費が嵩み財源を圧迫し制度自体が成り立たなくなってしまいます。

先ずは診療報酬制度を見直して、治療とか検査よりも未病とか予防とかの健康指導で報酬が高く得られるようにすることです。そうなれば、国家財政の大きな助けとなります。

それに医師には、治療だけではなく命を預かる聖職の立場で患者に接してもらいたい。長命ではなく長寿の考えで患者を診るのは、単なる技術屋の立場でなく聖職の立場であってこそできると思っています。なぜなら延命ではなく、生き方の問題になるからです。

延命の治療をせずに人生の終末期を迎える「看取り介護」もまた、聖職の立場であってこそできることだと思います。

マスコミなどで、神の手を持つ医師がよく登場しますが――もちろん質の高い医師もおられるでしょうが――あれは医療技術が高いということで、体全体、もっと言えば患者の人生も考えて診ることができる医師とはかぎりません。

人間は単なる物体ではなく、心を持っています。私どもの仕事でもそうですが、顧問先の経営者と心を通わせることができるという職員の人間性は非常に重要な要素です。特に医師は人の命に関わる職業ですから、医師自身の人間性が求められるのは当然です。

それぞれの職業に使命、役割があることは先に述べました。

何のために医師になったのか。

医師としての本義をどう全うするのか。

それをしっかりと考え、行動に移す医師でなければ、医療改革はかなり難しいでしょう。経済面のみに思いがいくからです。

医療費が嵩む中、医療改革、医療費削減は待ったなしです。

ここでも政治家、官僚にリーダーシップが求められます。「未来の国家と子孫のために」を基本の考えとして医師にも、そして国民にも理解と協力を求めなければなりません。

医師には、医師こそ人の健康と国の健康を、合わせて実現できるという自負を持って、日々の治療にあたって欲しいと思います。

経済的に豊かな日本では、どうも物質的なモノに対する関心が強くなっています。倫理や道徳的、人の生き方に通じるものは、子供の頃から家庭でしっかりと教えることが最適です。どんな職業に就くにしても、学校での徳育は現代の日本では特に必要と思います。

(6) 生涯現役で働くことが国家社会を支える生き方だ!!

今まで我が国の社会保障制度は助け合いの精神で成り立ってきていました。しかし今後は年金にしても医療にしても老人介護にしても、財政難から立ちいかなくなっていることが社会保障制度の大問題なのです。

その大きな原因である高齢化世代の拡大。それに合わせて少子化によって高齢者の割合が増え、現状を維持しようにも、それを支える現役世代が少なくなり、その人達に大きな負担がかかることが目に見えています。

高齢化現象は、人為的に何か手を打ってくい止めるということはできません。ここが重要なポイントです。ならば、その現象をそのまま受け入れて対処するしかありません。

年金や医療、そして老人介護に経済的な面で余分な負担をかけないようにするには、高齢者自身が面倒をみてもらう側に仲間入りするのではなく、ある程度の仕事をし、自ら生活する分の収入を得ることができるようになれば可能になります。

そのためには、まず健康でいることです。元気だったら働けます。医療費の節約にもなります。

私は、中小企業の経営者には死ぬまで働くことを勧めています。そうすれば健康的にも、経済的にも、精神的にも、肉体的にも、周りに迷惑かけずに済みます。国に頼らず、生涯を全うする生涯現役が可能となります。

また、定年を無くして働ける間は働いてもらうことも、私どもの事務所では実践しています。これは大きな社会貢献になっていると思っています。ですから私どもの事務所では、「働ける間は働いていい」ことになっています。

しかし世間は、なかなかそうはいかないのが現実です。なんでいつまでも働かせるのかというおかしな考えがあるからです。しかし、そうすることが働く人の幸せであり、国のためにもなると思うのですが、どうでしょうか。

提案は素晴らしくとも問題は、どう健康を保つかです。ここに本来の医療の役割があるように思われます。病気治療から本来の医療の役割である予防、未病の立場に戻り、人間に備わっている自然治癒力を引き出すことに力を注ぐのです。医療機関も国民も、その方向に意識を切替えていく。そうなれば、かなりの成果が上がること間違いなしです。

毎年一兆円増えると言われていた医療費は、ついに四十兆円になりました。金がかかるとは言え、医療は人の健康に関わることなので、簡単に切り捨てるわけにはいきません。だからこそ、病気にならない生活指導や未病の指導を国が積極的に行うのです。そうすれば余分な治療費もかからず、何よりも健康でいる本人が幸せです。

ともかく健康で生涯現役で働くことです。何よりの国家社会への貢献となります。健康管理を含め、国に頼ることをできるだけ避け、自己責任でやることです。この点が、現代日本人の弱いところです。国家財政が大変な時、「絶体絶命の社会保障制度」を必ず改革するとの強い決意で、国民も政治家も官僚も平成の坂本龍馬になって臨むことです。

(7) 少子高齢化社会はいつか来た道にならない手を打つことなり

厚生労働省の発表（平成二十八年七月二十七日）によれば、平成二十七（二〇一五）年における日本の平均寿命は、男性が八〇・七九歳、女性が八七・〇五歳となっています。

出生数は、内閣府発表の平成二十五年版少子化社会対策白書によれば、第二ベビーブーム（昭和四十六年から昭和四十九年）の昭和四十八年には約二〇九万人だったのが、四十年後の平成二十五年には約一〇三万人になっています。ちなみに平成二十七年の出生数は約一〇一万人です。

出生数の減少や高齢化は、日本全体の需要が減退することであり、同時に生産年齢人口の減少でもあります。それによって給与所得者が減少して、生産者は消費者もあるわけですから購買力が減退していきます。結果、少子高齢化は、日本の経済力を弱めてしまうことになります。

経済力は、国力の大事な柱の一つです。政府としてはこれを放っておく訳にはいきません。そこに出てきたのが少子高齢化対策です。中でも、とりわけ出生数が増えれば長い時間がかかったとしても国全体の需要が増え、生産年齢人口の割合も増えていきますので、少子化対策は積極的に取り組む必要があります。

こうした問題は、十数年前からわかっており日本政府は手を打ってきました。

しかし、地方自治体では、子育て家族を支援することで子供は増えているという例もありますが、国全体としては出生数の上昇にはつながっていません。むしろ下がっている傾向にあります。

なぜ成果が上がらなかったのでしょうか。

それは、少子化対策を謳っていながら少子化をくい止める政策になっていないからです。いわゆる「子育て支援」と呼ばれている少子化政策は、子育て支援と言いながら、子育てを支援するのではなくて、お母さんが外で働きやすい環境を作ってやる支援になっているからです。

本来あるべき子育て支援は、子供の育ちを中心とした子供のための支援であるべきです。それを

「子育ては社会がする。お母さんは外で働きなさい。それで必要な施設を設けましょう」ということで、まさにお母さんが外で働くための支援であって、出生数が向上する支援にはなっていないのです。

大事なのは、お母さんに子育ての価値、重要性、喜びなどを伝えることです。子育てに誇りを持ってもらうことです。子育て中のお母さん、これから子供を産み育てるという人を、それこそ社会全体で応援することです。

産み育てて良かった、また産み育てる気持ちになった、という環境づくりをどう作っていくかです。少子化問題は高齢化とは違い、適当な手を打てば出生数を上げることはできます。成果が上がらないということは、適当な手が打たれていないことの証です。

お母さんが外に出て働かなくとも子育てができるように、経済的な面を含めてお母さんやその家族に支援をすることで、希望出生率も上昇するのではないでしょうか。

少子化は国家の一大事ですから、安倍首相も平成二十七（二〇一五）年十月八日、内閣改造後の記者会見で「五十年後も人口一億人を維持する」として、「希望出生率一・八」を目標に掲げています。しかし、いままでの経過から言えば、掛け声だけで終わる可能性も十分にあります。

また少子化の問題は、単に少子化で人口が減るということだけではなくて、社会制度を支えて行く上で深刻な問題を抱えているのです。私が毎月購読している日本政策研究センターが発刊している『明日への選択』平成二十八年五月号に「少子化・地方消滅克服へ『家族人口政策』に転換せよ」が掲載されていました。

少子化対策で一つの解決案として紹介したいと思います。

少子化の数字だけではない問題というのは、子供を持たない「おひとりさま」が増えていることです。一九七〇年前半生まれの「団塊ジュニア世代」は約七九〇万人、そのうちの三割が子供無しというのです。つまり、今の子供はその人達の分まで支えなければならないのです。

もう一つ、一人の子供を育て上げるには二千万円から三千万円かかると言われています。膨大な労力と精神的な負担もあります。現行制度で行けば「おひとりさま高齢者」はそうした子育てコストを一切負担しないまま年金の給付を受けることができるわけです。

これがわかれば、本気になって少子化対策を取り組まなければならないことになります。

では、どういう対策を取るのか、そこで提言している「家族人口政策」を紹介します。

「親手当政策」として「子育て負担調整金」を支払う

従来の「少子化社会対策」では不十分。少子化対策を謳いながら中身は保育所の拡充や育児休暇、仕事と子育ての両立支援といった福祉政策・労働政策で、積極的な家族形成支援を欠いていた。

出生数向上や結婚・家族形成をより直接的に支援する「家族人口政策」を提言する。

我が国の出生数は年間百万人。これを維持することを目指す。これが維持できれば二〇四〇年までに政府の言う「希望出生率一・八」を回復し、二〇五〇年には人口を維持できる「希望出生率二・一」の水準を回復する。

親業（親が子育てなどをする営み）を社会貢献として評価し、とくに多子志向の夫婦を支援して三人目、四人目を産み育ててもらおうというもの。なぜ多子志向の夫婦を支援するのか。三人以上の多子家族を増やすことこそが、少子化を克服する決め手となる。

第三子以降一人当たり総額一千万円の「子育て負担調整金」を給付して家族形成を支援する。第三子、第四子を産み育てることは、社会貢献そのものである。実際の給付は十年分割払いとする。現行の児童手当から親手当政策に転換した場合、追加で必要な財源は約一・七兆円と試算。

この提言書は「親手当政策」の他に「孫ターン政策」「子ども・子育てシェルター」があります。この政策提言は、国土強靭化基本法に基づいて委嘱された民間団体（座長：明治大学政治経済学部加藤彰彦教授）がまとめたものです。

政治家はこうしたビジョンを示すべきではないでしょうか。案が適当でないと思うなら成果を上げる代案を出すべきです。「前例がない」とか言って何もしない政治家や官僚は辞めてもらいたい。社会保障制度の維持は、絶体絶命の状態にあるのです。

現在この提言は、加藤彰彦著『こうすれば少子化は克服できる』（日本政策研究センター）にまとめられて発行されています。

いずれにせよ少子高齢化社会の社会保障制度改革を進めるには、政治家、官僚も含めた国民全体が、平成の坂本龍馬になって、「未来の国家と子孫のために」痛みを受け入れて改革を進めていくしかありません。他人事ではなく、自らの問題なのです。

そのⅡ

税制と財政の健全化による国家再生
それは今こそ為政者が国家ビジョン・国家改革プランを示す時なり

(1) アベノミクス第三の矢の中でプライマリーバランスの黒字化を実現できるのか

前項そのⅠで「絶対絶命の状況下にある社会保障制度」を取り上げました。それに横たわる大きな問題が経費の増大です。財源が十分に確保できれば、今の制度でも問題はないわけですが、国が抱える借金はもう限界にきており現状を維持することはできません。

財務省の発表によれば、平成二十七年度の「国の借金」は約一〇四九兆円、国民一人当たり約八二六万円になるとホームページに書いています。「こんなに借金があるので、年金の支給額が下がっても、医療費の負担が増えても、消費税が上がっても、国民の皆さん我慢してください」と言っているように感じます。

そこで政府が掲げる政策がプライマリーバランス（PB）、すなわち基礎的財政収支の黒字化です。

ＰＢの黒字化とは、簡単に言えば、税収でその年度の支出を全部賄える、即ち借金をしなくてもやっていける体制を作るということです。

収入が支出より多ければ、積り積もった借金も返済できるようになりますが、まずは、収入と支出のバランスを改善する（プラスにする）というものです。

平成二十八年度当初予算をみると、総額約九十七兆円のうち国債を差し引いた収入は約六十三兆円、国債その利子等を差し引いた支出は約七十二兆円です。ＰＢは六十三兆円―七十二兆円ですから九兆円の赤字ということになります。これを黒字化するには収入を九兆円増やさなければなりません。消費税で言えば――一％で約二兆円と言われていますから――四・五％上げなければならないことになります。

そこで安倍政権では、日本経済を成長させデフレを解消する政策として、アベノミクスを発表しました。まず経済成長を促す。それによる税の増収をはかり、その上で消費税をアップするという狙いです。

アベノミクスの政策には三本の矢があり、一、大胆な金融緩和、二、機動的な財政政策、三、新たな成長戦略を打ち出し実行されました。それが効果を発揮し、株価は上がり、円安になり、経済に活力が生まれました。それで消費税は五％から八％に上げられたと言っていいでしょう。

しかし順調に見えたアベノミクスは、新たな戦略として、「一億総活躍」時代の実現に向け「ＧＤＰ六〇〇兆円」「希望出生率一・八」「介護離職ゼロ」の三つの政策を掲げ、ＰＢについては平成三十二年度に黒字化するとしていますが、現状を考えるととても達成できそうもありません。

いずれにせよ改革は待ったなしです。それを実行できるのは政治家です。財政健全化には法人税改革をやるというのが私の持論ですが、政治家にはプライマリーバランスの黒字化を実現するとの覚悟を持って改革に臨んで欲しいと思っています。

歴史的にみて経済がおかしくなると、国民生活に支障をきたし国家が混乱し、やがては崩壊の危機が訪れます。その意味で安倍総理が、「経済第一」を掲げるのは間違いありません。問題は、それをどう実現していくかです。

ここでも、政治家の思い切った改革が求められます。中でも公平、公正な法人税の制度改革を実施してもらいたいと私は安倍首相に強く要望します。

(2) 世界一借金大国の日本、社会保障と地方自治体に金がかかるばかりの今、急ぎ打つべき手を打て

一つの問題点を取り上げて日本の将来を決めつけることはできませんが、世界一の借金を抱えているという現実は、間違いなく日本は危機的状況にあると言えます。その一つの指標となるのが、GDPに対する債務残高の比率です。

財務省が発表している「債務残高の国際比較(対GDP比)」を見てみると、二〇一五年は、日本二二九・三%、アメリカ一一〇・六%、イギリス一一六・四%、ドイツ七八・五%、フランス一二〇・一%、イタリア一六〇・七%、カナダ九四・八%、ギリシャ一九〇・〇%となっています。日本がいかに高

いかがわかります。

昭和四十一年に赤字国債を発行してから、平成二十八年で五十年経つわけですが、計算をすると年平均毎年二十兆円発行されてきたことになります。問題なのは何度も本書で述べていますが、今のままの社会保障制度を維持しようとすれば、国家財政は破綻するということです。

それに加えて地方交付金の問題があります。政府は「地方創生で日本の未来を拓く」として地方創生推進室を設け、地方創生に力を入れています。例えばそのなかに、①地方創生推進交付金の創設（地方公共団体が行う地方創生プロジェクトに対する企業の寄附に係る税制優遇措置）、②地方創生応援税制の創設（地方公共団体が行う地方創生プロジェクトに対する企業の寄附に係る税制優遇措置）、③「生涯活躍のまち」の制度化（中高年齢者が移り住み、健康でアクティブな生活を送り、継続的なケアを受けられる「生涯活躍のまち」形成促進）を挙げています。

地方への交付金は、現在三十兆円を超えていますが、少子高齢化が進むなかで地方創生を本気で取り組むには、地方の税源では賄いきれず国の支援がどうしても必要です。

中高年齢者が移り住み、健康でアクティブな生活を送り、継続的なケアを受けられる「生涯活躍のまち」形成の促進を図るとは、言葉としては良くわかりますが、中高年齢者だけでは、成り立ちません。そこに活き活きとして働く若者の存在が必要です。

若者が住むための支援（職場の確保を含めて支援する）、少子化対策として現在の子育て支援を根本から見直して、子供を産み育てる支援に変えるべきです。目先だけの支援は、何の改革にもならず、世界一の借金国から免れることはできません。

民間の知恵、すでに実勢を上げている地方行政の少子化対策に目を向けて、政府は行動を起こすべきです。

（3）現在の税収程度では消費税率の引き上げだけで間に合わない！

経済は生き物であり、景気の変動で税収は大きく変ってきます。経済の悪化は政府に対する批判となり、政権を失うばかりでなく、国家を解体させてしまう危険性もあります。それ故に為政者は経済政策を何より優先して政治を行います。

安倍政権もまた、まずデフレからの脱却を目指し、経済再生を全面的に掲げたアベノミクスを提唱したわけです。それにより順調に進むかのように見えてきた経済も、やはり消費税が八％に上がったことが影響してか内需が衰退し始め、経済成長に陰りを見せています。

国民としてはこの三年、税負担のアップを肌で感じており、デフレ回復の目安とする二％の物価上昇など期待していません。だから財布の紐が閉まるのです。

そうした背景もあり、平成二十九（二〇一七）年四月から消費税を一〇％に上げると決めていた政府は、二年半の延長を表明しました。

私は常々、中小企業が活性化しなければ、日本は元気にならないと言っています。中小企業に働く人の所得が上がれば経済は回ります。政府の政策は常に大企業向けです。

いずれにしても消費税だけで国家の財政を賄おうとしても、無理です。

国会議員の定数を半分にする。

国家公務員の給与を三〇%カットする。

それに伴って地方公務員の給与も削減する。

法人税を公平、公正の立場で改正する。

などを思い切って実行してもらいたい。

もう一つ言わせてもらえば、政府は中小企業殺しと思われる政策をなぜするのでしょうか。

中小企業は働いて収入を上げる世界です。

時間が過ぎれば給与がもらえる。

職場に行きさえすれば賃金が保障される。

なんてことはあり得ません。働く時間を政府主導で短くすることは日本の国力を弱めます。最低賃金を年三%上げていくということですが、中小企業にはその力がありません。その原資を誰が負担するというのでしょうか。それに応えられない、能力のない中小企業は「潰れても良し」ということを言っていると同じです。今の政策が大企業向けということです。

内需拡大に大きく寄与するのは、中小企業に働く人達です。まず中小企業の減税を実施するとか、中小企業が活性化する手を打ってもらいたい。強くそう願います。

中小企業は、国の宝なのです。それを大切にしない政治は国を滅ぼします。

（4）歴代政権が目指した財政健全化を安倍政権で改革できるか、財政破綻を免れるか

収入が支出より少ない場合は、家庭でも会社でも支出を減らして対処するのが普通です。国家の財政を健全化するにも、やはり歳出を削減すればいいわけですが、実際はそうなりませんでした。それは、不足分を借金で賄い景気対策や社会保障制度の維持に回してきたからです。

とは言え歴代政権は、何の努力もしてこなかったのではなく、財政健全化を目指してきました。ところがそれを実行しようとすると、その政権の維持そのものが難しくなってしまう状況に追いやられてしまうために、財政健全化がなかなか進んでこなかったのです。

中曽根内閣（一九八二～八七年）では、増税なき財政再建を掲げて、旧国鉄、現在のＪＲを民営・分割化したことは大きな成果でした。しかし、さらなる健全化を目指して成立を目指した売上げ税法案を提出したのですが成立しませんでした。

続く竹下内閣（一九八七～八九年）では、消費税を三％から五％に引き上げました。同時に二兆円の減税を実施しています。竹下内閣もさらなる健全化を目指し財政構造改革法を成立させたのですが、景気悪化で凍結となってしまいました。

小泉純一郎内閣（二〇〇一～〇六年）では、二〇〇一年度、国債の新規発行額を三十兆円に抑え健全化をスタートさせました。小泉人気は二〇〇五年の郵政改革選挙で最高潮に高まり選挙で圧勝

しました。

ところがそのわずか二年後（二〇〇七年）、第一次安倍内閣の参議院議員選挙では、民主党に負けています。さらに二〇〇九（平成二十一）年の衆議院議員選挙では、民主党三〇八名に対して自民党は一一九名と大負けしました。

その大きな要因は、小泉政権の財政健全化が響いているということです。

それで政権交代が起こり民主党政権になりました。

民主党政権では、政治が滅茶苦茶になりました。まともに国家の経営もできないまま、国債発行高をさらに増やし、消費税アップと議員定数削減を約束に退陣し、安倍第二次内閣に受け継がれました。

そういうことで安倍首相は、第一次内閣で選挙に負けたことを教訓に、経済の再生と財政健全化の二兎を得る政策、すなわちアベノミクスを打ち出しました。「経済再生なくして財政健全化なし」の考えで、経済再生にまず手を打ったということです。

しかし、その計画でも財政健全化が見えてきません。

加えて、消費税を一〇％に上げることを二年半延期するという決断も下されました。財政健全化の問題は、国民一人ひとりの生活に直接響いてきます。

まさに財政再建は、国民の身に直接響く痛みを伴います。しかし本気で財政を健全化しなければ国家財政そのものが成り立たなくなってしまいます。

政治家は、国民が受ける痛みを承知で未来の国家と子孫のために、堂々と訴えるべきです。それこそ政治生命をかけてやるべきです。日本国民は、決して暗愚ではありません。真剣に訴えれば、財政再建を無視する社会保障の要求には組みしません。

なぜなら、甘い言葉に乗せられ間違った選択をすれば、改革で痛みを感じる以上の痛みを感じなければならないことがわかるからです。

(5) 大企業の税金をオープンにしない政治家、官僚の責任

「税金逃れではないか」、と疑惑を抱かせるパナマ文書が、今年（平成二十八年）の四月に発表されました。詳しい内容が国際調査報道ジャーナリスト連合のホームページで公表されています。公表されたのは、タックスヘイブン（租税回避地）を利用して、会社設立を代行するビジネスを展開しているというパナマにある法律事務所です。

顧客は世界の富裕層、政治家、それらの親族、大企業など、二十万は超え、その中には日本の企業や個人が入っているそうです。しかし、どういうわけかマスコミは、その実態を報道しません。この種のニュースには、すぐに飛びつくマスコミが、なぜ報道しないのでしょうか。

全くの無視なのか、それともリストに挙がっている企業や個人を叩くと、マスコミにとって何か不利なことがあるのでしょうか。

日本の財務省は、（平成二十八年）五月二十三日に、パナマと税務情報を交換する協定を締結することで合意したと発表しています。これにより、国税庁はパナマにある日本人の銀行口座情報を定

期的に把握できると言っています。

いずれにせよ、タックスヘイブンの実態を明らかにして、もし公正中立の立場で税が納められていないとなれば、修正申告はもちろん税逃れができないように法律を変更すべきです。税逃れは、日本国家の税収減をもたらし、そのツケは国民への増税という形でしわ寄せがきます。まともに税を支払っている企業、個人に対する裏切りでもあります。

政府は「パナマ文書」の疑惑を正すだけでなく、これを機会に公平、公正な税制に改革すべきです。税制は、公正、公平に実施されてこそ、本来の役割を果たすのです。

似たようなことで、大企業の納税実態が、なかなかオープンにされない問題があります。

私の恩師である中央大学名誉教授の富岡幸雄先生が、税金を払わない大企業とタックスヘイブンで税金逃れの存在を『税金を払わない巨大企業』（文春新書）の中で明らかにしています。政府は現行の法人税を下げると言っていますが、大企業の実態は、その必要がない数字になっています（法人税の実効税率は平成二十八年四月一日から三一・三三％になっています）。

例えば、実効税負担率で一番低い大企業は三井住友フィナンシャルグループで〇・〇〇二％、納税額は三〇〇万円、二位はソフトバンクで〇・〇〇六％、納税額は五〇〇万円、ユニクロは七位の六・九二％、納税額は五二億円です。

この実態を政治家は知らないわけがありません。

現に富岡幸雄先生が『税金を払わない巨大企業』を明らかにしているわけですから、真剣に財政の健全化を考えているなら、政治家も官僚も、その実態を追求すべきです。そして、公平、公正な実効税率で納税がなされるようにすべきです。

法人税の改革は、消費税を上げる以上に効果があると思っています。

そうなれば中小企業にも目を向けた政策を実施できます。そして具体的に実行されれば、七割赤字の中小企業が活性化し、国の経済も活性化します。そうした政策を安倍首相には打って欲しい。大企業向けのみの政策では、日本の経済は活性化しません。

大企業自身の改革も必要です。例えば大企業が非正規社員を多くして正規社員を減らして給与を下げるなどということは、とんでもないことです。それでは日本の経済が回らなくなるのは当たり前です。

大企業は、まず、まともに税金を払うこと。

それを政治家がしっかりと指摘すること。

そうやって改革を図れば、国の財源は確実にアップします。

多額納税者を顕彰する公示制度を設けることも必要だと思います。

また下請けいじめをせずに大企業は正当な経費を払うべきです。そして国は、中小企業にこそ減税すべきです。中小企業が元気になれば、間違いなく日本も元気になるからです。

（6）政治家よ、福祉ビジョンを描き国民にその負担を納得させる責任を持て

福祉政策の基本は、自助努力でできない部分を公助で補うということです。自助とは自分のできること、自分が為すべきことを日々の生活でやるということです。ですから自助は、その人の人生観にも結び付いていることに気づかなければなりません。

ですから、日頃不摂生な生活をしていて、病気になったり、若い時に怠け心が身について働けないので助けて欲しいというのは、大いに問題があります。

特に財政的に困窮している現状においては、社会福祉制度は限界にきています。限界ということは、財政的に制度が成り立たなくなっているということです。

これを解決しなければ、財政の困窮度はさらに増し、制度が崩壊します。

では、どうすればいいかということになってきます。

あの時に手を打っておけばよかった、などということでは手遅れになります。

財政の困窮ですから、改革しようとすると国民に負担を強いることになるので、国民にはかなりの痛みが伴います。それで思い切った改革ができないままに、現在に至っています。

でも、もう改革をすることは待ったなしの状態にあります。

先頭に立つのは、やはり政治家です。どう改革するのか、政治家が将来ビジョンを示さなければ先に進みません。現状を訴えて、国民の理解を求めなければなりません。

そのためには、「いまは辛いけど、未来の国家と子孫のために必要な改革である」ということを国民が理解するビジョンでなければなりません。

そして、そのビジョンを支持する国民が増えていけば改革は進みます。

ここに政治家の使命、役割があります。

政治家が国民に訴えることで重要なのは――改革には痛みが伴いますから――政治家自身もその痛みを共に受ける姿勢がなければなりません。

また、福祉を受ける側だけでなく、それを支える側の意見を聞くことも大事です。

というのは、国に納められる税金は公正中立で国民や企業から徴収されたもので、仕事の成果の一部です。予算があるから使ってもいいというような、安易な気持ちで使ってもらっては税金を納めた人の気持ちを裏切ることになります。公正中立の立場で、日本の将来のために、心を入れて使って欲しいと思うからです。

簡単に言えば、為政者も官僚も国民も、もう甘えや我儘、自己保身、利権保持というような思いを捨てることです。本書では、政治家の意識改革を繰り返し述べてきましたが、同時に国民自身も意識改革をしなければならないということです。

公務員の給与が、税金を支払っている側の中小企業よりも三割も四割も高いというのは、大いに問題です。生活保護者が、国民年金生活者よりも高額な支給を得ているのも大問題です。

また、どうせ健康保険があるから、かからないのは損だとばかりに病院に行ったり、高い治療費の治療を選んだり、薬を余計にもらったりする（医者によっては必要でない薬を大量に出す話もよく聞きます）のも問題です。薬剤会社や医師会の都合で、医療費が決まってしまう……なんてことも問題です。

義務である毎月の積立を拒否しながら、高齢者になったら年金制度を守れ、年金を保障しろなどという人もいます。老人介護でも、施設に入っている老人には補助を出すけれども、自宅で介護する人には補助がないというのも大問題です（見直しの傾向にあるようですが……）。高齢化で老人人口は増えるばかりで、費用は嵩むばかりです。

老人でも自分でできることは、自分でやってもらう。他の老人を手助けできる老人には、手助けしてもらう。要は、老人一律で支援するのではなくて、老人自身が元気で生活できるような支援を積極的にする。その方が本人も元気でいられます。これも若い時の生き方に関係していると言っていいでしょう。

ビジョンの基本は、将来設計を描けるかどうかです。人で言うなら人生設計です。無駄な医療費をかけないとなれば、やはり未病、予防の方に力を入れるべきです。

元気で働くというのも大事な視点です。日本人の労働観は西洋のように働くことは罰ではなく、傍《はた》を楽《らく》にする、すなわちハタラクことが喜びでもあるのです。

結論的に言えば、日本人の本来の生き方に戻るビジョンを立てられるかどうかが、福祉のみならず日本国家再生の決め手になると思います。それを政治家が描けるかどうか、それが重要ポイントです。

（7）財政再建、税制改革ができるかできないかではない
誰がそれをやるかだ!!

日本の実態を知れば知る程、財政再建、税制改革の実践断行が必要であることがわかります。しかしそれを実行しようとすると、今まで恩恵（利権等）を受けていた人達から反対される。それは政治家、官僚だけでなく、企業や国民にも言えることです。この構造をなんとか変えていかないと、国家そのものの機能が失われてしまいます。

本書で度々触れていますが、改革の決断と実行は政治家にあります。国の舵取りである政治家の決断なくして改革はできません。それは、私が多くの経営者を見て来て「経営は経営者で決まる」という実体験からも言えます――もちろん私も一人の経営者として、その自覚を持って経営にあたっています。

これを現実の政治に目を向けてみると、様々な課題が見えてきます。日本は議会制民主主義の国ですから、時の政権政党が実際に法律を決めていくことになります。私は民主党政権の時に、本当に日本は潰れてしまうのではないかと思いました。

ですから、政権与党は、しっかりとした国家観を持って欲しいのです。そうでなければ、国潰しの政治がやられる恐れがあるからです。国家観を持つ重要性は、自民党にも言えることです。過去に、いや今でも中国や韓国から歴史観などで文句を言われることは、自民党がそういう土壌を作っ

てきたからです。

外交に限らず財政問題も、政治家が作り上げてきています。とにかく財政再建はまったなしの状態にあります。それをどう改革するかですが、総論賛成各論反対のようにいちいち反対されては、思い切った改革はできません。改革できなければ、困窮した日本の財政問題は一歩も改善に進みません。

そこで欠かせないのが、見識と勇気があり強いリーダーシップを持った為政者の存在です。できるかどうかではなく、誰がそれをやるかということです。代案も出さずに、ただ改革に反対だけでは進歩もなく、全く意味もありません。

それを現政権（安倍政権）で見てみると、誰が為すかの重要性が見えてきます。それがアベノミクスです。アベノミクスとは、安倍首相のアベとエコノミクスのノミクスを合わせた造語です。一九八〇（昭和五十五）年に第四十代アメリカ大統領に当選したレーガンが打ち出した経済政策が「レーガノミクス」でした。レーガンとエコノミクスを合わせて命名したわけです。俳優出身のレーガンに何ができるかとの批判もあったわけですが、強いリーダーシップで強いアメリカを取り戻しました。

誰が為すかの重要性を証明しています。それにならってアベノミクスとした安倍首相は、「誰が為すか」の覚悟を示したと言えます。経済再生が順調に進み、税収もアップし財政再建が進んでいたのですが、ここにきて陰りが出ています。

平成二十九年四月から一〇％に上げられる予定だった消費税は、二年半延長されました。ますますアベノミクスの成果が問われてくることになります。

誰がするかの視点で日本の政治を見た場合、安倍首相しか見当たりません。良い悪いの問題ではありません。現実の政治を考えた場合、安倍首相のように国家観を持って政治にあたっている政治家はいません。

そういう意味で安倍政権を応援する者として、安倍首相には頑張って欲しいのです。できるかできないかではない。誰がそれをやるかだ!!

その思いで政治家を応援することが、現実政治のあり方だと思います。そうでないと国民自身が自分の首を絞めることになる。ということは間違いないでしょう。

そのⅢ

集団的自衛権法制化の誕生で日本は世界に安全と防衛を誇れ

(1) 安保法制、それは国家を守るとの日本国家の意志なり

平成二十七(二〇一五)年九月十九日、平和安全法制関連二法が成立し、平成二十八年三月二十九日に施行されました。しかし今なお廃案にすべきと反対の声が挙がっていますが、これこそ戦後日本の誤った「平和教育」の結果と言っていいでしょう。

安保法案は戦争法案である。

集団的自衛権を認めると、日本は海外に出て行って好き勝手に戦争をする。

徴兵制が導入され、若者が殺される。

「平和憲法」の精神を壊していいのか。

集団的自衛権を認めることは憲法違反である。

等々、自分の国である日本を、どう守っていくかという視点がまるでありません。

「自分の国は自分で守る」というのは世界の常識です。そのためには、いざという時に「戦って国を守る」という体制を、法的にも実力的にも備えておく必要があるのです。そして現代は、アメリカが世界の警察官としての役割を放棄したことで、一国では国を守れない状況にあるのです。それは日本とて例外ではありません。

特に中国の身勝手な行動は——南沙諸島での軍事拠点建設でもわかるように——日本の領土である尖閣諸島さえも自分の領土だと言い張り、領海侵犯を繰り返しています。

当然日本は、国家として自国領土を守らなければなりません。ところが今の日本の法律では、そこで武力衝突があっても、相手が撃ってきて自衛隊員が殺されるまで戦えないのです。

またアメリカに応援を頼むにしても——逆にアメリカから協力を求められても、集団的自衛権という権利はあるけれども行使はできないという誠におかしな法解釈によって、それができないために——そんな身勝手な日本には協力できないと言われる状況にあったわけです。

政治の役割は、国民の生命と財産を守ることだと言われます。国の安全を守らなければ、その政治の役割は果たせません。それで集団的自衛権の解釈を変更して、「我が国及び国際社会の平和及び安全のための切れ目のない体制の整備」をするということで出されたのが安保法案です。

独立国として、国を守る法的体制をつくるのは絶対に必要なことで、安保法制の成立は日本にとって大きな進歩でした。

なにより良かったのは、自分の国は自分で守るという意志を国際社会に示すことができたことです。成立しなかったら、日本は自分の国を守る意志がないということで、中国や韓国からまた馬鹿にされ、更なる悪さを仕掛けられることになるからです。

安保法案に反対し、平和を訴えている人に言いたい。自国の安全を（自立で）守ってこそ、同盟国と協力して世界平和に貢献できるものなのです。言葉だけの平和では——お互いの国益がぶつかり合う国際社会の中では——決して平和を守ることはできません。

今回の安保法案で「自分の国は自分で守る」という日本の意志を世界に示したことは、国益にかない本当に良かったと思っています。

（2）寄らば大樹の陰、国の安全より優先する政治の妥協

安保法制成立の過程で「民主主義を裏切るものだ」という声がありました。国会周辺で、またアンケートをとって、また学者が、国民が、これだけ反対しているのに、その声を聞かずに安保法を成立させるのかというわけです。

おかしなことを言っていると思いました。民主主義自体、絶対的なものではないけれども、何かをまとめるに便利な道具として使っているだけです。それには多数決という条件があります。

日本は議会制民主主義をとっており、国民が選挙で政治家を選び、政治家が国民の代表として政治を行います。言うならば、政治家は国民の声を代表して政治を行っているわけです。

そして、政治の場でも多数決という民主主義の条件で政策が決められていきます。ですから、民主主義を破壊するなどという批判は、民主主義そのものを批判していると同じで、民主主義を守る

こととは矛盾しています。

では民主主義は完全かと言えば、そうではありません。いろんな問題があります。

その一つが、無責任になるということです。「寄らば大樹の陰」で、何事においても責任をとるようなことはしないことなのです。得た地位を守るということもそうです。政治家なら、何のために政治を志したのか、その使命を忘れてしまうことです。

例えば、財政改革や税制改革は本気で取り組まなければならない問題です。国家の舵取りを国民から任せられている政治家の立場からすれば、なおのこと本気にならなければならないはずです。ところが国民が反対する、選挙で落とされてしまうなんてことを考えて、本気で取り組まない。まさに無責任極まりなしです。

国の防衛についても、本気で取り組む政治家がいませんでした。そこでやられていたのが政治の妥協です。安保法制は成立して良かったわけですが、まだまだ普通の国家としては遅れています。自衛隊を軍隊と呼べないのも、階級を外国のように呼べないのも、本気で改革をしようとしない政治の妥協の結果なのです。

外国から攻められて、こんなはずではなかった、というようなことにならないように防衛体制を整えていかなければなりません。自衛隊が国際法で動けるようにするだけでも、さらに防衛体制は強化されます。

未来の国家と子孫のためには、国の安全を最優先して守る覚悟が政治家には必要です。そして国民は教育勅語のなかにある「一旦緩急あれば義勇公に奉じ以て天壌無窮の皇運を扶翼すべし」の心を持って生きなければならないということです。これは普通の国家の国民として、ごく当たり前のことだということを承知しておかなければなりません。

（3）自虐的歴史認識から未だ抜け出てない日本

国の安全を守ることは国民として当然の責務であるわけですが、どうもそう考えない人達が多くなっています。国のことを考えずに、個人の生活を優先するような生き方では、真の国民とは言えません。もちろん普段は、それをあまり意識せずに生きていていいわけですが、全く国家意識がないとなれば問題です。

そうなっている要因は、繰り返しになりますが、いわゆる戦後思想とその歴史観が大きく関係しています。それが政治の世界でも、教育の世界でも、マスコミや学者や弁護士の世界でも、今なお蔓延《はびこ》っていて、そこから抜け出ることができていないからです。

軍隊と言っただけで「戦争をする」と思い込み、「悪い集団」と決めつけたり、世界のどの国でも当たり前に使っている愛国心の言葉を使ったら「右翼」、「恐ろしい」、「危険」と決めつける。全くおかしな精神構造ができあがっているわけです。

どうしてそのような自虐史観を持つ日本人になってしまったのでしょうか。

昭和二十年八月、日本が戦争に敗けて、六年八カ月に亘りアメリカの占領下に置かれたことがなにより大きいと言えます。しかも昭和二十七年四月二十八日に日本が主権を回復した後も、日本人の手によって自虐史観による「日本悪者論」が継続、増幅されてきたわけですから、日本人自身が自分の国・日本を守らなくていいような考えになっても不思議ではないのです。

それが日本弱体化を目的でアメリカが作った、ウオーギルトインフォメーションプログラム（WGIP）です。アメリカは、この方針に従って徹底して日本国民を洗脳しました。

アメリカは正義の国、民主主義の国。

日本は極悪非道の独裁国家という歴史観の刷り込みです。

その洗脳から、多くの政治家、国民が、抜け出ていないのです。だから洗脳されたままの政治家は――本来なら国家を守るのが政治家の使命なのに、それを忘れて――安保法案反対とか、国を守る体制を作らなくていいんだと平気で言えるわけです。

そして教育現場にあっては、日本弱体化の思想を日教組が引き継ぎました。それによって多くの日本人が、日本人としての心を蝕まれました。

政治家が、そして国民が自虐史観に蝕まれていては、いざという時にどうしても一歩引いてしまう懸念から抜け出すことができません。

国防の成果を上げるには、国の内外で戦わなければなりません。自虐史観で一歩譲ってしまっては、百歩譲ることになります。中国はそのやり方で、ずっと日本を攻め続けています。

その意味で自虐史観から脱することは、日本の防衛にとって不可欠なことなのです。

（4）アメリカ、中国発の情報戦を見抜けない日本のトップ

孫子の兵法に「百戦百勝は善の善なるものにあらざるなり。戦わずして人の兵を屈するは善の善なるものなり」という言葉があります。これは戦いに勝つのではなく「戦わずに勝つ」ということです。これが現代の情報戦です。

中国人民解放軍に、①自分が利するように世界の世論を形成する世論戦　②法律を自らの都合に合わせて作り世界にアピールする法律戦　③日本人の心に〝日本が悪いことをした〟という贖罪《しょくざい》意識を煽り反論できないようする心理戦という三戦があります。これぞ、まさに情報戦争です。尖閣諸島は日本固有の領土にも拘わらず、中国が自分の領土だと嘘を言い続けています。

日本の政治家も国民も、この中国のやり方を正しく理解しなければなりません。中国が尖閣の海に船を入れてくるのは、日本を挑発して、戦争をしようとしているわけではありません。

中国の得意な情報戦で、戦わずして尖閣諸島を取りに来ているのです。挑発行為を繰り返しながら、日本の政治家や日本国民に――そろそろ中国に尖閣をくれてやらないと、戦争になる。戦争になって人が死ぬよりは、国土が焼野原になるよりは、中国にとられてもいいんじゃないか。あんな島はとられてもいい――という気持ちにさせるための情報戦をやっているのです。

安保法制に反対している人達は、まさに中国の狙い――戦わずして尖閣諸島（日本領土）を奪ってしまうこと――に協力しているのです。まさに、中国の思う壺です。

国際政治の本質は、富と資源の分捕り合戦です。それを第二次大戦までは、軍事力を行使してや

っていた。軍事力の強い国が軍事力の弱い国に押し入って、富や資源を分捕っていたわけです。しかし日本が第二次大戦を戦った結果、独立気運の助長となり人種平等の世界ができました。人種平等の理念が世界中に広がった結果、軍事力が強いからと言って理由もなく戦争を仕掛けることはできなくなったわけです。

それで今は、情報戦でやっているわけです。嘘とかデマとか、捏造の情報は自分の国が有利になるのであれば、事実がどうかは関係なくどんどん流すわけです。また自分の国に有利な国際システムを作る、自分の国に有利な条約を結ぶ。ＴＰＰとかＷＴＯとか、システムを作って一応相手の国に合意をさせて、合法的に富や資源を分捕るというのが情報戦です。

中国の軍事力が強いというのも、情報戦だと聞いています。しかし南沙諸島における中国のやり方を見ていると、間違いなく軍事力を背景にしてやっています。

安保法制に反対する人は、中国に対し何も文句は言いません。本当に不思議です。日本が中国の一部になってもいいと思っているのでしょうか。

いずれにしても、日本自らがしっかりとしなければなりません。

政治家、国民にその自覚と覚悟が求められているということです。

（5）国家の為政者は企業の経営者と同じ、逃げないで取り組め

組織はトップで決まる。これは国家においても同じです。トップになる資質のない者がトップの

座に就けば、たちまち組織は崩壊、企業なら倒産します。すなわち、トップは組織の運命を握っているのです。

その責任感、使命感、経営者ならそこに働く社員とその家族を守る覚悟はあるのか、政治家なら国家国民のために命を懸ける覚悟はあるのか、が問われます。

単なる人気で政治家になってもらっては困るのです。

「馬鹿な大将（社長）、敵より怖い」という言葉があります。馬鹿な大将では会社を守れない。国家経営も会社経営も同じです。そこで重要なのは、国家の安定安全があって、我々は安心して生活ができるし商売もできるのです。国家の破綻は決してあってはならないのです。

そのために為政者には、その覚悟をもって政治をしてもらいたいわけですが、昔と比べて、どうも資質が下がっているように感じています。

戦前の帝国大学では、学部に拘わらずリーダー教育がカリキュラムの三分の一を占めていました。やがて日本の社会の指導的な立場に立つという志が、指導する側にも指導される側にもあったわけです。

組織はトップで決まる、となれば、指導者としての見識をいろいろと備えておかなければならないのは当然なことです。リーダー教育は時代に拘わらず必要なことなのです。

リーダーで大事なのは、いざとなったら「逃げてはいけない」ことです。逃げるようなリーダーには誰もついていかなくなりますから、組織そのものが弱体化します。

戦前のリーダー教育は、「部下とか会社を守って責任を取る」のがリーダーだと教えていました。

ところが戦後の日本にはそれがない。

私はいつも言っています。会社の目的は何かと聞かれた場合、多くの経営者は「お客様に奉仕する」と答えますが、私は違います。「会社は、命がけで社員と家族を守ることだよ」と会社で説明しています。だからこそ、お客様に信頼される仕事を頑張ってするわけです。

何か失敗して、社員の生活を困らせたら、私は切腹です。そのぐらいの気持ちがなかったら、やっぱりトップはやってはいけません。

東日本大震災の時の菅総理は、トップとしてはお粗末でした。事故が起きると現場は非常に混乱します。トップの役割は、それに立ち向かう現場の人達を支援することです。菅総理は、状況を掌握するだけで、その大事な役割を果たさなかった。

その点、福島原発の吉田所長は立派でした。朝日新聞は、「所長命令に違反して所員の九割が撤退した」と間違った報道で吉田所長を貶めましたが、吉田所長と共に、所員は命をかけて対処したことは、門田隆将著『死の淵を見た男　吉田昌郎と福島第一原発の五〇〇日』（ＰＨＰ研究所）で明らかになっています。

いざという時には、トップは決して逃げてはいけない。それが大原則です。

（6）強い国は戦争に巻き込まれないことが世界の常識

大石久和著『国土が日本人の謎を解く』（産経新聞出版）を読むと、「日本には縄文時代から、共同体の民主主義があった。集落で暮らす人々と仲良く助け合って生きていた。それが日本人の生き方のベースになっている」ということが書いてありました。

現代の民主主義は、日本的な共同体の民主主義ではなく、個人を優先する民主主義のように感じます。だから安保法制の時は、国家の安全、防衛よりも個人を優先するので反対したということになります。

しかも、平和憲法があるから軍隊はない方がいいとか、平和憲法さえあれば平和なんだと言います。本当に軍隊がなくて、国を守ることができるでしょうか。

国防を考えてない国は、どんどん侵略されて被害に遭うのが現実です。近年、日本の存立基盤を脅かすような環境に変わってきています。国を守るためには、具体的な力と、国を守ろうとする意志が必要です。

平和憲法があるから「日本は平和であり続ける」と思うのは勝手ですが、それは相手の戦略に乗ってしまい、国を失ってしまうことにつながります。そのことは歴史の教訓として学ぶことができます。

第二次世界大戦が始まるきっかけとなったのがミュンヘン会談です。ヒトラーの領土割譲要求に対して、戦争反対だったイギリスのチェンバレンやフランスのダラディエは、戦争回避を期待し、ヒトラーの要求を丸呑みしてしまいました。

これで平和がくると思ったイギリスでは、チェンバレンを大歓迎で迎えます。しかし現実は、戦争となりました。ヒトラーの宥和《ゆうわ》政策です。

ヒトラーは、チェンバレンやダラディエの態度を見て、イギリス、フランスに戦う意思がないと判断して攻め込んだのです。対独融和政策を取ってしまった結果、ドイツに攻める機会を与えてしまった。すなわち、一歩引いてしまったことが、戦争の道を開いてしまったということです。

平和が大事、もう戦争はしませんと盛んに言う人がいますが、言ったらダメなんです。それは抑止力を低下させるからです。尖閣諸島の問題では「不測の事態が起きてはいけない」と言ってはいけない。「不測の事態が起きても島を守る」と言って強く出なければだめです。譲ってはならないのです。

喧嘩をやったことがない人は、抑止力のことがわからないかもしれません。平和を唱えさえすれば、平和が保たれると思っている人は、そういう人かもしれません。

軍事力が強い方が、戦争にならないという常識が、日本では通じない。世界では、自分が強ければ、戦争に巻き込まれることはないというのが常識です。世界は、みんなそう思っています。

個人を考えても、弱腰になってはやられます。私は若い時の体験でそれがわかっています。戦争をしたくなかったら抑止力をつける。それが世界の常識です。

(7) 靖国神社参拝は日本が世界の国と同等になることとなり

国のために命を捧げた英霊に対し、礼を尽くすことは——特に国家リーダーは——丁寧に心をこめて行うことです。だからこそ国の代表が外国に行けば、必ず戦没者への追悼を行います。アメリカの場合はアーリントン墓地です。日本で言えば靖国神社です。それをしなければ、国家の恥となります。

ところが今の日本ではどうでしょうか。中国、韓国に反対される。ただそれだけで首相の靖国神社参拝は行われていません。

そのきっかけを作ったのは、中曽根康弘元総理です。昭和六十（一九八五）年八月十五日、戦後四十年の終戦の日に「私が靖国神社を参拝すると中国の友人に迷惑がかかる」と言って止めたのです。

さきほど情報戦の話をしましたが、中国や韓国は外交カードに使えるものは何でも使う国です。そのためには嘘も平気でつく国です。南京大虐殺は東京裁判ででっち上げられたものだし、「（従軍）慰安婦」の日本批判はでたらめです。

ところが日本の政治家は、中国、韓国に謝罪し、慰安婦問題ではお金まで支払っています。それもこれも全て自虐史観から始まっています。その近年における代表的なものはと言えば、平成四（一九九二）年に出された「河野談話」と、平成七（一九九五）年の戦後五十年で出された「村山談話」でしょう。

これが今なお、日本が自虐史観から脱することができない元凶になっています。

安倍首相も戦後七十年ということで「安倍談話」を出しましたが、完全に自虐史観から抜け出ていません。それが靖国神社参拝で判断できます。

普通で考えて、靖国神社に参拝したからと言って、それが戦争を美化したり、歴史を何も反省していないことになるのでしょうか。いまこうして暮らせるのは、「皆さんが命を懸けて戦ってくれたお陰です」と感謝を込めて慰霊する以外、何の目的があるでしょうか。

最近は、アメリカまでもが——中国に気を使ってのことと思いますが——靖国神社に参拝しないように言ってきています。

だからこそ日本は、総理大臣が靖国神社参拝をすべきなのです。なぜなら、その行為が自虐史観から脱し、日本が普通の国になるための大きな鍵となるからです。

安倍首相には、あと三年、五年と総理を続けてもらい、「二〇二〇年東京オリンピックを期して、日本は主権国家として普通の国になります」と、世界に宣言して欲しい、そう願っています。

そのⅣ

日本国家再生は国家運営の担い手である政治家のリーダーシップ改革で決まる

（1）自助、公助から共助の時代へ、本気で日本を改革する時は今なり!!

今、日本は、年金、医療、介護、少子化、高齢化、財政、税制、防衛、食糧、教育等々、待ったなしの改革に迫られています。それができるかどうかは、政治家のリーダーシップにかかっていると言っても過言ではないでしょう。

本書を作成するに当たり、識者の先生方にいろいろと話をお聞きしましたが、その感を更に強くしたというのが私の実感です。というのは、国家の運営は国会で法律が作られ、予算化されて初めて実行されるからです。

特に国民に痛みを強いる改革は、反対があって当たり前です。でも、未来の国家と子孫のためになる事案については断固として改革を進めなければなりません。そうでなければ、政治家の役割を放棄したと同じになってしまいます。

ですから改革には、政治家の強いリーダーシップが必要なのです。

では果たして今の政治家に、本気で改革を進める強い使命感と現状に対する危機感はあるのでしょうか。問題を、我が事として本気で受け止める気持ちはあるのでしょうか。

どうも、そうではない政治家が多過ぎる感じがします。

例えば、財政問題一つとっても真剣さが感じられません。国民に改革を強いるよりも、まだまだ迎合政治を繰り返しているように感じています。

賢い経営者は、何か問題がある時こそ改革のチャンスとして捉え、リーダーシップを発揮して問題解決のために頑張ります。その意気込みが社員に伝わり変革ができるのです。


政府は、平成二十八年五月十八日、「一億総活躍プラン」の素案を発表しました。その柱は①「名目国内総生産（GDP）を六〇〇兆円に引き上げる。平成三十二年度までにプライマリーバランス（基礎的財政収支）を黒字化するという目標が入っています。そして②の「希望出生率一・八」と③の「介護離職ゼロ」は十年目標として平成三十七年度までに達成するとしています（「ニッポン一億総活躍プラン」平成二十八年六月二日、閣議決定）。

早速、バラマキという批判が出ています。

初期のアベノミクスは——中小企業にまでは及んでいませんが——デフレ下の日本においては確かに効果があったと言えます。ただ、今の状態で本当にGDP六〇〇兆円を達成できるのかというと、はなはだ疑問です。ですから、バラマキと批判する人達の気持ちは良くわかります。

問題は、その先です。批判は大いに結構ですが、未来の国家と子孫のために向けた改革の議論が出てこないのです。


何か政治家に不祥事があると、特に野党は「これぞチャンス」とばかりに、重要な政治課題をそっちのけに非難を始めます。一日開くと一億円かかると言われる国会で、国家の危機をどう乗り越えていくかの審議は放棄して、挙げ足取りばかりです。

罪を裁くなら、その専門分野の人に任せ、国会では国家の重要問題の審議を優先させるべきです。


また平成二十九年四月に消費税を八％から一〇％に上げる問題は、二年半先延ばしになりましたが、その議論は安倍政権に対する批判が主で、財政改革を本気で進める気持ちを感じることはできません。上げるのは絶対反対。上げなければ、それは安倍政権の経済政策の失敗であるから、内閣は責任をとって辞めろというわけです。

では、どうやって消費税の問題を含めて財政問題、経済問題を解決していくのか、その代案が出てこない。本気で改革をやる意志がないことを証明しているようなものです。

「問題がある時こそ、改革をやるチャンス」というのは、野党こそ、その出番があるということです。現状のしがらみから抜け出ることができない大政党の既成政治を、今こそ打破するチャンスが野党にあるということです。その政策が国民に受け入れられれば、政権交代も可能になるでしょう。単なる批判では、政治は改革できないのです。

また野党は、どちらかと言えば、何でも国が面倒をみるという「公助」がお好きですが、財源確保の難しさは、もう議論の余地なしの現実です。であるなら、これからは共に助け合う「共助」でいくしかありません。

政治家には、自助、公助だけではでない共助の時代を認識し、日本を改革する時は今なり!! の自覚を持って改革に当って欲しいのです。

私からは、共助の精神で財政改革を可能にする方法として、公平中立を担保する「法人税改革」を提案します。

(2) 為政者よ、大局観に立ち主体性を持った責任で取り組め「この国」という言い方からどう脱却するか

「着眼大局、着手小局」という言葉があります。この言葉の意味をどう受けとめるかは、それぞれ人によって違うでしょうが、私は物事の本質を見て全体で捉える。そのうえで行動は小さい事でも疎かにしないと理解しています。

着眼大局の意味するところと似た言葉で、俯瞰――高い所から見下ろし眺める――、鳥瞰――鳥のように高所から地上を見おろす――などがありますが、全体を良く見ることの大切さを教えているのだと思います。着眼大局のない生き方は、行動が小手先になり、物事の本質から離れて行ってしまいます。

会社で言えば、経営の大局は「絶体に会社を潰さない」ことです。何のためにかと言えば、社員とその家族を守るためです。それがない経営は、会社を私物化し、自己欲求に走り、自分さえ良ければという考えになり、社員をないがしろにしてしまいます。挙げ句の果てに、会社の成績が悪いのは社員が悪いからだと社員を批判するようになります。しかも経営者にその反省がない。悪い会社の典型です。

これを政治に当てはめてみると、着眼大局は、「国を守ること」です。国を潰すようなことは絶対にしてはいけない。政治家の使命として良く言われる「国民の生命と財産を守る」というのは、この大局に立って政治を行えということです。わかり易く言えば、国家観を持って政治をするということです。

そして着手小局は、それぞれの問題である、財政や税制、社会福祉など、大局から離れないように改革を行う。それで初めて、大局に立った政治が行われるというものです。

先日、元政治家が私の事務所においでになりました。日本の現状を語りながら「この国の将来は危うい。この国のことが本当に心配でならない……」というのです。現状認識についてはほぼ同じなので黙って聞いていましたが、あまりにも「この国、この国、この国」と言うので、私は「ちょっと待ってください」と言って次のような話をしました。

「なんで『この国』なんですか。それは他人行儀な言い方です。そんな考えで政治家が務まるのですか。それはまさに評論家的な言い方で、政治家が使う言葉ではありません。日本を思っての言い方と思っているかもしれませんが、『この国』という言い方は自分の国ではなくて『他人の国』という認識です。なんで『我が国』と言わないんですか。言い直して下さい‼」と注意しました。政治を志す人がこの調子です。自分と日本が別々になっている。国家との一体感がない。こういう政治家は、何かあると国民のせいにしてしまうのではないでしょうか。

為政者は、国の舵取り役です。国家の運命を握っているわけですから、その責任は重大です。政治家には、大局観、国家観を持って国家国民のために改革をして欲しいのです。

(3) 一億総活躍国民「総ヘルパー共助社会」の実現の責任者たれ

一億総活躍の社会を実現するには、共助の生き方が欠かせません。簡単に言ってしまえば、日本人が長い時間をかけて築き上げてきた、日本の文化を取りもどすことでもあります。問題は、それを政治指導で、どう取り戻すかということです。

熊本地震で、地域を潤してきた水源(湧水)が止まり、田植えができなくなったというニュースがありました。昔は、水を確保するために争いもあったと聞いています。現代では、水は石油よりも貴重な資源として見直されていますが、日本人の感覚からすると、まだまだ弱いようです。日本の水源地を中国人が買っているという話もあります。水源が確保できなければ、日本人は干上がってしまいます。実に恐ろしいことです。そういう地域は、国家が管理して守るべきです。

話がそれてしまいましたが、水源があっても、水田に水がこなければ稲作はできません。昔の人達は、地域のみんなで協力し、すべての水田に水がいくように工夫してきました。まさに共助社会を築いてきたのです。

東日本大震災でこんな話があります。地震の情報を受けてアメリカは、「友達作戦」と称して支援活動を開始しました。日本の近くまで来ていたアメリカの原子力空母「ロナルド・レーガン」は救援物資を届ける任務につきました。

指揮をとったのは艦長のトム・バーク大佐です。艦長はヘリコプター出身で、世界各地で救援物資を届けてきた経験を持っています。どこに行っても物資を奪い合い、時には殺し合いにもなる情景を見ています。ですから物資は、必ずヘリコプターから投下するしかありませんでした。

日本も同じだろうと思ってきたトム・バーク艦長は、小舟に救援物資を載せ、海岸に船を着けます。すると、なんと被災者の人達が——争って救援物資を奪い合うのではなく——荷降ろしを手伝ってくれたのです。

トム・バーク艦長は、今まで見た事のないこの情景に感動し、軍の機関誌『星条旗』に「東北地方では、一件の略奪も殺し合いもなかった」と書いたのです。それを読んだ人達は、そんな日本人の生き方に感動しました。

熊本、大分の地震でも多くの救援物資が届けられ、多くのボランティアの人達が集り、被災者の人達の助けになっています。その姿を見た熊本の友人は、涙が出たと言っていました。日本人には、まだまだ共助の生き方が残っているのです。

そうした共助の精神を生かして、少子高齢化対策の一つにしたいというのが「総ヘルパー共助社会の実現」です。全ての人が歳をとっていきます。高校生の時代から、ヘルパーの資格を取得できるカリキュラムを学校現場で取り入れるのです。その教科を設けることで、老人との接し方や人様に役立つことの喜びも体験できます。

詳しくは第四章で取り上げています。こうした具体的な提言を与野党一体となって実現するのです。現状を脱皮する改革に、本気で取り組んで欲しいと思います。

(4) 税制改革、財政改革は共に政治に対する信頼が決め手 ——政官財癒着の構造を打破せよ

本書では度々税制改革、財政改革の必要性と緊急性を訴えていますが、現実はなかなか進んでいません。平成二十一(二〇〇九)年九月に、民主党政権が誕生しました。自民党ができなかった財政改革をやるとの意気込みは良かったものの——実際、国民の目をひくパフォーマンスもありましたが——結果的には目標に遠く及ばずに終わってしまいました。

さんざん政治を変えると言っていた民主党は、政権を執ったものの、いざ改革になると、改革し得る力がなかったということになります。それは何かと言えば、自民党を含めて、自ら改革の痛みを受けるという姿を、国民に見せることができなかったからです。

何かことを為すにあたり、「先ず隗より始めよ」という諺があります。改革を行うには、「まず自分の足元から手を付けよ」とか、「言い出した者から始めよ」というようなたとえで使われます。

財政改革は、収入をどう増やすか、そして支出をどう減らすかで成果が違ってきます。

財源が不足するなかで、消費税アップの話が出てくるわけですが、消費税を上げる前に、その法案を成立させる政治家自らが身を切る、すなわち思い切った議員定数削減をしなければならないということです。

改革は痛みが伴います。それが嫌だと言って、国家全体の問題よりも自らの身や既得権益を守ることを優先するようでは、永遠に改革はできません。国家公務員の給与削減に取り組まないのも、また同じです。

既得権益の面では、政官財癒着の構造があります。財政赤字であることがわかっていながら、自らの立場や組織を守ることを優先する。また、天下りの全てが悪いとは言いませんが、天下りのために組織をつくったり、またそういう組織を守ろうとする。癒着の構造です。

いずれにしても、日本の現状は、少子高齢化社会を迎え、恒常的財政赤字を抱え、国民は医療保険や年金、それに介護保険のお世話になっています。それらの点を突破しなければ、改革などは進みません。

それをどう打破するかが政治家、官僚に問われているのです。

財政のツケを、次の世代には決して回さない。今、痛みがあっても安心して生活ができる社会を実現する。自らも痛みを受ける覚悟を持って国家ビジョンを示す。

「先ず隗より始めよ」。その時は今なのです。

（5）アベノミクスから家庭ノミクス成長戦略で経済活性化は実現するのか?!

先ほど紹介した平成二十八年五月十八日の「一億総活躍プラン」は、安倍首相が平成二十七（二〇一五）年十月八日、内閣改造後の記者会見で発表した三本柱を、どう具体的に展開していくかをまとめたものです。

なんと言っても財源確保ができなければ、全て絵に描いた餅になってしまいます。ではアベノミクスは何をもって財源を確保するのか。それが「GDP六〇〇兆円」による税収を見込んだ政策です。

確かに平成二十四年十二月に第二次安倍政権が誕生してから、アベノミクスと呼ばれる三本の矢が射られ一定の成果をあげました。第一の矢である「大胆な金融政策」で予想インフレ率を引き上げ、円安・株高をもたらし、第二の矢「機動的な財政政策」――例えば公共事業の拡大や東日本大震災の復興を加速させるためのインフラ整備など――で実質GDP成長率も上昇し、第三の矢「民間投資を喚起する成長戦略」で有効求人倍率も回復し雇用も改善しました。

株価も安倍内閣誕生の平成二十四（二〇一二）年十二月には八千円をわずかに超えるだけでしたが、平成二十六年四月の消費税八％アップもありながら、平成二十七年には二万円台まで回復しました。

そして企業利益も輸出企業を中心に大幅に改善し、政府が企業経営者に従業員の賃上げを要望するまでになりました。ここまではアベノミクス効果はあったと言っていいでしょう。

しかし平成二十八年の五月には株価は一万六～七千円台を前後し、円高傾向にあり、アベノミクスでは景気は良くならないという批判も出ています。

そうはさせないと、「一億総活躍プラン」では、ＩＴやロボットによる産業革命、農業改革、観光立国などで経済成長を狙い、同一労働、同一賃金、保育士、介護職員の処遇改善で雇用環境を改善し、「希望出生率一・八」を達成するとしています。

アベノミクスで問題なのは、恩恵を受けたのは大企業が中心で、中小企業にまでそれが及んでいるとはいえない点にあります。現実、消費税が五％から八％に上ったことで、中小企業は苦しんでいます。

経済活性化を本気で考えるなら、中小企業に目を向けるべきです。給与は大企業の六割から七割程度、労働人口の割合は約九〇％が中小企業の人達です。ここを刺激しない手はありません。

人が生活していく上で、エネルギーと食糧は絶対に外せません。それを消費する中心は家庭です。家庭に目を向けて経済成長戦略を提言する。その一つが、次に紹介する新党改革のエネルギー政策・エネファームです。

ちなみにＧＤＰ（国内総生産）に占める個人消費の比率は約六割です。日本の経済を活性化するには、中小企業対策と同時に個人消費（家庭）に目を向けることが重要だということです。

（6）新党改革のエネルギー政策・エネファームは経済活性化の決め手になるか?!

元新党改革代表の荒井広幸議員は原発反対の立場にいる先生です。単に反対しているのではなく、新しいエネルギー政策としてエネファームの導入を提言しています。大企業向けの経済政策から、家庭に向けた家庭ノミクスの提言です。

東日本大震災における福島原発事故は、原発そのものに対する是非、原発事故における対応、風評被害を含めた放射能問題、それによる補償、電力の安定供給など、様々な問題を私達に突きつけました。

現代社会において私達は、もはや電気を抜きにしては生活できない状況になっています。冬の寒い時期に大停電が起こり、電気に頼る暖房機器は使えなくなったことがあります。それ以後、電気を使わない石油ストーブが良く売れました。地震対策でそれを購入している家庭もあります。

福島原発事故もまた、電気が使えなくなったため起こりました。原発稼働で重要な原子炉を冷却する装置が動かなくなったのです。

日常生活は、電気の恩恵を受けており、何でも電気、電気、電気です。電気の安定供給は社会インフラとしては、欠かせない重要な課題です。電力会社は、次々稼働が止まった原発に替わるエネルギーを供給するために、火力発電で対応しました。その燃料費、年間約四兆円と膨らみました。それが日本の貿易収支を赤字にすることにもなりました。

電力の安定供給を可能にしたのは、電力の安定供給を守るという各電力会社の努力があったからです。単に原発がなくても大丈夫だということではないのです。

ここで言いたいのは、電力をどう安定供給をしていくかということです。

その点、エネファームは各家庭で電気を起こし、余れば売電ができる。それを設置する工事は地元の中小企業でできる。装置製造も産業の活性化につながる。そういうメリットがあるのです。

詳しくは第四章で紹介しています。私も期待しています。

（7）政治家は官僚を使いこなし財界を納得させるリーダーシップをもって国家再生を必死で取り組む覚悟はありや

本項は、「日本国家再生は国家運営の担い手である政治家のリーダーシップ改革で決まる」と題して話を進めています。それは、政治家が本気で改革に取り組まなければ、日本は財政的に潰れ、国力を失い、日本そのものを失ってしまうのではないかという危機感があってのことです。

政治家は、政治指導で現状を打破する改革案を官僚に作らせ、リーダーシップを発揮できる力量をもたなくてはいけません。その点、田中角栄さんは立派でした。官僚を使う。国民に希望を与える。将来のビジョンを示す。語る言葉に夢がありました。

そういう政治家は、いないのかと叫びたい。タレント候補と言われる政治家が増えるなか、本当に公僕として国家国民のために働く覚悟はあるのかと問いたい。政治家の質の向上が日本の運命を握っているのです。

企業経営の面から見ていくと、それがよくわかります。倒産会社の社長の集まり「八起会」の会長だった野口さんは、平成二十八年二月に亡くなられましたが、倒産には三つのパターンがあると言っています。その一が「楽をした人」、その二が「間違いに気が付いて直さなかった人」、その三が「一番近くにいる奥様の意見を無視した」です。

これを政治家にあてはめてみます。改革には痛みが伴います。だから改革の必要性がわかっていても反発を受けたくないので何もしない。そのほうが楽だから。財政再建の必要性を理解しながら手を打たない。本当に必要な改革実行の意見を専門家から聞こうとしない。まさに三つのパターンそのものです。

そして、倒産会社の社長が最後に言うセリフと同じように「まさかこうなるとは思わなかった」と逃げてしまうことになります。

それでは、リーダーの資格なしです。日本をダメにしてしまいます。実際問題として、改革をリードするのは政治家であり官僚です。だからこそ「未来の国家と子孫のために」、必死の覚悟で改革に取り組んで欲しいのです。

それが日本国家再生につながると確信します。

そのⅤ

武士道が国家再生を可能にする日本人の心なり今一度日本を洗濯すべく、一億総活躍国民と為政者よ、平成の坂本龍馬たれ!!

（1）日本を守るのは憲法にあらず国を守るという国民の意志だ

前項では、国家国民を守るという使命を持つ政治家に、その覚悟を持って政治を行って欲しいという内容で述べてきました。本項もまた政治家には特に望むことですが、国民にも是非そうあって欲しいという訴えの内容です。

昨年（平成二十七年）、安保法案を巡って国会の内外で騒ぎがありました。マスコミはそれを盛んに報じて、全国の国民が反対のような印象を植え付けていました。

そして「平和憲法を守れ」「日本は戦争をしない国」「戦争絶対反対」「安保法案は戦争法案」という言葉で盛んに訴えていました。要は、現在の日本国憲法を守っていれば、日本は平和であるというわけです。

本当に現在の憲法を守れば、日本の平和、安全が守られるというのでしょうか。彼らは、平和を叫ぶも、どのようにして日本の安全を守るのかは言わない。備えもしないで国の安全が守られると思っているのでしょうか。

永世中立国で知られるスイスは、非武装中立国と思っている人もいるようですが、実際は武装独立と国民皆兵制（徴兵制）を国防戦略の基本とする武装中立国です。

そのスイスで、「他国から脅威にさらされているわけではない。金の無駄遣い」ということで、二〇一三年「男性への徴兵制を廃止すべき」を問う国民投票が行われました。

「廃止すべき」に反対した人は七三％となり、反対多数で否決されています。「自分の国は自分で守る」精神がしっかり根づいているのです。

国防の最重要点は、国民自身が「自分の国は自分で守る」という精神を持っていることです。「自分の国は自分で守りません」と言ったら、領土拡張を狙う国からすれば「そうか、日本を攻めても抵抗しないな」ということになり、安心して攻めてきます。それが世界の常識です。

外国から攻めてこられないように備える。それがあってこそ、国の平和と安全を守ることができるのです。憲法があるから国の安全が守られる、のではありません。まして現在の日本国憲法は、アメリカが日本弱体化の目的で制定したもので、日本人自身が自分の国を守ることをしない、ということになっているのです。

憲法前文には、「日本国民は、恒久の平和を念願し……平和を愛する諸国民の公正と信義に信頼して、われらの安全と生存を保持しようと決意した」とあり、われら（日本及び日本人）の安全と生存を、諸国民を信頼して任せると言っているのです。こんなことで弱肉強食の国際社会において国を守ることができるでしょうか。日本も防衛力を保持して、はじめて国際社会において是々非々でものが言えるのです。

そのためにも「自分の国は自分で守る」という心が日本人に必要です。そうでなければ日本は守れません。このことは、日本国民全員が肝に銘じておくべきです。

ちなみにスイスでは、核シェルター（自己防衛）がほぼ一〇〇％自宅に完備されていたり、国内の道路、橋梁、堤防などの公共施設は有事に対応できるようになっていたり、民間の飛行場も軍用に転換できるし、住宅も、有事のことを考えて計画的に造られているそうです。

(2) サービスではなく「おもてなし」の心が日本人の魂なり

「自分の国は自分で守る」ということで大事な点は、国民がその心で一つにまとまることです。まとまってこそ、力が出るのです。現在の日本の問題は、個人優先で「自分さえ良ければ」という誤った考えがあることです。

家庭で家族の一人ひとりが「自分さえ良ければ」と言って生活していたらどうでしょう。思いやりとか、助け合いとか、励まし合いとか、労わり合いとか……そういう関係は築けません。そうなれば、もはや家庭とは言えません。

会社で同じように「自分さえ良ければ」という考えで仕事をしていたらどうでしょう。その人にいくら力があると言っても、仕事は仲間の協力や会社の信用があってできるものです。そういう関係を壊してしまいます。

国で言えば、国民が「自分さえ良ければ」と言って生きていたら、国を守ることはできません。

しかし本来の日本人は、そうではありませんでした。素晴らしい心を持っていました。日本人の魂と言ってもいいでしょう。それは「おもてなし」の心です。よくサービスと言いますが、これは西洋的な考えで日本人の心ではありません。

どういう心かと言えば、相手の気持ちを察して手を差し伸べることです。今、お茶を飲みたいとお客さんが思った時に、さっとお茶を出す。これが「おもてなし」です。代価は求めません。お客さんに言われて出すのはサービスです。求めに応じて出すので代価が伴います。

こうした心は、相手を思いやる心から出てきます。お客さんのことを自分のこととしてお迎えする。自分とお客さんは別々の存在ではないという一体感、共同体意識です。

それがどこで育つかというと、家族の中です。家族がバラバラでは育ちません。家族意識、共同体意識がある家庭で「おもてなし」が育つのです。

ところが家族が崩壊すると、その共同体意識は育たず、「おもてなし」の心も育ちません。そうなると、家族のためとか、会社のためとか、まして国を守ろうという意識は生れてきません。

私どもの事務所では、家族意識の重要性を知り家族経営をやっています。顧問先にもそれを呼びかけています。そのお陰で、日本の中小企業の七五％が赤字なのに対し、我々の顧問先は八〇％が黒字です。なぜかと言うと、それは家族経営をしているからです。

ですから組織では、家族意識、共同体意識は非常に大切です。国で言えば国民の国家意識、国家観がとても重要であるということがわかるはずです。

(3) 世界の中の日本は平和ボケならず「保護ボケ」から脱皮せよ

平成二十三(二〇一一)年三月十一日、東日本大震災が起きました。ご遺族の方々、未だ行方不明のご家族の方々、苦しみは耐えがたいことと思います。平成二十八年三月八日現在、消防庁災害対策本部によれば死者一九、四一八名、行方不明二、五九二名になっています。本当に大きな被害が出ています。

特に津波によって被害が拡大したわけですが、日頃の訓練で津波から逃れることができた学校がニュースで紹介されていました。大学教授の指導で、過去の地震の記録を基にして高台に駆け上がることを訓練していたというのです。また津波の再来に備えて、これより高い所に家を造りなさいという言い伝えもあったそうです。

地震から一年が過ぎ、五年が過ぎ、十年、二十年、三十年と過ぎて行くなかで、もう津波は来ないだろうと安心し、高台に駆け上がる訓練も、住宅を建てる位置の教訓も忘れていくのは、致し方がないことです。

しかし国のリーダー、地方のリーダーはそれに甘んじることは許されません。地震国日本では、いつ、どこで、地震が起きるかわかりません。熊本県では、「熊本は地震がない」ことを売りにしていたということですが、地震が起きました。

「地震は起きる」ことを前提に、備えをしなければならないことを教えています。政府はまず莫大なお金をかけて防波堤だけを作るのではなくて、地震発生と同時にどう対処するか、その方針をいろんなレベルで作成しておくこと。通常の法体制の下では、被災地の住民を守れない時には、超法規で対処することも考えておくべきです。各自治体でもその作業が進んでいるようですが、起きてみないとわからないというのが地震、天災です。

日本の安全も全く同じです。日本はこれまで平和で来たので、これからも平和が続くと思うのは大きな間違いです。まして憲法が戦争を放棄しているから、日本は安全で平和が続くと思うのは、とんでもない間違いです。平和憲法があるので、いつまでも平和が続くという人は、自分の国は自分で守らないことを宣言しているのと同じです。

いま日本が平和だから、これからも平和が続くと思うのは、まさに「平和ボケ」です。ではなぜ日本は、戦後の始まりである昭和二十年から平成二十八年まで平和で来られたのか、それはアメリカの傘の下にあったからです。つまりは、日本はアメリカの保護の下で平和を享受してきたのです。

昭和二十五（一九五〇）年六月二十五日、北朝鮮軍が韓国に侵攻、朝鮮戦争が勃発します。そこでGHQは、日本に対し警察予備隊の設立を要請してきます。時の総理吉田茂は、「再軍備は憲法に制約がある。経済復興に邁進する」と言って再軍備を拒否、警察予備隊の設立を決めアメリカ軍の受け入れを認めたのです。

独立国であれば、当然自国の軍隊を持っています。日本は今なお自衛隊を軍隊と呼べません。吉田首相の考えのまま、歴代首相は引き継ぎ、アメリカの保護のままになっています。寄らば大樹の陰、自分では守らない、楽をして平和と安全を手に入れる。日本そのものが「保護ボケ」になっているのです。

(4) 自衛隊を世界と同じ呼名にすることで本領が発揮できる!!

戦後教育のなかで自衛隊は、さんざん悪者にされてきました。学校では、自衛隊の子供というだけでいじめられたそうです。子供を守るべき先生が自衛隊反対では、さもありなんです。PKO(国際平和協力)で自衛隊が海外に出て行くと、「海外派兵だ、戦争につながる」などと言って反対をしていた人もいました。

阪神淡路大震災の時は、反自衛隊の知事が、自衛隊への救援要請をすぐにしなかった。災害における人命救助で「七十二時間の壁」があるそうです。災害で倒壊した家屋などから人命を救助した場合、発生から七十二時間(三日間)が経過すると、脱水症状や低体温症などで生存率が急激に低下するというのです。自衛隊への救援要請が遅れたことで、救えるべき命が救えなかったという話もあります。そういうことも知事はわからなかったのでしょうか。

それでも自衛隊は任務があれば、被災地のために頑張ります。東日本大震災、熊本・大分地震でもその活躍は、住民の方々から信頼を得、感謝され、日本中の人達もそれを認めるようになっています。本当によくやってくれたと思います。

自衛隊は、外国の目から見れば明らかに軍隊です。ＰＫＯで自衛隊が海外に行くと、「海外派兵」だと言う人達は、自衛隊を軍隊扱いしていますから、こちらも自衛隊を軍隊として認めていると言えます。

軍隊の第一の任務は、国を守ることです。国を守るということは、いざ戦争になれば命をかけて戦うということです。言葉では、簡単に命をかけると言えますが、実際に命をかける戦いに行くとなれば、相当の覚悟が必要です。

戦争が起こらないためには、起こらないための準備、備えが必要です。軍備もそうですが、自衛隊員の心の準備も非常に重要です。そのために日々厳しい訓練に耐え、頑張っているのです。隊員には家族もいます。

一般国民は、すぐに戦えと言われても、心の準備も、体の準備もできていません。武器の使い方もわかりません。やはりそういう分野は、専門に訓練している人に頼むしかありません。命をかけて国を守ってくれるわけですから、一般国民は自衛隊を信頼し、応援するのが努めではないでしょうか。

日本国家が自衛隊を軍隊として認めていないので、外国に行って集団的自衛権を行使する場合、自衛隊の法規で動かざるを得ません。それが軍隊になれば、同じ基準で動けます。軍隊なのか、軍隊でないのか。実質、軍隊と認めたとしても中途半端な状態では、本領を発揮できません。

世界と同じ呼称にして、戦争が起こらないように備える。安倍首相には「未来の国家と子孫のために」国家指導者としてその決断をして欲しいのです。

（5）正しい歴史教育をする「教科書」と「教育勅語」の採用を

卒業式や入学式で、国旗を掲揚し国歌を斉唱する。外国では、ごくごく当たり前のことで、国旗国歌に敬意を表さない国民は軽蔑されます。日本の学校では、国旗国歌法が定められているにもかかわらず、国旗に敬意を示さなかったり、国歌を斉唱しなかったりする先生がいます。

生徒に見本を示すべき先生が、先生自らが法律を破る。とんでもないことです。そうした先生は日の丸は戦争の旗、だから悪い旗という理窟で生徒に教えるわけですから、生徒は日本人としての誇りを持てなくなってしまいます。厳しく罰すべきです。

学校現場で日本人の誇りを貶めているのは、歴史教育です。嘘の歴史を書いて生徒に反日の思想を刷り込んでいます。日本は太平洋戦争（大東亜戦争）で残虐なことばかりをやってきた、という歴史観です。南京大虐殺も、河野談話から広がった慰安婦問題も、言われているのはウソです。村山談話が言う、日本は侵略戦争をしたというのもウソです。

日本の教科書は日本の立場で書く、というのは独立国としては当たり前です。しかし日本は近隣諸国条項なるものを作り、中国、韓国からの内政干渉を許し言い分を入れて書いている教科書が多いのです。

歴史教育は、生徒が日本人としての誇りを持てるような内容にすべきです。服部剛著『教室の感動実況中継　先生、日本ってすごいね』（高木書房）は学校の生徒はもちろん、大人が読んでも日本人の誇りを感じます。

そして教育現場にも、是非取り戻して欲しいのが教育勅語です。教育勅語は明治二十三年十月三十日渙発《かんぱつ》されたものです。明治維新後日本は、西洋文明に侵され始め、日本人の魂を失ってしまうのではないかという時期がありました。そこで日本人の心・魂を取り戻さなければならないということで、井上毅が草案を創りました。渙発されてから昭和二十年八月、日本が大東亜戦争に負けるまで間違いなく日本人の精神を教育勅語が作ってきました。

教育勅語十二の徳目がありますので紹介します。我が事務所では、これをカレンダーにして配りました。

教育勅語十二の徳目

1. 孝行　親に孝養をつくしましょう
2. 友愛　兄弟・姉妹は仲良くしましょう
3. 夫婦の和　夫婦はいつも仲むつまじくしましょう
4. 朋友の信　友だちはお互いに信じあって付き合いましょう
5. 謙遜　自分の言動をつつしみましょう
6. 博愛　広く全ての人に愛の手をさしのべましょう
7. 修学　習業《しゅうぎょう》、勉学に励み職業を身につけましょう
8. 智能啓発　知識を養い才能を伸ばしましょう
9. 徳器成就　人格の向上につとめましょう

10．公益世務　広く世の人々や社会のためになる仕事に励みましょう
11．遵法　　法律や規則を守り社会の秩序に従いましょう
12．義勇　　正しい勇気をもって国のため真心を尽くしましょう
是非、教育勅語を教育の柱にして欲しい、本当にそう思っています。

（6）憲法が制定された時代から現在の世界は大変化した時代に合わせて憲法を改正することは普通の国の姿である

憲法を改正すると、いかにも「すぐに戦争が始まる」、いや「日本は戦争を始めてしまう」というような言い方で改正反対を唱える人がいます。日本は戦争をした悪い国、だから戦争をしないために作られた憲法を変えるとは、とんでもない、ということのようです。

法律とか制度というのは、できた瞬間に固定化します。しかしそれを生み出した社会背景は流転しています。日本は戦争に負けて主権を奪われ、日本の自由意志で政治ができなかった時に、占領軍によって作られた憲法が現在の憲法です。昭和二十一（一九四六）年十一月三日に公布、翌年の五月三日に施行されています。

施行から六十九年が経ちました。間違いなく日本を取り巻く社会背景は変わっています。武力を背景にした中国の横暴、核保有国を宣言した北朝鮮、現実に日本の脅威になっています。しかしどういう訳か、改正反対を訴える人は、中国の脅威には全く触れません。

こんなことでは、まさに憲法を守って国潰れるということになりかねません。

憲法改正反対者は、いろんな理窟を付けて反論しています。立憲主義を取り上げるのもその一つです。「国家権力を縛るためのルールが立憲主義の考えである」と主張しますが、これは一方的な考え方に過ぎません。そもそも立憲主義とは、定められた法に従って権力が行使されるべきであるという政治原則です。国家を縛ることも、国民を縛ることもあるのです。

今年（平成二十八年）の参議院選挙より選挙権が十八歳以上に与えられ、主権者教育の重要性が指摘されています。主権者とは、自分の行動に全責任を持つことで、その任を果たすことができるのです。でなければ自分勝手な人間になり、人を殺してみたかったなどという人間も生れてしまいます。主権者であれば、当然そこに国防の義務もあります。なぜなら国家の安全と平和が保たれてこそ、主権者たる国民の安全と平和を保つことができるからです。

憲法九条は、世界に誇るべき条文であると憲法改正に反対する人は主張しています。第一項は「戦争放棄」です。これは今日の国連憲章にも書かれているので、特別なものではありません。問題は、第二項です。「戦力の不保持」が謳われていますが、世界のほとんどの国が戦力（軍）の保持を規定しています。独立国として当然の権利だからです。日本も第二項を「戦力の保持」とすべきなのです。しかし反対者はそれを変えてしまうと「平和憲法でなくなってしまう」というわけです。これは、国を守らないと言っているのと同じです。戦力を保持するから戦争をするのではないのです。

戦争が起きないように備えるのです。それが「戦力の保持」です。

反対者が、憲法を変えると戦争に繋がる、戦前に回帰するなどと言うのは反対のための反対であって、国家の安全を考えない幼稚な論理です。まことに身勝手な反対論と言うしかありません。

現憲法の制定の根底にあるのは、国家解体思想、日本人的思考の解体、個人優先、権利優先などがあります。それが今の日本に様々な問題を生んでいるわけです。

前に述べた共同体意識の喪失は極めて大きい問題です。公益よりも個人の都合を優先する生き方は、日本を崩壊に導きます。国家と個人はお互い様の関係にあり、時に個人を後回しにする場合もあります。

例えば有事の際、緊急車両が通るので、個人の車の通行を制限するとします。それを個人の自由を謳う憲法の精神に反するとして反対したらどうなるでしょうか。国民の命を守ることができません。国家が危機にある場合、個人の自由を制限する。それが国家国民のためなのです。

時代に合った憲法に変えていく。これは国家として当然のことなのです。

（7）武のこころを取り戻すことで間違いなく日本は再生する!!

昭和二十（一九四五）年八月十五日、日本は大東亜戦争（太平洋戦争）で敗れ、GHQ（連合国軍最高司令官総司令部）によって占領統治されました。日本と戦ったアメリカ軍は、日本があまりにも強かったので、再びアメリカに立ち向かってこないように、日本人の精神を弱体化するために様々なことをやりました。その一つが、柔道、剣道の禁止です。日本人の心から「武の心」を消し去ろうというわけです。学校での教科もなくなりました。

学校の先生を含む二十万人以上の人が公職を追放され、それに替わって学校の教壇に立ったのは、今で言う左翼の先生です。それで「日本は侵略戦争をした悪い国」という反日教育が行われました。日教組もその一つです。

軍国主義の日本は戦争をした悪い国。そんな国のために生きる必要はない。自分のためだけに生きなさいと、占領軍の日本人弱体化政策そのものを、今でも教育現場でやっているのです。

そして、戦争は人を殺す。戦争＝悪い。戦うことは悪い。競争はいけない。競争は差別を生む。運動会の競争もいけない。だから、みんな一緒にゴールする。というようなおかしなことまで起きています。戦うことはいけない、何でも平等でなければならないというわけです。

戦争はあってはならない。誰でもわかることです。では、戦争反対と言っているだけで本当に戦争が起きないのでしょうか、軍隊がなければ本当に戦争は起こらないのでしょうか。現実の世界では、実際に力がなければ国は守れません（国防に関しては、第三章、そのⅢでも述べています）。

問題なのは、「戦争＝悪＝競争」の論理を、一般社会の生活面にまで展開していることです。一般社会で競争がいけないと言ったら、やる気のない人間ばかりになってしまい、自由主義社会では商売も成り立たないでしょう。

公共の精神も失われています。「大事なのは自分、国のことなど考えなくていい」という考えが、政治家、学者、評論家、マスコミ、国民などに蔓延《はびこ》っており、国が抱える問題に対処できなくなっているのです。

昭和二十年から今年（平成二十八年）で七十一年目を迎えています。今のままではいけないという流れも出てきていますが、まだまだ大きな力になっていません。なんとか、この状況から抜け出さなければなりません。

そこで提言したいのが、武の心を取り戻すことです。武の心は、日本人が長い歴史のなかで育んできた日本文化の一つで、日本人の心の奥にまだ残っていると思っています。

武士道と言えば、やはり新渡戸稲造を思い出します。彼は『武士道』の中で八つの徳目を挙げています。「義、勇、仁、礼、誠、名誉、忠義」です。

武の心を取り戻すというのは、これらの徳目を取り戻すことなのです。個を優先する生き方ではなく、お互いの立場を尊重しつつ共助で生きるということです。

また武士は、政治を司り、地域社会の平和や国家の安全を守っていました。このことは、政治家やリーダーが特に自覚しなければならないことで、武の心を取り戻す上でもとても重要です。共同体意識にも通じます。「ならぬものはならん」と言える信念もとても大切です。

こうした武の心を取り戻すということは、国民意識を持ったごく普通の日本人になることです。普通の国民になることが、日本国家再生の道なのです。

私が「未来の国家と子孫のために」、我ら一億総活躍国民よ、為政者と共に平成の坂本龍馬たれ！と訴える所以がここにあるのです。

第四章

日本国家再生の維新対談
――先達の教えに耳を傾けよ‼

そのI

絶体絶命の社会保障制度をどうする

㈱日本医療経営研究所　代表取締役　野口哲英先生

変化に適応できなければ死なり ― 社会保障制度も同じ

神野　本日はお忙しいところ、日本国家再生のインタビューにご協力いただき有難うございます。早速ですが、同年代の野口先生に表題のテーマでお話しいただきたく、宜しくお願い致します。現在の我が国民で真面目に働き、日本を下支えしているのは、間違いなく中小企業の人達です。会計・税務という仕事を通して中小企業の経営者と話をする機会があるわけですが、財政を含めて日本の将来を憂いている方が多くおられます。しかし、その方々は、ものを言わないんですね。国家資格を持つ私どもは、公正中立の立場で、納税者や中小企業経営者の代弁者となることも、大事な国家資格者としての責務ではないかと思っています。

野口　それは大事なことですね。私も、もともと建築家ですが、病院関係に特化して病院経営塾や病院管理者育成塾などを主催し、社会保障に関することで様々な提言を行なっています。

神野　先生は『絶対絶命の社会保障制度』（大河出版）を編者として出されていますね。日本は少子高齢化に伴い、年金、医療、介護など、待ったなしの改革が求められていると思うんですが、その辺はどうなんでしょうか。国民の多くもそれに関心があると思いますので、今日はご意見、ご提言を宜しくお願い致します。

野口　お役に立つかどうか、こちらこそ宜しくお願い致します。『絶対絶命の社会保障制度』の本ですが、あえて「絶対絶命」としました。本当は「絶体」が正しいんですね。その理由は、「今のままでは間違いなく社会保障制度は崩壊しますよ」という警告の意味を含めています。平成十三年八月に書いたものですが、今日まで改革は遅々として進んでいません。

神野　警告と言えば、二〇〇〇年の十月に、フランスで開かれた世界老人問題研究学会で、一つの結論が出されています。日本は、このままで行けば少子高齢化が進み、二〇三〇年には絶対に財政的に行き詰まり、たちいかなくなってしまうというのです。すなわち老人狩りが始まるということです。今の日本は、まさにその状況にあるように思えます。地方創生に力を入れるということで石破さんが特命担当大臣も任命されていますが、その中で老人を地方に移住させる話があります。それを聞いて私は「それみろ。姨捨山が始まった」と思ったんですね。

野口　その問題も社会保障制度に関わっています。現象的に日本は、いろんな問題を抱えているわけですが、何の手も打たなければ、そうなることは、わかりきっていることです。問題解決を図るには、根本の考え方を変えないとダメだと思います。小手先をどんなにやったとしても直らないでしょうね。

神野　その根本というのは、なんでしょうか。

野口　私の考えをお話しします。常に世の中の変化に対応できるかということです。変化をしなかったら死なんですね。人間も細胞が生まれ変わり——永遠に生きているわけではないけど——生きている間、細胞は入れ替わり生きているわけです。変化をしないということは、即ち死なんです。老衰というのは、細胞の入れ替わりが止まるということです。水でも動かなかったら腐ります。即ち死です。ということは、常に変化をすることが大事なわけです。ということになれば、今の社会保障制度も——年金も、医療も、介護も——変化しなくなったら終りだということです。

神野　全くそうですね。私も経営維新ということで、現状否定、脱皮創造、想念実現の話をよくします。それを為すに当たって重要なことは、経営者の意識改革ができるかどうかです。経営者が常に変化しなければ、何も変わりませんからね。

野口　そうでしょう。ところが、今の社会保障制度はどちらかというと、変化はなるべくしないで現状維持でなんとかしようとしているんです。だからダメなんです。行き詰っていくわけです。その結果が今の状態だということです。それで思い切った改革（変化）を、となるわけですが、変化をさせるということは、これまでのツケを払わなければならないということなんです。だから改革がなかなか進まないわけです。そこで何が求められるかというと、神野代表が言われるように、大事なのは意識改革なんです。政治家も国民も、改革に伴う痛みを受け入れる覚悟を持たなければならないということです。

政治家の無責任と国民の甘えの土壌は日本国憲法

神野　いままでのツケを払うということは、余程の覚悟が必要ですね。具体的に政治家や国民は、どういう意識改革をしなければならないのでしょう。

野口　日本の国家財政は毎年借金が増え、今は一〇〇〇兆円を超えています。思い切った改革をしなければ、社会保障制度はとても維持できません。政治家も官僚も、そのことは、わかっています。しかし国民に迎合したり、前例がないと言ったりして、思い切った改革をなかなかやらない。国民もまた、なんでも国にやってもらって当たり前、という依存症に陥っています。

神野　改革をしないということは、政治家、官僚の、ことなかれ主義、為さざる罪ですね。それに国民だけではなく、大企業の経営者も〝寄らば大樹の陰〟で、何でも人様に頼ってしまう。責任をとろうとしない。甘えの構造ですね。

野口　そうなんです。政治家は改革すべきことを言わない。むしろ毎年借金を拡大して、次の世代にそのツケを回そうとしている。国民も、社会保障はなんでも国がやってくれると思っている。年金も医療も介護も――改革しなければ――もうやっていけなくなるのは、はっきりしています。その意識を、政治家にも国民にも持って欲しい。甘えの意識を変えて欲しいわけです。ところが、それがなかなかできない。なぜだろうと考えていくと、それは憲法に問題があると私は思っています。

神野　甘えの根本に、憲法の問題があると。それは、憲法が日本人の生き方に影響しているということですか。

野口　そうです。人間の幸せってなんでしょうか。そういう基本的なところから見ていかないと、対策が表面的または部分的に終わってしまいます。どうも戦後の日本は物質主義に陥《おちい》って、心の大切さをどこかに追いやってしまっている。そのため、エゴの主張ばっかりで、他人と幸せや苦労を分かち合うことを避け、自分さえよければいいと思っている。人間は、物心両面の豊かさを求めないと、本当に幸せは感じられないと思いますが、そうじゃないですか。

神野　本当の心の豊かさは物心両面でしょう。心の豊かさの教育がないので、個人主義の人間が増えていますね。

野口　なぜ、日本人の意識がそのようになってしまったのでしょうか。安保法制では九条が議論の的になっていましたが、これも結局は国民の意識に関係しています。憲法に定められている国民の義務は、納税、勤労、子供に教育を受けさせる、の三つです。それに比べ権利は五倍くらいありま す。しかし条文を良く読んでみると、例えば十二条には、「国民に保障する自由及び権利は、国民の不断の努力によって、これを保持しなければならない。又、国民は、これを濫用してはならない」となっています。また第十三条では「生命、自由及び幸福追求に対する国民の権利については、公共の福祉に反しない限り……」となっています。「濫用してはならない」「公共の福祉に反しない限り」というのは守るべきは責任です。でありながら、各条文は先に権利が謳われており、義務はその後に謳われているために、権利ばかりを主張するようになってきています。だから私は、国民が卑しくなっていると思っているんです。何でも国に守ってもらえると思っている。日本の国を守ることさえ、アメリカに守ってもらえばいいと思ってしまっている。こんな恥ずかしいことが先行し、経済的な部分だけを謳歌してきた。これでは国民はおかしくなりますよ。

神野　加瀬英明先生は、そういう日本の姿を〝保護ボケ〟と言われましたね。

野口　そういう大事なことを、なぜ意識しないんでしょうか。権利と義務は同等でなければなりません。また国家に安心して住みたいならば、まず義務を果たしなさいということが、私は先だと思うんですね。そういう意識になれば、安全保障の考え方も随分変わると思う。現実は、平和、平和と言ったら平和になるわけはないのです。日本人はもともと性善説ですから、憲法前文にある「平和を愛する諸国民の公正と信義に信頼して、われらの安全と生存を保持しようと決意した」を信じている。世界はそうじゃないじゃない。隙あらば、攻めて行くぞ、です。憲法をいつまでも目くらましていたら、国民の命さえ守ることはできなくなりますよ。

お陰様料を新設 ― 異世代間の賦課方式から同世代間方式へ

神野　そういう意味で安保法制が成立したことは、良かったということですね。そうなれば、憲法もまた、変化に対応できるように変えていかなければならない。結局は、これもまた政治家と国民の意識改革が必要だということですね。

野口　その通りです！　では、社会保障制度に話を戻しますと、現在のやり方を変えていかないと、財政的に社会保障制度は崩壊するということを、政治家も国民もまず認識しなければなりません。社会保障の順序から行くと、まず年金です。一番の問題は、例えばAさんが六十歳の定年まで働き、現役で受け取っていた給与の六割を死ぬまで年金で保障してもらうのは、もう無理だということです。現状は、若い人達の積み立てを喰っていかないと年金の支払いができなくなります。更に、その頼るべき若者が少子化で減少しているわけですから、支えられるわけがない。

神野　四人で一人を、または三人で一人の高齢者を支えていたのが、少子高齢化で、二人で三人を、一人で三人を支えなければならなくなってくる。そうなれば、現実的に財源確保ができなくなるのは、はっきりしています。それだけではありません。若者の積み立てを喰ってしまったとなれば、若者から働く意欲を奪ってしまうことになります

野口　運用で財源を確保すればいいという話もありますが、最近、積み立てた年金の運用で八兆円の損失を出したというニュースがありました。不確定な要素を期待して予算を組んでは大怪我します。

神野　現役時代で積み立てたお金で、老後は一生年金で保障される、という考え方は良かったわけですが、少子高齢化で、それができなくなってきたわけですね。先生が考える年金対策は、何かありますか。

野口　二十歳から働いて定年を六十歳とすると、四十年働いたことになります。八十歳まで生きたとすると、働かない二十年を現役世代の六割を年金で受け取る。というやり方は、もう限界がきています。それを維持するには、定年を無くすか七十五歳まで伸ばして、年金を頼らずにみんなが働く。そうすれば、後世の人に回すツケは軽くなります。でも、それがどこまで出来るか、まず無理でしょう。

神野　人間死ぬまで働き、生活が出来る収入を得ることができれば、年金問題も解決しますね。ただ、死ぬまで働くなんて、嫌だという人は多いと思います。

野口　となれば、結局、上の人を下が支えていくという順送りのシステムは、人口が壺型になっていますので、無理だということです。現在の異世代間で賄う賦課方式では、もうやっていけないんです。ではどうするかということですが、私の提案は同世代間で賄うというやり方です。

神野　賦課方式ではなく、同世代間で賄うとは具体的にどういうことですか。

野口　例えば、七十五歳以上の人は、もう殆ど働いていない。しかし資産を持っているのは、その年代の人達です。七十五歳以上の年金は、その世代の人達の間で年金を賄うというやり方です。

神野　同世代間というのは、この場合は七十五歳以上の人達のことですね。

野口　そうです。その人達も年金の積み立てをしています。年金の支給に際し、それだけでは足りないでしょうから、その不足分を、下の年代の人達が積み立てたお金を使うのではなく、七十五歳以上の資産のある人から資産税のような形で納税してもらう。また相続税の前払いとして一部を年金に回してもらう。そういう仕組みを作って、それを財源とするのです。

神野　高額所得者や資産家から、同世代のために応分の負担をしてもらうということですね。所得税の累進課税をやればできますね。そしてその人達の名前を公報に掲載するとか、表彰するとかをしたら良いと思います。

野口　それは、お陰様料なんです。というのは、資産を築いてきた人は、確かに勉強もして、いい学校を出て、仕事も頑張ってきたと思います。それは健康であって、良い家庭環境にも恵まれていたからでしょう。所得の低かった人達は、勉強も満足にしなかったかもしれない。いい学校にも行けず、もしかしたら健康にも恵まれなかったかもしれない。でもその人も頑張ってきたんです。世の中というのは、どうしても格差が生れます。しかし高齢者になれば、もうお互い様じゃないですか。ある意味、低所得者の皆さんが下支えしてくれたからこそ、高額所得者の人はやってこられたとも言えるわけです。

神野　高齢者になったんだから、これからはお互い様で生きようということですね。

野口　そうです。お陰様というのは、日本文化ですよ。それが個人主義になって、人のものは俺のもの、俺のものは俺のもの。憲法は権利が先にきて、義務をあとにしてしまっている。それが、現在の様な何でも頼り切ってしまう意識が出来上がってきたのです。

生活保護者より低い国民年金受給者 ― 許せない

神野　相続の件ですが、「相続」が、「争続」になっているのは日常茶飯事です。昔から、「子孫に美田を残さず」という教えがあります。この言葉は明言なんですね。なぜ子孫に美田を残さずと言ったのか。それは、良かれと思って美田を残したがために、争いが起きる。美田をもらうと、不公平だと言って、親戚、親子、兄弟の間で、恨《うら》みや、妬《ねた》みや、嫉《そね》みが出てくる。私どもは仕事上で、相続税がかからなくとも「争続」になっているという事実を見ていますので、「子孫に美田を残さず」の教えの意味がよくわかります。どういうことかというと、相続権を盾にして自分の権利だけを主張するので争いになるわけです。

野口　私は、相続というのは、例えば親が勝手に決めていいと思います。親の面倒を看てくれる子に相続すると決めるのです。そうすれば、家は守られるし、親の面倒を看るわけですから、介護の問題もある程度解決されます。昔は家族制度がありましたから、それができた。今は親から養ってもらって、親の面倒は看ないが財産はよこせです。いやしく、はずかしいですね。家族の崩壊ですね。

神野　個人主義ですよ。自分さえ良ければいい。でも、それって幸せなことなんでしょうか。相続をした人も、やがては歳をとりあの世に逝きます。そして、その子供達がまた「争続」を繰り返すのでしょうか。「子孫に美田を残さず」の教えのように、死んでしまえば、あの世に何も持ってはいけないわけですから、その一部でも国に納税してもらい、それを年金の財源にする。

野口　資産のある人から、資産を作れたのもあなた方のお陰です。という〝お陰様料〟として頂く。再配分してもらうということです。そのお金を定年まで積み立ててきたお金に加えて年金として支給する。若い人達も、やがては高齢者の仲間入りするわけですから、例えば六十五歳以上の年代になったら、資産のある人は〝お陰様料〟を納める。それが同世代間で賄うということです。

神野　同世代間で賄うという意味はわかりました。その為には、お互い様という気持ちが大切ですね。

野口　勿論それが前提です。そしてもう一つの案は、もう年金の積み立ては止めて、全部税金で面倒みるのです。

神野　全部、税金ですか。それは無理でしょう。

野口　まあ話を聞いて下さい。現在積み立ての現状は、実にアンバランスになっています。年金の積み立てを払っていない人もいる。零細企業は企業年金に入れないので国民年金でしょ。さらに、国民年金を受け取っている人は、生活保護者より低いんですよ。こんなバカなことありますか。そうであるならば、一層のこと税金でやればいいという考えも出てくるわけです。

神野　中小零細企業の人達は、真面目に働き国民年金を積み立ててきたんですよ。生活保護者より受け取る年金が少ないなんて、正直者がバカをみていますよ。それを国が放っているのは許せませんね。

野口　国民年金しかもらってない人は月五〜六万円くらいでしょうか。企業年金をもらっている人は、二十二〜三万、官庁とか大企業は三階建部分を積み立てているから三十万とか四十万もらっているると思いますよ。そういう不公平は、もう止めなさい。そのためには、毎月の公的な積み立ては止めなさいとなるわけですよ。

神野　大企業出身者は年金を多く貰って、租税特別措置法で大企業は公平、公正な税を払っていない。これもおかしい。そういう差を無くすためにも、積み立てを止めて、税金で年金を支払うようにしてはどうかということですね。

野口　そういうことです。あくまで考え方です。私の提案として、同世代間で賄うか、積み立てを止めて税金で面倒みるかということです。どれを選択するかです。ただ財源がなければできません。結局は、先ほども話をしましたが、定年を無くして働いてもらい、年金支払の年齢をできるだけ高くしなければ、やっていけないと思います。幸いというか、一億総活躍時代と政府は呼びかけています。働く人を増やし、税収を増やし、年金をもらう人を少なくしていく。それしかないでしょう。

神野　社会保障を制度維持するために、消費税アップの話も避けては通れませんね。

野口　消費税は、ヨーロッパを見習って応分の負担として導入しました。金持ちはうんとお金を使うだろうと思っていたんですが、意外や意外、そうではなかった。低所得者の人の方が負担率が大

きいんですね

神野　それが逆進性です。これが消費税の悪税たる意味なのです。金持ちにとっては、税の負担率が低い。

野口　そういう問題があるからこそ、高額所得者の資産の再配分をすればいいのです。そう言うと、それは社会主義、共産主義だと言う人もいますが、これだけ成熟した日本は、それしかないんじゃないかということです。しかも超高齢化です。若い世代にツケを回してはいけないのです。政治家が、そういうことを提言して、国民を納得させる。当然反対されるでしょうが、票が恐いのでそういうことさえ言わない。それが問題です。問題の先延ばし、責任逃れですよ。

神野　政治家がこれまで、国民に迎合して、言うべきことを言ってこなかった。それが大きな問題ですよ。それと、国民の意識改革の話も出ましたが、国民自身が元気で働くということが、全ての改革の鍵を握っているように感じますが、どうですか。

野口　それが基本中の基本です。そのためには健康であるということです。年金改革は年金だけで改革ができるのではなく、医療、介護と密接につながっています。

「良き医療は、良き経営から」病院経営塾を開催

神野　ということで、次は医療ですね。先生は「もともと私は建築家だ」とおっしゃいました。なんで建築家が医療の世界にはいったのか、非常に興味があります。先生が出された『医者いらず金

いらず　自分でできる疾患への対症療法と上手な医者へのかかり方』（幻冬舎ルネッサンス）を拝見しますと、一〇四歳になられても、なお現役でご活躍の日野原重明先生が監修されています。その中で「この本の著者は建築家でありながら、病院設計から病院経営塾の塾頭（長）に転じ、さらに病人の心理や行動を踏まえての健康法を勉強した方です」とありますが、何がきっかけで病院経営塾なるものを始められたんですか。

野口　まず、絵が好きだったりとか、物作りが好きだったりとかで、建築の方に進みました。卒業してから、オフィスビルやホテル、学校や住宅なども設計していました。創立十五周年を迎えて、果たしてこんなに何でもやっていて、どうなんだろうと考えました。そんな時に断食を七日間やったんですが、その時に直感的に気づいたんです。「今のままではダメだ。器用貧乏になる」と感じたんです。

神野　ほう、断食で。その時は何歳だったんですか。

野口　四十五歳です。なぜそう感じたのかを考えてみたら、私は三歳になるまでに三回死に目に遭っているんです。一つはジフテリア、伝染病ですね。殆ど死んでしまう。それが助かった。又わけもわからないオデキが全身に出来たのですが、三ヵ月で治ったんです。医者が一生懸命やってくれたんですね。その医者は「この子は五歳まで生きたら御の字だ」と言われたらしい。だからそこまでは大事にされました。

神野　そういう出来事があったんですね。

野口　はい。それから、二階から転げ落ちて人事不省に陥って意識を失ったこともあるんです。これも医者に助けられた。だから今の自分がこうしていられるのは、医療のお陰だという思いが心の底にあったわけです。それを思い出したんです。そういうことで、医療に役立とうと入っていったわけです。

神野 それにしても、病院の経営塾をやるなんて、大変だったんじゃないですか。

野口 昔、駆け込み増床というのがあったんです。ベッドを増やすということです。もう病院はこれ以上いらない。ベッド数もいらないから、五年後は病床を増やすことは許可しないということがあって、病院が慌てて病床を増やしたんです。それに合わせて設備も揃えた。ところが思うように収益が上がらない。倒産する病院が出てきたんです。過剰の設備投資とか、マーケッティングをしない病院はダメになっていった。これは経営者の質を変えないとダメだと思ったんです。そしてその後は、老人を食い物にするような医療が出てきたりしていました。

神野 私はよく「悪い会社はない。悪い社長がいるだけ」と話をするんですが、病院経営も経営者によって変わってくるということですね。

野口 全く、その通りです。それを知らない経営者が多すぎますね。私共の事業としては、一、経営幹部の教育・育成事業。二、経営コンサルティング事業。三、経営に役立つセミナー事業の三本柱でやっています。お陰様で、病院経営塾には全国四十七都道府県全てから民間だけですが病院の院長、理事長、経営者が受講に来ています。

神野 私どもの事務所は税理士業務をはじめとして、ハッピーエンディングノート作成による相続対策支援やリスクマネージジメント業務なども含めて、よろず相談所としてワンストップサービスの体制でやっています。その中にあって、TKC創設者である飯塚毅先生の教えである「経営指導が出来るかどうか」が最も重要であると認識しています。先生は、どんな思いで経営指導にあたっておられますか。

野口　「良き医療は、良き経営から」また「良き経営は、良き医療から」をキャッチフレーズに、そうでないと病院経営は成り立ちませんよと呼びかけ病院経営塾を始めたんです。ということは、良き経営者を育てるということです。だから良き経営でない病院があることは許せない。今の病院とか医療に対する怒りなんです。経営者に対する怒りなんです。医療も、年金も、こんなことでいいのか。やれば出来るのに、なんでやらないのかという、全部怒りですよ。経営を知らない経営者が牛耳っているわけですが、それが私のエネルギーになっているんです。

神野　おっしゃる通り!!　経営は経営者次第で盛衰が決りますからネ……。

老人平穏死の勧め ― 長命ではなく長寿の医療を

野口　医療の話に移りますが、日本の医療は国民皆保険制度でやっています。受ける人にとっては、非常に助かる制度です。アメリカにはない制度ですから、アメリカで病気をしたら大変です。個人が経済的に大きな負担になってしまいます。逆に日本は、国が財政的に大きな負担を背負ってしまったわけです。

神野　本当に思い切った改革を行なわなければ、国民皆保険制度の維持も難しいでしょう。

野口　その改革を断行すべき政治家が、選挙に勝つために過去からの権益や仕組みを守りたい。また検査、薬づけ医療にどっぷり浸かった医療団体の希望も聞き入れなければならない。というようなことで、官僚と同じく、前例がないと言ってやらない。常に借金が増えていくわけです。

神野　それでいて、政治家に危機感がない。政治家は指導者なんですから、危機感を持って考えないと本当に日本はおかしくなりますよ。

野口　選挙でいいことを言って、自分に傷がつかないように振舞う。政治家の本来は身を捨てることです。今はそうではなくて、どうやって自分の身を守るかだけを考えている。サラリーマン化しています。

神野　改革には強いリーダーが必要です。とやかく言わずにリーダーシップを発揮して計画実行してもらいたいですね。何か提言はありますか。

野口　医療でやらなければならないのは、老人医療対策です。老人医療は一人当たり若い人の約六倍かかります。ずっと入院していたり、死にかかっているのに治療をするから、かかるんです。六十五歳以上の高齢者、特に七十五歳以上の後期高齢者にお金がかかっている。

神野　六倍とは大きいですね。死にかけているのに治療するというのは、どういうことですか。

野口　私が尊敬する石飛幸三《いしとびこうぞう》医師がおります。『「平穏死」のすすめ』を書いています。NHKでも取り上げられました。食べたくなかったら、無理に食べ物を口に入れない。自分で食べられなかったらもう無理をして食べさせない。胃ろうをやって、栄養剤を流し込むような延命治療は止める。そうすると、自然に枯れるように逝くというんです。

神野　家族としては、なんとか少しでも長生きして欲しいと、治療をお願いしていますからネ。

野口　医者は、しょうがないから余分なことをする。ガンでも何でも、もうある程度いけば死ぬというのは、わかっているわけです。そういう人に治療をすると余計に苦しむ。死ぬということは、全部捨てていくわけです。体全体で死に向っているのに、点滴したり栄養剤を注入したりするわけです。そうすると部分的に元気になるわけです。体のバランスが崩れて苦しむわけです。結局、患者を苦しめていることになる。余分な治療をしないと、苦しまないんですよ。自然に老衰みたいにして逝くんです。

神野　その方が、ずっといいですね。そして余分な治療もしないわけですから、六倍かかる医療費も削減ができることになる。

野口　余分な治療は、長寿ではなく、長命になっていく。長寿は大事です。生きていて良かったというのがあって長寿です。長命では、生きていて不幸せ、苦しんでしまう。本人にとっても苦しいんです。

神野　長命ではなく長寿、そうでなければ生きる価値がありませんね。

野口　だから、元気な内から「自分は平穏死を希望する」と子供達に伝えておかなければならないわけです。

神野　「老人の平穏死」、今後の老人医療で重要な分野になりますね。

未病・予防・健康指導の診療報酬をアップする

野口　そして、延命治療でお金を使うのではなく、未病、予防に金を使えということです。元気だったら働ける。病気になって寝ていれば金だけかかるだけです。これは問題ですよ。しかし病院からすれば、病院にいてもらった方が、治療をしたり、検査をすれば診療報酬が入るわけですから、いいわけなんですね。だから「老人の平穏死」を言うドクターは殆どいません。

神野　「老人の平穏死」ということで、治療をしないということになれば、診療報酬が入らなくなるということですね。

野口　診療報酬は特にドクターの大事な食い扶持です。その食い扶持を、治療とか検査よりも、未病とか予防、健康指導で高く得られるように診療報酬制度を変えればいい。そうなれば、医者も勉強して未病とか予防、健康指導に力を入れるようになりますよ。

神野　なぜそれが、進まないんですか

野口　政治家、官僚は、前例がないとして何も動かないんです。だから予算付けができない。

神野　未病や予防、健康指導に取り組めば、国家財政の助けにもなりますよね。

野口　そうです。その導入に当たって参考になる方法が、アメリカ、ヨーロッパにあります。病気になると、まず診療所にかかる。そこがゲイト・キーパーになっています。ゲイト・キーパーとは、門番のことです。患者さんは、まずそこに行くと、総合的に診ることのできるドクターがいます。そこでどういう治療をしたら良いかを診断する。どうしても専門医でなければならない場合にだけ、専門医の居る病院に紹介します。ですから、殆どの場合、そこで治療ができてしまいます。

神野　重大な病気以外は、その診療所で治療ができるわけですね。

野口　日本だと、ちょっと風邪をひいただけで大病院に言ったり、救急病院に行ったりするでしょ

う。だから若い人が救急になっても、お年寄りでベッドがいっぱいだと言って断わられてしまう。診療所のゲイト・キーパーがちゃんと仕切れば、大病院や救急病院のベッドは確保できるわけですよ。診療所を通さないで大病院や救急病院に行ってしまうからダメなんです

神野　一般の人は、大病院の方がやっぱりいいと思っていますよ。

野口　嘘ですよ。大学病院なんかは研修医が沢山いて、そういう人が診るんだから、それよりベテラン医者が独立した診療所や中小の病院の方が、よっぽどしっかりしていますよ。アメリカやヨーロッパでは、そういう医師を養成する。いきなり大病院には行かなくてもよいようになっている。イギリスとかヨーロッパは、一人当たり定額の包括診療だから、例えば登録している住民が何人いるか、それがその医師の力になります。その人達を病気にさせなかったら利益率が高いんです。

神野　それはいい。それこそが、本来の医療のあり方ですね。

野口　病気にならないように、健康指導するわけです。治療ではないんです。それに高い報酬が支払われる。ところが日本は違うんですね。やっただけの出来高払いですから、診療報酬を得るために、どうしても検査漬け、薬漬けになるわけです。

神野　治療をしないと診療報酬が入らないというのはわかりますが、治療から予防、未病、健康指導に主力を変えていくことは、やれば出来ることじゃないですか。

野口　医師会が反対するんです。勉強すればわかることですが、現状を変えたくないわけです。老人介護で大事なのは、特別な病気がない限りは治療をしないということです。そして病院ではなく、老人保健施設や介護施設ではなく自宅で死を迎えるようにすればいいのです。事実、石飛医師のい

る芦花ホームでは、人生の終末期の介護について希望される方に「看取り介護」のサービスを提供します。定期的な「家族面談」を開き、その都度ご家族の意向の確認をしています。

神野 家族の理解をもらって、看取り介護をやり、そして平穏死を迎える。

野口 病院に行くと平穏死ではなく病死になります。病死ではなく、最後は平穏死で逝きたいと思いませんか。そういう考えの人を増やしていかなければなりません。

神野 そうですね。

倫理、道徳、哲学を持ち総合的な医療ができる医師を育てる

野口 老人介護の医療について、その問題点と対策をお話しましたが、医療と介護はつながっています。現在は別れていますが、一緒にすべきです。それと大きな問題は医療の質です。医療側が、まず変わらなければならないことがあります。

神野 医療の質とは、医師の人間性とか技術のことですか。神の手を持つ医師が、マスコミなどで大々的に取り上げられたりしていますので、日本の医師の質は高いんじゃないですか。

野口 医者の質が悪いというのは、まず社会性がない。神の手を持つ医者という話は大衆受けしますが、あれは技術屋ということです。手先が器用とかで部分には凄いけれども、身体全体を診れる医師は少ない。即ち日本は、医者としての総合力を備えていないんです。

神野 ゲイト・キーパーができないわけですね。

野口　一つの問題は、高卒で、偏差値だけで、いきなり医科大学に入るわけです。受験科目も、物理、化学、数学、英語ですから、生物学が必須でない。人間を診るのに何で生物をやらないのか。おかしいでしょう。人間を物体と見ているわけですよ。欧米では生物学が必須科目です。日本では医学部に入って、一様、一年に教養科目があっても、勉強しなくても通るわけですよ。だから倫理観のない、道徳観念のない、医師が生れるわけです。

神野　人の命に関わる医師になるわけですから、特に人間性が求められるわけですが、偏差値だけで入学できるというところにも問題があるわけですね。

野口　アメリカは四年大学を出てから医科大学（メディカルスクール）に行きます。医科大学は四年生ですから大卒から通算すると、日本より二年間、余計にあるわけです。それで、日本とレベルが全然違う。例えば、日本の医科大学は六年で卒業します。その卒業生とアメリカの医科大二年生と比べてみると、アメリカの学生の方が医者としての考え方のレベルが全然違う。倫理観、医師としての意識、思想、そして医療知識も技術も日本と比べて高い。これが大事なんです。

神野　そんなに違うんですか。医者を志す以上、倫理観を身につけるのは当然じゃないですか。

野口　そうです。日本は、いわゆる倫理、道徳、哲学などを、もっと一生懸命に学ばなければダメですね。そしてもう一つは、大学時代にどういうボランティアをやってきたか、というのが重要視されます。この学生は、本当に医者になる資質があるかどうか、素質があるかどうか、医師としてやっていけるかどうかを判断するわけです。偏差値だけではありません。

神野　日本は、偏差値重視ですからね。

野口　医学部に入って二割くらいが卒業できません。その大きな要因は、心理的な面で医者としての資質がないということです。そういう教育から直さないと質が高まらないですね。そのポイントは、総合的な医療ができるかどうかです。それができてから、専門医の勉強をする。日本は、いきなり専門医になる。そこが問題です。今日、前期臨床研修は二年ですが、米国では大学在学中にそれに近い研修をやっています。

神野　日本の医者のレベルは高いと思っていましたが、人間性も含めて、総合医療ができるように質を高めていく。そして医師の立場だけでなく、患者、特に老人にとって、いまどういう処置が適切なのかを提案する。そういうことができる医師が求められているわけですね。

野口　生命の倫理観でも、日本はちょっとおかしいところがあります。どこの国でも宗教があります。日本は外国のような宗教がない。経済的に豊かな日本では、物質的なものに関心がいく。唯物史観というのは、求めてもきりがない。だからこそ、倫理、道徳的なものは、子供の頃から家庭でしっかりと教えなければいけない。学校でも人間をつくる、徳の教育をするべきですね。

神野　それは、全く同感です。横浜市にある公立中学校の服部剛先生が、道徳の時間で行なった授業内容をまとめた『教室の感動を実況中継！　先生、日本ってすごいね』（高木書房）があります。それを読むと「日本人に誇りを感じた」とか「自分もこのように生きてみたい」というような感想を書いています。ちゃんと伝えれば、子供達には届きますよ。

野口　伝えるものとして、死の現場を子供に見せるのも大切です。いまは病院で亡くなる人が多いですね。そのため家で死に目に会わない。ヨーロッパは七割が自宅です。日本は三割です。自宅なら親の死に目を見ることで、いのちの尊厳、体験を通していのちの大切さを勉強ができわけです。最近の青少年による殺人や自殺が防げます。

がんの三大治療には西洋医学の限界がある

野口　がんが増えているのは、生活習慣病ですね。その一番大きなのは食事なんです。アメリカの話ですが、レーガン大統領の時にマクガバンという上院議員がいて、その人ががん対策として食事の調査をしたんです。そのレポートが出たんですが、健康食は全く日本食だったんですね。それでなんと、今はアメリカはがんが減っている。日本はどんどん増えている。

神野　洋食中心に変わってしまった人ですね。米は日本人が食べる主食なのに、外国の人、米国（アメリカ）が多く？　なった……。

野口　日本は超高齢化で、心臓病とか脳溢血にはなるけれども、ほとんど命が救われてしまう。そして最後はがんで死ぬというのが多くなるわけです。誰でも死ぬわけですから、死ぬのは避けれない。でも、苦しみながら死ぬというのが一番の問題なんです。

神野　苦しんでいる姿を見るのは、看病している家族も辛いですからね。

野口　それはなぜかというと、がんは三大治療法と言って、今の健康保険では①手術するか、②抗がん剤をやるか、③放射線をやるしかないわけですよ。これが苦しめている。がん対策というのは、人間の免疫力で何とか食い止めるわけです。しかし今の治療をすると、その免疫力を殺したりする。

抗がん剤は免疫力を弱めます。手術もどこか取っちゃうとバランス崩しますから、どうしても免疫力が崩れるわけですね。放射線も同じです。いい細胞を今度はがん化させたりします。

神野 三大治療は一般的に知られているわけですが、かえって苦しむことになるわけですね。

野口 初期はいいとしても、抗ガン剤を長く続けると苦しむ。手術で全摘してしまったら臓器がないんですからかえって機能を失い身体全体のバランスを崩して苦しむわけです。いろんな治療法があるのに、やらない。それは、金にならないからです。

神野 がんと言われると、即、死を思い浮かべ、余程の知識や情報がないと、やっぱり手術かなと思ってしまいますよ。

野口 がんの三大治療法は、もう限界にきています。自分で生活習慣を改めて、免疫療法でいかに自分の免疫力を高めるか。金をかけずに自分の免疫力を高めるわけです。

神野 体温を一度上げるだけで何十倍の免疫力が高まると聞いていますが……。

野口 温熱療法とか、ありますね。

神野 九段クリニックの阿部博幸先生他数人の医師達が、免疫力強化療法でがん治療では成果を上げていますね。

野口 よく知っています。第四のがん治療として注目される「免疫細胞療法」ですね。継続して治療を行うこと、ステージ五とかになると難しいことはありますね。

神野 やっぱり初期なんですね。

野口 ステージ三ぐらいの人なら、食事で完全に六割ぐらいは治している先生はいます。

神野　免疫療法と食事療法と心、これによって三拍子そろえばがんになっても治る。

野口　だから笑いの健康法で良くなったという話は沢山あります。良く知っている人で寺山心一翁さんがいます。この人は早稲田の理工学部を出て、サラリーマンになり、そして独立をして元気で働いていた。ところががんで満身創痍になったんですね。「あと、あんたは三ヵ月」と言われてしまった。病院をやめて、自分で回復に努めた。北欧の方にメンタルな治療法があって、そこへずっと行っていた。何と、もう二十年も経つけど何にもない。全部消えちゃった。だからやっぱり現代医療の限界がきているんです。

神野　現代医療に限界があるとなれば、どうすればいいですか。

野口　これも老人医療のところで話をしましたが、国も、国民も治療よりも予防にお金をかけろということです。

神野　老後の生活不安というのは、健康と経済だと思っているんですけれども、老後に備えるに大事なことは、予防医学だということですね。そうすると食事療法とか免疫療法で……。

野口　それと運動とかいろいろあります。

神野　食事と運動とメンタル。

野口　メンタルというのは、ストレスじゃないけれども、ストレスをストレスと感じない生き方が大事です。仕事も辛いなと思ったらストレスになるけれども、仕事が楽しいなと思えれば逆に体にいいわけですよね。気持ちが、前向きになるか、後ろ向きになるかで、健康管理もプラスにもなるしマイナスにもなります。

神野　我々も、経営指導の中で問題点がない会社はないんですよ。そこで問題なのは、経営者がなぜこんなことが起きるのかと、疑問、不安、反発、怒りなどを持ってしまうんですね。それをどんどん抱え込んで、持ちきれなくなってしまう。それを、問題とか課題というのは乗り越えるためにあるんだよと背中を押してやると、立ち直っていきます。気持ちの持ち方が、いかに大きいかは病気でも同じなんですね。

野口　ですから、最終は自己責任なんです。日頃から、どういう考え方で生きていくかが大事になってくるわけです。

神野　自己責任。これは重要な指摘ですね。今日の話は、全てそこに繋がっている。

野口　だから病気というのは、気が病むと書ますよね。やっぱり心が、なんか不思議な魂というか、それが遺伝子を操作するらしいんです。心が脳を支配し、脳がいろんなものを支配する。遺伝子が支配しているわけじゃないんです。遺伝子は八割は眠っていて、二割ぐらいが働いていて、何かあった時にその眠っている遺伝子が起きるわけですよ。誰が起こすのかというと、それは心が起こすわけです。だから気持ちが大事、考え方が大事になってくるわけです。

認知症が改善する心身機能活性運動療法

野口　いま、医療と介護の中で問題になっているのは、鬱と認知症です。認知症は、どこも治療法がないと言われています。ところが、民間で効果があるものをやっているところがあります。

神野　そういうのがあるんですか。それは朗報ですね。

野口　認知症を改善できないために、在宅で介護が困難になり、虐待、暴力、殺人という悲劇が生まれています。介護施設でも、働く職員の心身は疲労し、本来の介護や介助ができなくなり、ついには退職してしまう人もいます。

神野　認知症は、なった人も大変ですが、介護する人も大変です。人によっては暴れたり、徘徊したりしますから、それが改善すれば助かりますね。

野口　その方法は、幾つかありますが、その一つに心身機能活性運動療法があります。「認知症の改善」を目的に開発したもので、五つのプログラムを一体的に組み合わせて実践し「脳と心と体」を「楽しく活性」するもので、人間性を取り戻す様々なノウハウが蓄積されています。

神野　効果があるなら、どんどん広めたいですよね。

野口　問題なのは、それを国が認めないことです。理由は、医者がやっていないからだというのです。何でも医者でないといけない。利権というか、権益ですね。

神野　そんなことを言っているから改革ができない。

野口　ある病院で勧めたら、院長とか理事長がやってみようと言っても現場の国家資格を持ったコメディカルが反対するんです。

神野　残念ですね。経営者とスタッフの心が、まだ一緒になっていないんですね。

野口　開発者は、台湾、香港、シンガポール、上海でも有名人になっていますよ。介護五のかなりの人が一年で三になる。三の人が一になる。迷惑行動を一切しなくなる。人のものを取ったり、徘徊をしなくなります。

神野 そういうことにこそ、国はお金をかけるべきですね。

野口 保険が利きませんから、この療法を受けるには全部自費です。この療法は、認知症の改善は勿論のこと、認知症初期の予防、定年退職者で第二の職場とする施術者職員の予防にも効果的です。

神野 これから期待できる療法ですね。みんな、自分は認知症にはならないと思っています。でも現実はわからない。こういう療法があるというのは、本当に助かります。野口先生の努力で広めて欲しいですね。

生涯現役で働くことこそ国家社会に役立つ

神野 いろいろ話を聞かせて頂いて、一番感じるのは死ぬまで健康でいることですね。

野口 そうです。それが全ての原点です。しかし残念ながら、日本の現状はそうではない。基本的に、三つの根本が歪んでいる。

神野 それが、様々な問題で日本を悪くしているということですね。

野口 はい。その三つというのは、一、無責任。二、甘え。三、制度の悪用です。無責任というのは政治の無責任でしょう。甘えというのは「何々してもらう」という、常にもらい根性でしょう。制度の悪用はズルをする。人が見ていなければとか、生活保護を平気で受ける。そういうふうな制度を悪用していますよ。失業保険だってそうでしょう。ぎりぎりまで保険をもらって、切れたところにもう一回ちょっと就職して、またしばらく働いて、また失業保険を請求する。

神野　それでは制度の悪用そのものですよ。

野口　この頃こんなことがあるんです。ちょっと指を切って、バンドで手当てしたけど血がにじんだと言って救急車を呼ぶ。こんなレベルの人がたくさんいる。そして帰りにタクシーを呼んでくれと。

神野　酷い話ですね。

野口　挙げればきりがありません。

神野　人はともかく、私は高齢化で老人が増えていくことを考えて、中小企業の経営者に死ぬまで働こうと言っています。そうすれば健康的にも、経済的にも、精神的にも、肉体的にも周りに迷惑かけないで済むと。そうなれば、医者いらず、国のお金にも頼らずになります。生涯現役です。

野口　おっしゃるように、そのためには健康でなければなりません。

神野　生涯現役を貫く人が多くなってくれれば、日本は老人化社会を迎えても、今よりも明るさが見えてくると思います。

野口　健康管理の大事な点は、医者に行かなくても、自分でできるんだということを分かって欲しいですね。それが先ほどご紹介いただいた『医者いらず金いらず　自分でできる疾患への対症療法と上手な医者へのかかり方』です。そうすると医療費もかからない。

神野　二〇三〇年には、老人が四〇〇〇万人になります。その老人を全部国が面倒を看ることなどできるわけがありません。今でさえ、医療費は増えるばかり、老人ホームも、どんどん満杯になって、何年も待っている。介護施設も半分以上が途中で消えて行っていると！

野口　北欧のスウェーデンでは、例えば日本の特養みたいな大きな施設はないんです。昔はありましたけど、非人間的だからということで、グループホームみたいに十二人とか二十五人とかの小規模施設ができています。それぞれのコミュニティをその中で作って、そこでお皿洗いとか掃除をするとか、何かその人なりに仕事をする。洗ったものを畳むとか、そういう役割を与えているんです。ところが日本の特養はどうですか。何もさせないでしょう。下手すると口を開いてあーんといって食べさせている。こんなことをやったらボケ老人を作るだけじゃないですか。

神野　ボケ老人を作りながら金儲けをしている。だから、そうならないためにも、国民自身が健康でいることを若い時から実践する。そして医者は、先生が何回も言われる、予防、未病、健康相談に主力をおいた医療を行う。そうなれば、医療費も大幅に改善するということですね。

医者が必要でない社会をつくる気持ちで医療改革をやる

野口　社会保障制度に関係して、社会福祉の問題もあります。最初に申し上げたように、日本人の生き方が、何でも人がやってくれる。自分ではやらない。やってもらってあたり前。感謝の気持ちどころか、もらい根性がついてしまっている。どんどん生活保護が増えている。

神野　本当に生活保護が必要なのかを、しっかりと審査すべきですね。民主党政権の時、簡単に生活保護を受けられていたように思います。

野口　生活保護は、現金支給ではなく現物支給にすべきです。国民年金の人より高額に現金を与えるわけですから、なんか理由をつけて働かない。もう働けない人は別として、次に働くまでのつなぎ支援が大前提なはずです。

神野　本当にそうです。福島県も、似た現象が起きています。

野口　例えば、東電の事故があって、仮設に行っているけれども一人十万円くらいもらえる。家族四人いると四〇万円、働かないほうが楽なわけですよ。

神野　だから働かないですよ。いま言われたように、福島県の恥部になっている。だからパチンコ屋がものすごく繁盛し、バー、クラブが儲かる。おかしいですよネ！

野口　生活保護だったら、住む所は六畳一間、トイレ、キッチンがあればいい。朝昼晩食事も提供する。家もただ。しかしお金一銭もあげません。ほしかったら働きなさいと言ってやればいいんです。お金あげるからパチンコに使っちゃったり飲み食いに使ったりする。

神野　その通りなんです。そういう前提の中で「欲しがりません。勝つまでは」というのは戦前の考え方ですが、これは勤勉、努力を言っている。こういう言葉が日本人の心から消えてしまった。そして自分のことは自分で守るという、自己防衛本能というのがなくなり、他力本願のまさに保護ボケになっているんです。

野口　大事な点は、ヨーロッパでもアメリカでも、全部自己責任なんです。日本人は自分の責任ではなくて、医療機関とか国が責任をとるのが当たり前だと思っている。また憲法に戻りますが、それだけ日本人は卑しくなっているわけです。そこを変えていかないと根本的な解決になりません。

神野　やっぱり、最後は正しい者が救われるという憲法改正になっていくんでしょうネ。

野口　そして診療報酬の出来高払いを止めて、入院だけでなく外来診療を、こういう病気は幾らと定額医療にする。各疾病に対し定額でやることですね。アメリカはＤＲＧ、日本はＤＰＣとしてやっています。説明が長くなるので詳しく説明はしませんが、すぐに検査だの薬だのと余分なことはしなくなる。診療所もそうすべきです。

神野　とにかく、国家財政が大変になっているわけですから、政治家に将来を見据えた社会保障制度の国家ビジョンを策定してもらい、勇気をもって提言してもらいたいですね。

野口　私は、医療は極論すれば性悪説だと思っています。本来医療なんて極力無い方が幸せなわけです。病気になって治療のため仕方なくて医療がある。病気のないのが一番幸せです。医者が必要でないのが一番幸せ。医者が必要でない社会をつくる気持ちで医療改革をやる。それが予防、未病となるわけですね。

神野　野口先生の役割は大きいですね。本当に勉強になりました。これからも日本の社会保障、医療介護制度の改革に頑張って下さい。本日は誠にありがとうございました。

（平成二十七年十一月二十二日）

そのⅡ

財政健全化の筋道、国家ビジョンを語れ

尚美学園大学名誉教授　大橋豊彦先生

安倍政権で果してPB（プライマリーバランス）は黒字化になるか？

神野　日本国家再生をテーマに、日本が抱える戦後日本人の生き方の問題や、安全保障、少子高齢化に伴う年金、介護、医療の問題などを各分野の先生方にお聞きしてきました。今日は先生に、いまのままでは破綻すると言われる日本の財政問題、またそれに大きく関係してくる消費税アップの問題など、財政再建の筋道ということで、率直なご意見、ご提言などをお聞きしたいと思います。宜しくお願い致します。

大橋　今日は、資料を作って参りました。それを先ず説明させて下さい。

神野　わかりました。

大橋　今日の私の論点をまとめると、次の三点になります。

論点

1. 財政健全化の目標は達成できるか、二〇二〇年度のPBの黒字化は可能か？
2. 二〇二〇年（東京オリンピック）までに消費税はさらに引き上げられるべきでないか
3. 日本国債に対する市場の信頼は維持されるか

神野　二〇二〇年度のPB（プライマリーバランス）の黒字化は可能か？　とは、安倍政権で、ということですね。

大橋　安倍政権は、国・地方の基礎的財政収支（PB）について、①二〇一五年度までに二〇一〇年度（▲六・六％）に比べ、赤字の対GDP比を半減、②二〇二〇年度までに黒字化（以上二つはフロー目標）、③その後の債務残高対GDP比の安定的な引き下げ（ストック目標）を目指すとする財政健全化目標を掲げ、その達成に向けた取り組みを進めています。PBの黒字化とは、簡単に言うと、国家予算のうち借入金以外の収入（税収）から、国債の返済やその利払いを差し引いた額がプラスになるということです。これは債務残高対GDP比の膨張（発散）を起こさせず、財政の持続可能性を担保するために重要なものです。しかし最近の現実は、税収の方が少ないために、PBは赤字となっており、大きく借金の総額が膨らんできています。その長期債務残高の合計は、二〇一五年度末の見込みで、国・地方合わせて一〇三五兆円になっています。

神野　それを私は心配しているわけです。借金の大きな要素は、社会保障でしょう。財政が苦しいわけですから、政府として消費税をアップしたいと思うのは当然です。

大橋　国民の多くが日本の将来に不安を持っていますがその理由は二つあると思います。一つは高齢化です。もう一つは財政です。少子高齢化を防ぐのは、現実問題としてなかなか難しいと思いますが、財政の健全化は、国民に痛みを伴う辛いものですが、指導者が強い意志を持ちやろうと思えばできるものです。ぜひ、日本のためにもやって欲しいということです。

神野　率直に言って、二〇二〇年度のＰＢ黒字化はできるでしょうか。総務省におられた先生の目から見て、官僚や政治家はヤル気がありますか。

大橋　それはかなり難しいと言わざるを得ませんね。日本の財政がなぜこれほど悪くなったかの理由を学者などが挙げていますが、それをみると難しさがよくわかります。大きく言って三つあります。

　一つ目は、政治家の利己的行為を押さえる仕組みがないということです。政治家は選挙に当選しなければなりませんので、国民の関心を買うためにばら撒き、地元の利益誘導が先に立ちます。そうさせない仕組みを作らなければなりませんが、そのこと自体が難しいですからね。

　二つ目は、政治家に、財政規律の気持ちが非常に欠けていることです。特に補正予算については規律が当初予算に比べて非常に緩いです。補正予算は当初予算の時のようにシーリング（予算編成における概算要求限度枠）がない。要求を抑えるという仕組みがないのです。政治家にその意識がないので、どうしても借金が膨らむわけです。九〇年代から二十五年間で、災害復旧もありますがおそらく一〇〇兆円は補正で出しているでしょう。
三つ目は、官僚にとって新規予算を取ってくることがなによりもの手柄だということです。予算を獲得するために官僚が使うエネルギーは半端ではありません。しかし莫大なエネルギーをかけて獲得した予算を使って行う事業の効果などは強い関心を見せません。

神野　補正でそんなに出ているんですか。政治家、官僚の勝手な思惑で、簡単に借金を作ってきたわけですね。しかし財政が破綻してしまっては、地元の利益誘導も社会保障もできなくなるわけですから、ここは一番、政治家に勇気を奮ってもらって財政問題に取り組んでもらわないとダメですね。

大橋　その具体的な話は後で述べることにして、まず財政の現状がどうなっているのか、見て行きます。

日本は世界一の借金国そして社会保障と地方は金がかかる

大橋　日本の財政の現状は、世界一の借金王であること。これを指導者も官僚も国民も、自分のこととして、しっかりと認識し、一時も早く健全な財政の確立に努力しなければなりません。小渕恵三さんは総理の時に、自分は世界一の借金王だと自虐的に語っていましたが、そこには財政健全化への強い意思は感じられませんでした。国・地方合わせて長期債務残高の合計は一〇三五兆円、対GDP比で二〇五%あるんです。歴史的に見ても、国際的に見ても驚愕すべき数字です（一般政府ベースの債務残高対GDP比（二〇一五年）二三三・八％は太平洋戦争末期を超える水準）。

神野　会社だったら、とっくに潰れていますよ。

大橋　あのギリシャでも危機が再燃した二〇一五年の債務残高GDP比は一七六・七％ですからね。イタリアは債務残高対GDP比（一般政府）一五九・六％です。

神野　それよりも日本は悪いですね。

大橋　そうです。昭和四十（一九六五）年、佐藤栄作内閣―福田赳夫大蔵大臣の時に、戦後初めて赤字国債を発行すると決定したのが始まりです。実際は議会の合意が遅れて昭和四十一年一月に発行しています。それからおおむね継続して赤字国債が発行されているわけです。

神野　昭和四十年は東京オリンピックが終わった翌年ですね。覚えていますが、鉄鋼関係の大型倒産や山一證券の経営危機もありましたね。

大橋　それを乗り切った後は、〝いざなぎ景気〟となりましたが、赤字国債は出し続けています。

神野　政治家の怠慢ですね。

大橋　二番目の問題は、社会保障と地方は金がかかるということです。社会保障費は毎年一兆円程度増加しています。地方交付税も三十兆円を超えて、一般会計歳出総額の15％を超えています。因みに、一兆円はどんな額かご存知でしょうか。仮に毎日一〇〇万円飲み食いに使ったとして、どのくらいの期間使えると思いますか。なんと二七〇〇年以上です。それだけの大金が毎年増えているわけです。社会保障の給付費は一五〇兆円くらいで、そのうち国費（税金）で面倒みるのが三十兆円ですね。後は保険などで賄っています。年寄りが増えていくのは目にみえていますから、いまのままでは更に増えます。高齢化は、社会保障経費の増加の最大の理由ですが、社会保障経費が増大する要因は高齢化だけではありません（医療費で見てみると一人あたり国民医療費の国庫負担は、六十五歳から七十四歳までと比べて七十五歳以上にあっては、約四倍を要している）。高齢化に伴う社会保障経費の伸び以外に医療の高度化に伴う伸びなどがあり、高齢化に伴う伸びはしょうがないが、それ以外の要因による伸びは極力抑制しなければなりません。

神野　医療、介護にどんどんとお金がかかる。

大橋　その多くを借金で賄ない、そのつけを次の世代に回しているのが今の姿です。高齢者が、いわゆる負担を上回るサービスを享受しているわけです。これを何とかしないと日本の財政は破綻してしまいます。そして社会保障の爆発的な膨張に対して何とかしようという決断ができるのは、政治家です。

神野　本当にそうですよ。

長期デフレによる税収減と国民負担率

大橋　借金と歳出の現状がわかったところで、次は歳入について触れたいと思います。財政は、歳出以上の歳入があれば問題ないわけですが、日本の財政の悲劇は、そうでないところにあるわけです。歳入を増やすには、まともな道は税収を増やすことです。日本の国民は、どの程度の税金を払っているのか、各国比較で国民負担率も合わせて紹介します。

日本の国・地方の財政の現状

○この二十五年国の税収は、減税や景気の悪化等により大幅に減収

《六〇・一兆円》（一九九〇年度）→三八・七兆円（二〇〇九年度）

利子所得に対する課税額は九〇年代前半三〜五兆円↓一〇一二年度〇・五兆円》

○日本の国民負担率は、ヨーロッパの先進国に比べ低い

《主要先進国との国民負担率の比較》

日本	四一・六％	（租税負担率二四・一	社会保障負担率一七・五）
フランス	六一・九％	（租税負担率三六・九	社会保障負担率二五・二）
スウェーデン	五八・二％	（租税負担率四七・五	社会保障負担率一〇・七）
アメリカ	三〇・八％	（租税負担率二三・三	社会保障負担率七・五）

＊国民負担率＝（社会保険料等十租税収入）／国民所得

今年度（二〇一五年）の税収（所得税、法人税、消費税など）は五十四兆円くらいでしょうか。一九九〇年には約六十兆円あったのが、二〇〇九年には約三十九兆円になっています。税収は景気に左右されますから、税収を上げるためには景気がよくなければなりません。

神野　そこでやるのが、景気対策ですね。

大橋　選挙になると、国民が政治に要望する上位は常に経済と福祉対策です。景気が良くないとその政権は国民の高い支持は得られません。こういう場合、財政健全化の取り組みにおいて、増税に慎重な上潮派《あげしおは》の声が大きくなります。金融緩和をしたり、規制緩和を行ったり、政府の保有する資産を売り払ったりして景気を良くし、税収の増加を図り、財政健全化を図るというやり方です。安倍政権は、経済再生なくして財政健全化なしという基本的哲学で経済運営を行っている。つまり経済の再生と財政健全化の二兎を得る政策を行っている。

神野　アベノミクスですね。初期はおおむねうまくいった感じがありますが、これからが本当の勝負時ですね。

大橋　確かに経済が悪いと税収も芳しくありません。不景気だと金利も下がります。その結果、利子所得による税収も減ってきます。九〇年代前半には三〜五兆円あった利子所得課税が、二〇一二年度には〇・五兆円になっています。

神野　長いデフレが続きましたからね。安倍政権になって株価は二・五倍になっています。デフレを脱出しつつあることは、日本の経済にとってプラスでしょう。

大橋　まだまだアベノミクスの恩恵が、日本全体に行き亘っていないという批判はありますが、間違いなく全体として税収は上がっています。ただ財政健全化の取り組みにおいては、単に税収の自然増に依拠するわけにはいきません。安定的な財源を確保する必要があります。そこで消費税の更なる引き上げの議論が出てきます。その際いったい日本国民はどのくらい負担をしているのかを示す国民負担率が大事です。日本はまだ低い方です。アメリカは、日本のような国民皆保険制度がありませんから低くなっているのでしょう。

神野　税金をアップするのは、国民感情として抵抗がある問題です。しかし財政が危機となれば、財政再建を放っておくわけにはいきません。やはり政府が本気でやらないと、やがては財政破綻がやってきますよ。

大橋　そうです。八〇年代以降時々の各政権において、財政健全化の目標を立て取り組んできています。しかしＰＢが黒字になることはないなど総じていえば取り組みは挫折の歴史であったといえると思います。では、次に主な政権においてどのような目標を掲げ、どのような実績をあげてきたのかを簡単に見てみたいと思います。

《財政健全化の進め方》

大橋　財政健全化の進め方は三つです。

《財政健全化のやり方》

- ・中期的な財政再建の目標を立てその達成を目指す
- ・各分野の歳出削減
- ・歳入増

それを具体的にみていきます。

中曽根内閣、増税なき財政再建の断行、売上げ税法案は廃案

《中曽根内閣（一九八二〜八七）の財政健全化の目標と実績》

大橋　中曽根さんは、増税なき財政再建を掲げて、良くやったと思います。なかでも九〇年から九三年、ＪＲは民営化・分割し、国鉄時代とくらべサービスでも格段に向上しています。政治の決断があれば、実行できることを示した事例だと思います。

中曽根内閣目標

・増税なき財政再建

・一般会計の歳出の伸びは名目成長以下。一般政府総支出の対ＧＤＰ比は現状維持

実　績

・厳しい概算要求基準の設定などによる歳出の厳しい抑制

・国鉄、電電等の民営化による政府保有株式の売却益（国庫収入）ＮＴＴ約十兆円

・九〇年〜九三年赤字国債の発行ゼロが実現するための環境整備

・売上げ税法案提出するも成立せず

神野　中曽根さんは、現在の消費税にあたる売上げ税法案を国会に提出しましたが、政党内部からも国民からも反対が多く廃案になっていますね。それが影響してか、自民党は地方選挙で負けています。

大橋　やはり増税となると、みんな嫌なんですね。

竹下内閣、一般消費税（三％）の導入と所得減税

《竹下内閣（一九八七〜八九）の財政健全化の目標と実績》

大橋　中曽根さんの売上げ税法案廃案もあり財政健全化の行方が不透明になる中で、主として財政健全化の観点から消費税導入を実現したことで、竹下さんはやはりすごい人ですね。一九八八年十二月、二十五時間に及ぶ社共両党の牛歩戦術による抵抗を踏み越えて消費税法を成立させました。竹下さんは消費税を上げただけではなく、所得税を減額しています。因みに橋本内閣の時は五％にアップして二兆円の減税をしています。野田政権と消費税を八％にアップすると約束した安倍政権では、そういうことは無かったですね。

神野　本当に竹下さんは良かったんでしょうか。消費税アップで中小企業の赤字が八〇％を超えました。中小企業にとって、消費税の導入は大きな負担です。

竹下内閣目標
・国民負担率二〇二〇年には五〇%以下、二十一世紀初頭四〇%半ばに
実　績
・一般消費税（三%）成立　所得減税

橋本内閣、財政構造改革法を成立させるも凍結に

《橋本龍太郎内閣（一九九六〜九八）の財政健全化の目標と実績》

大橋　二〇〇三年度に特例公債の発行をゼロにするという目標から言っても、橋本さんは財政健全化に頑張ったんですね。ところが、消費税を三%から五%に引き上げたり、景気が悪くなったりして、財政構造改革法が凍結になったんです。９８年の参議院選挙でも惨敗し、退陣に追い込まれました。景気の悪化や、増税が政権政党の運命を左右する極めて大きな出来事であることがわかります。

神野　橋本内閣で財政再建を打ち出した時には、私はかなり期待しました。景気の悪化もありますが、財政再建の難しさを教えてくれますね。

橋本内閣目標
①二〇〇三年までに国・地方の財政赤字額の対GDP比を三％以下とする
②二〇〇三年度に特例公債の発行をゼロに

実　績
・一九九七年、消費税を三％から五％に引き上げ
・財政構造改革法成立（目標：国地方の財政赤字対GDP比三％以内（二〇〇三年度））
・財政構造改革法は不良債権問題、景気後退等もあり、一九九八年十二月に凍結
・一九九七年介護保険法成立（二〇〇〇年四月一日施行）

小泉内閣、国債発行を三十兆円に抑え三位一体改革を実行

《小泉純一郎内閣（二〇〇一～〇六）の財政健全化の目標と実績》

大橋　小泉さんは、国債の新規発行額を税収が落ち込む中、総理に就任した二〇〇一年度には三十兆円に抑えました。この決断は大きいと思います。目標の中にある基礎的財政収支とは、ＰＢのことです。国債費を引いた政策的経費を税で賄うことができれば、ＰＢは黒字だということです。

逆に言えば、借金をしなくても通常経費は税収で賄うことができるということです。

二〇一一年度の黒字化のために必要となる対応額（歳出削減額及び歳入増が必要な額）を一六・五兆円程度にするとありますが、歳出削減で十四兆三千億円、残り足らない二兆円は歳入増でやると公の場で言っています。ここでの歳入増とは何を指すかわかりませんが、小泉さんは、なにか増税でもしようと思ったのですかね。

三位一体改革（地方の財源強化）を実施。国庫補助負担金の廃止で四・七兆円。税財源を地方に移す（国税から地方税にする）が三兆円。地方交付税が二兆円。国地方の税財源配分の問題は、税財政に関する問題の中でも極めつけに難しい問題ですが、英断をしたと思います。

小泉内閣目標

・二〇一一年度の国・地方の基礎的財政収支（ＰＢ）（フロー指標）の黒字化を目指す
・二〇一一年度の黒字化のために必要となる対応額（歳出削減額及び歳入増が必要な額）
＝一六・五兆円程度
・二〇一〇 - 二〇一〇年代半ばにおいて収支の一定の黒字幅を確保する。

実績

・二〇〇六年度の国・地方のPB赤字対GDP比▲一・七％
・二〇一一年度のPBの黒字化は、社会保障費の急激な増大により達成できず
・二〇一一年度のPBの対GDP比▲六％（野田政権時代）
・小泉政権は意外に厳しい財政運営を取り、国債の新規発行額を税収が落ち込む中、三十兆円に抑えた（二〇〇一年度）
・三位一体改革（地方の税財源強化）
・自民党が二〇〇九年に負けたのは小泉構造改革のせいか

神野　実績の最後にある「自民党が二〇〇九年に負けたのは小泉構造改革のせい」とあるのは、自民党は二〇〇五年の郵政改革選挙で圧勝しながら、わずか二年後（二〇〇七年）、第一次安倍内閣の参議院議員選挙では、民主党六十名に対し、自民党三十七と大きく負けています。そして二〇〇九（平成二十一）年の衆議院議員選挙でも、民主党三〇八名に対して自民党は一一九名と大負けしています。それは小泉構造改革の影響が大きかったということですね。

大橋　安倍さんが、そう言っていたと聞いています。その結果、政権が民主党に移りました。

菅直人内閣で国債発行高アップ

《菅直人内閣（二〇一〇～一一）の財政健全化の目標と実績》

大橋　民主党は政権交代を目標に掲げ――この時はマスコミも野党応援一色でしたが――国民受けする政策を言っていました。親の所得に関係なく子供手当てを一人当たり月二六〇〇〇円やろうというのは、まさに有権者におもねるポピュリズムですよ。子供手当てに要する費用は五兆三〇〇〇億円と巨額な費用である。その上これが少子化の流れを止めるのにどの程度有効なのかについて必ずしも明らかでない。こんな政策をやろうとするのでは、財政が良くなるわけがない。

神野　二〇一一年、三月には東日本大震災が起きました。原発事故は菅直人の人災です。福島県がそれでみんな苦しんでいる。水素爆発を起こさなければ、農業も、果樹園も、潰れないで済んだ。観光地もお客様が三分の一になることはなかった。菅直人内閣時、風評被害で大変な被害を被っているわけです。しかも第二次災害で、補助金漬けにしている。働くことを忘れさせてしまっている。これでは、人心が荒廃してしまいますよ。それはおかしいと言う人がいない。こんなことを続けていたら、国は財政的にもっと苦しくなり破綻しますよ。

大橋　それでも民主党政権では財政健全化の目標は立てています。有名な話が「何で一番でなければいけないんですか」と言って予算をカットする、華々しい経費削減のデビューである事業仕分けが行われました。当初三兆円を見込んでいた歳出削減は七五〇〇億円に終わっています。鳩山さんが総理になって二〇〇九年度の新たな補正を組みました。国債の発行を二十兆円増やしたんです。麻生政権の予算を引き継いだわけですが、麻生政権の国債発行高は三十三兆円でしたので、合計五十三兆円に膨らんだわけです。

神野　私は、政権が民主党になって、本当に日本が潰れると思いましたね。

菅直人内閣の目標

・《財政運営戦略・中期財政フレーム》

・①二〇一五年度までに国・地方の基礎的財政収支について、その赤字の対GDP比を二〇一〇年度の水準から半減

・②二〇二〇年度までに黒字化する

・③二〇二一年度以降において国・地方の公債残高の対GDP比を安定的に低下する

・④新規国債発行額約四四兆円を上回らないことを目標

実　績

・事業仕分け―鳩山首相は当初三兆円の削減をもくろむ。実績は七五〇〇億円（二〇一〇年度）

・二〇一〇年度の新規国債発行額四二・三兆円

安倍内閣、厳しい財政健全化に向けての取り組み

《安倍第二次内閣（二〇一三〜）の財政健全化の目標と経過》

大橋　安倍さんは二〇一三年に骨太方針や二〇一五年に「経済・財政再生計画」を出し財政健全化に向けての取り組みを行っています。国・地方のＰＢについて二〇一五年度までに、二〇一〇年度と比べ赤字の対ＧＤＰ比を半減、▲三・三％にする目標を引き継ぎました。これが▲三％になる見込みです。問題は二〇二〇年度までに、ＰＢの黒字化が図れるかどうかです。内閣府の試算では、経済再生ケースというかなり高い経済成長率の下で二〇二〇年度のＰＢは▲一・〇と計算しており、六・二兆円の赤字であるとしています。六・二兆円の歳出削減かそれに相当する歳入増がないと黒字化は難しいとしています。おそらく、これは相当思い切った歳出改革がないと達成できないのではないかと思います。

神野　思い切った改革をやらなければ無理でしょう。

大橋　もう少し詳しく試算について見てみましょう。内閣府の試算（二〇一五年七月）では、二つのケースを考えて行っています。一つ目は経済再生ケースです。国・地方の基礎的収支の対ＧＤＰ比が▲一％であれば、六・二兆円足らない。二つ目はベースラインケースです。同ＧＤＰ比が▲二・二％であれば、一一・九兆円足らない。いずれも難しいという試算を出しています。私も難しいと思います。若干の光があるとすれば、この一、二年、景気が回復しつつあります。税収が二〇一五

年度五十七兆円くらいになれば、かなり改善されるのではないでしょうか。しかし中長期的にそんな甘い希望だけに頼っていては、財政健全化はダメですがね。

神野　今は安倍さんに期待するしかないわけですが、安倍さんを以ても難しいとなれば、日本の財政破綻が益々現実的になってくるということです。各内閣の目標と実績の経過は、よくわかりました。問題は、財政危機を乗り越え再建ができるかどうかです。どうすればいいのか。先生のお知恵をお借りしながら、ざっくばらんに話を進めたいと思います。

安倍晋三第二次内閣の目標（骨太方針）

- 国・地方のPBについて二〇一五年度までに二〇一〇年度に比べ、赤字の対GDP比を半減（三・三％に）
- 二〇二〇年度までにPBの黒字化
- その後の債務残高の対GDP比（ストック指標）の安定的な引き下げを目指す
- 集中改革期間（二〇一六年度から二〇一八年度）における改革努力のメルクマールとして二〇一八年度のPB赤字の対GDP比▲一％程度を目安とする

実　績

・二〇一五年度の国・地方のＰＢの見通し　▲三・〇％　このため二〇一四、二〇一五の両年度においてＰＢを四兆円ずつ改善する
・この目標が達成されたとしても二〇二〇年度の黒字化の目標に向けての一里塚
・二〇二〇年度の試算―左記二つのケースでも黒字化の実現のめどは立っていない
①経済再生ケース：　▲一・〇％（▲六・二兆円）
②ベースラインケース：　▲二・二％（▲一一・九兆円）

今のままでは財政破綻は間違いなくやってくる

大橋　日本の財政がこれほどなぜ悪くなった構造的理由として先にいくつかを挙げましたが、特に補正予算については非常に財政規律がルーズだということです。補正予算は当初予算の時のようにシーリングはないのです。抑制的にならないとダメですね。おそらくは日本の財政がこんなに悪くなったのは補正予算で安易に支出をしたということもあるのではないでしょうか。最近の補正予算の財源は使い残しや税収の上振れ分を使っているのですが、税制の上振れなどは全額借金の返済に繰り入れたらいいいと思います

神野　それは、税痛感がないからです。

大橋　ある政治家は、お金の事なんか気にするな。財源のことは財務省の優秀な役人が考えてくれるんだから、各省はそんなことなど心配せずに新規事業をバンバン要求し、実施するべきだ、と平気で言っていましたよ。

神野　責任のなすり合いですね。自分で責任をとらない。

大橋　財界もいけない。不景気になると、すぐに公共事業を要求する。

神野　財界も、税の痛みを感じていない。また、後で述べますが税金を払っていない大企業は数多くある。

大橋　こんなに巨額の借金を積み上げて、財政健全化に向けての努力をしないと、結局、日本の財政の行く先は破綻しかないだろうということです。先年生じた欧州債務危機の基本的な構造は、財政赤字や債務残高が増大し、財政に対する市場からの信認が低下し、これに伴い国債金利の上昇（国債価格の下落）により財政危機が発生したものとされています。欧州債務危機では、財政危機が金融危機を同時に発生させ、たとえばギリシャ大手銀行四行は、その保有するギリシャ国債の下落による損失により債務超過になってしまいました。

神野　各内閣での財政再建の経過を聞いて思ったのは、このままでは間違いなく日本の財政は破綻しますね。

大橋　では、財政破綻というのはどのような事態を指して言うのかが大事です。その定義が大事です。それは、いろいろの考えがあると思いますが、長期国債の残高が民間の国内の金融資産で吸収できなくなった状態を言うという考えも有力です。図式で書くと、国債残高 > 民間金融純資産残高になると国債は売れなくなるのでしょう。日本の民間金融純資産残高は一七〇八兆円(二〇一四年末)、国債残高が一〇三五兆円ですから、あと六七三兆円の隙間があります。だから安心とはいえません。もし日本の財政が破綻したら、救済に要する額があまりにも巨額のものであろうからどこも助けてくれるところがないんではないでしょうか。ギリシャとか一九九七年の韓国のようにIMFとか他の国が助けてくれましたが、もし日本の財政がピンチになったら助けてくれるところは結局なく、自分でやらなければならなくなるのではないでしょうか。

神野 「誰も助けてくれるところがない」。これ鋭い指摘ですね。なんで誰も助けてくれないのでしょうか。

大橋 それは、日本が助けてやる側だからです。アメリカでもヨーロッパでも中国でも韓国も経済的に日本が必要なんです。世界の経済大国になった日本が、助ける側になっていながら、その姿が見えないいんですね。そういう現実を為政者はわかっているのか。

神野 助ける側が、大幅赤字、国債を出して、国債が大暴落したら、他の国はどうしようもない。日本は破綻ですよ。暴落しなかった理由が書いてありますけど、一家でも親父がダメになったら子供が助かるわけがない。会社だって会社の財政が破綻したら、社員の生活は破綻します。社員を守り助けてくれるのは銀行じゃない。会社です。国民を守るのは国家なんです。為政者、政治家、官僚に、「この現実を良く見よ。日本は財政危機にある」ということを伝えたいですね。そして、本気になって対策を実行してもらうことが、財政再建の筋道のスタートだと思います。

財政健全化の必要性

・税収とほぼ同規模の新たな借金を長く続けているので、放置していたら日本の財政の行くつく先は危機・破綻しかない（日本沈没）（政府債務残高対ＧＤＰ比　日本二二九％、ギリシャ一八八％）

・仮に日本の財政が破綻しても助けてくれるところはどこもない。結局自分でやるしかない。デフレ脱却・経済再生を目指すアベノミクスもよいが、合わせて財政健全化の取り組みに全力を

・消費税が一〇％に引き上げられたとしても、改革を何もしないと二〇一七年度の社会保障経費に必要な額は、消費税全額（五％引き上げで一四兆円増収）を一九・三兆円程度上回る（足らない）

・ある試算―何も改革をせずに社会保障の経費が毎年一兆円増加が続くと（河野龍太郎）、（財政危機到来時期は）消費税一〇％だと、おおむね二〇二〇年代後半。消費税一五％だと、おおむね二〇三〇年代初頭。消費税二〇％だと二〇三〇年代半ば以降になる

・二〇二〇年度の債務残高（対ＧＤＰ比）の推計・約二五〇％（現在二〇五％）そろそろ限界か

『税金を払わない巨大企業』、財政再建を本気でやらない政治家

大橋　ある試算によれば、消費税が二五％になっても、社会保障費が毎年一兆円の増加が続くと二〇四〇年代には、財政危機、財政破綻するとなっています。この試算は、かなり客観的、冷静なシミュレーションだと私は思います。

神野　ということは、消費税をもっと上げなければならないということですね。

大橋　社会保障経費は、今は三十兆円ですけど、高齢化がさらに進むとこれから四十何兆円、いや五十兆円になりますね。ですから、基本的には消費税の税率を引き上げなければやっていけないかもしれません。ＩＭＦも消費税を上げ、債務残高をＧＤＰ比二〇二〇年度までに一三五％まで引き下げなさいと言っている。現在の国債残高のＧＤＰ比は二〇五％、国だけだと一五九・八％になります。経済同友会も、消費税を段階的に一七％まで引き上げるべきと言っています。ただしこの六月の経済財政諮問会議の骨太方針の中では、歳入改革として、社会保障制度を維持するため、経済環境を整える中で、消費税率の一〇％への引き上げを二〇一七年四月に実施するが、それ以外の国民負担増（社会保険料を含む）は極力抑制するよう努めるとしている。

神野　上げないと財政破綻が待っていますよ。

大橋　税収が上がる方法があるなら、消費税の税率の引き上げはしなくていいけど。

神野　そこで重要な鍵となるのが、租税特別措置法です。これを廃止すべきだと民間税制調査会で

結論を出しています。三十兆円とか四十兆円ある。凄い額です。まともに税金を払っていない大企業があるんです。例えば、恩師の富岡幸雄先生が『税金を払わない巨大企業』（文春文庫）を出されていますが、そのカバーに支払っている税金の％と額が書いてあります。「ソフトバンクは納税率〇・〇〇六％の五〇〇万円、ユニクロは六・九％の五二億三三〇〇万円」です。中小企業の法人税は、所得が八〇〇万円以下の場合は一五％、八〇〇万円を超える場合は二三・九％になっています。実効税率でいけば、もっと上がります。これでは税の公平性から言ってもおかしい。税金一揆が起きますよ。

大橋　私の考えは、まずは思い切った歳出カットなどの歳出改革や年金制度改革、その他制度改革をして、それでもダメなら増税ということですよ。

神野　歳出を二割カットすれば消費税は上げなくていい。なのに、その重要な財政再建の取り組みを、政治家が勇気をもって発言しリードしてこなかった。だから官僚も口チャックです。何も言わないほうが、政治家は何も言ってこない。何もやらない方が責任をとらなくて済むからです。

大橋　思い切った歳出削減を決断できるのは日本の将来を考える政治家だけです。

神野　そうですよ。政治家は社会保障を改革する時に、弱者は救わなければと言って、改革に及び腰です。それはいかん。もしそれだったら、反対する相手に、別の財政再建の歳出削減の案を出しなさい。出せないようだったら、社会保障を削減しますよと言うべきです。改革ができないとなれば、それは国民に迎合したこと。政治家として、最もとるべき態度でない。

大橋　政治家は、財政健全化に対しては、非常に関心が薄いですね。

消費税の税率の引き上げ

・ＩＭＦの審査報告書（二〇一五・七・二十三）「消費税については単一の税率をもって引き上げを行うべし。長期的に緩やかなペースで消費税をさらに上げていくべし」

・経済同友会提言（二〇一五・一・二十一）「消費税率の一七％まで引き上げるべき」

・消費税の一〇％超への引き上げ（段階的）は不可避であるが、同時に歳出改革、特に社会保障の改革に死に物狂いで取り組むことが必要。政治家は社会保障の改革が弱い者いじめとか言って及び腰だが、それなら別の改革案を出してほしい

・具体的な社会保障改革の例

①社会保障の経費の伸びを、毎年五〇〇〇億円程度に止める

②制度に踏み込んだ改革を行う。

年金支給年齢の見直し、ジェネリック、介護認定の厳格化、公的年金等控除の見直しなど

予防医学を国が推進すれば医療費の削減になる

大橋　では、社会保障改革で何を考えているのか、ということで、「消費税の税率の引き上げ」の

最後に書いておきました。幾つか挙げておりますけど、年金支給年齢を見直し七十歳にする。ジェネリックを活用する。介護認定の厳格化しランクを下げるなどです。ジェネリックでは約五〇〇〇億円、介護認定の厳格化で約一兆円は出るでしょう。

神野　ランクを下げるということは、結局、老老介護にするということですか。

大橋　もともと介護は、家族でやるのが本筋でしょう。

神野　先生のおっしゃる通り、現実的にはそうならざるを得ないでしょう。

大橋　公的年金等控除は、給与所得に比べて非常に優遇されている。この税率を見直せば、約四〇〇〇億円くらいは出る。医療費の抑制も非常に大きなテーマです。医療費の場合、県によって違いがあるんですね。千葉県が一番医者にかかっていない。一番かかっているのは高知県。せめて高知県を全国平均くらいに持っていくことです。要は医者にかからないようにするということです。

神野　方法はいいけど、病院はお年寄りの楽しみの場になっているんですよ。

大橋　確かに、そういう現場を私も見ています。病院の先生に「いさせてください」と懇願している年寄に何人も会っています。家族も悪いですよ。

神野　家族制度が崩壊している。戦後の思想で、自分の幸せを優先させる教育がなされ、親の面倒は見なくてもよいような考えになっていますからね。家庭が崩壊しているので、老人に病院に行くなと言うのは酷ですよ。

大橋　家にいるといじめられる。だから家におれない。病院に行くという話も聞きますね。そうならないためには、健康でいることです。そうすれば介護にかかる費用も削減できます。

神野　大事なのは病気になる前に健康を管理する、予防医学ですね。

大橋　それが一番です。

神野　私どもは健康大学をやっていますが、講師でお招きしている九段クリニックの阿部博幸先生は、健康体を保つには、何といっても予防医学だと言っています。そのためにはやはり予防医学の知識を吸収しなければなりません。ある程度お金をかけなければダメだということです。入院や介護になってしまえば、予防医学にかかる費用よりも十倍もかかるそうです。そうならないうちに管理する。そして健康を保つ。予防医学を国が推進すれば、医療費の削減にもなります。国は、予防医学を保険でやるのか、なんらかの制度をつくる。介護の前に予防医学の健康ドッグがあるよ、というふうにするのです。それを安く提供する、そのようなこともしていかないとダメですね。

大橋　非常に大事な提言ですね。

神野　健康にいるということです。そしてできれば何かの仕事をして収入を得る。すなわち生涯現役ですよ。健康体で、しかも税金を払うとなったら、最高の高齢者人生になりますよ。そういうことを家庭の中でも了解し、老老介護にならないために健康体でいることです。

大橋　生涯働いて納税する。最高です。

神野　それを家庭の中でできるようにしていかなければならない。そうなったときに、やっぱり子供達の教育ですね。親に感謝して、お母さんにお父さんに感謝して、大きくなったら親の面倒をみる。それが難しいとなれば、子供と一緒に暮らしながら夫婦が老老介護をやる。面倒みたくないから、すぐに介護施設に入れるのではなく老老介護が前提だよ、それを前提にした義務的規定の制度をつくる。その上で施設に入れる条件を示していく。そういう時期に来ていると思います。

政治に不信感、内部留保で身を守っている

大橋　さきほど、「国債残高Ｖ民間金融純資産残高」になったら、国債はその金利が上昇し価格が下落し、財政危機になるとの話をしました。しかし、国債の金利上昇や価格の下落は当面ないとする専門家が多いです。なぜなら売れているからです。個人向け国債は発行ごとに飛ぶように売れているんだそうです。

神野　他の国がダメだからですよ。だから、この時期に何か改革をしなければならないんです。

大橋　別の話ですが最近心配していることに、企業の資金需要、設備投資が低調だということがあります。せっせと内部留保に努めている。二〇一四年で三五〇兆円もあるんだそうです。

神野　そんなにあるんですか?!　良く分かりますよ。八〇%が赤字で将来が見えないんですからね。設備投資を抑えて、せっせと内部留保して自己防衛をしているわけです。

大橋　それでも内部留保は多すぎますよ。何で内部留保をするんですかね。

神野　政治に信頼がなかったからです。安倍さんが第三の矢を放ってからは違ってきたと思います。

大橋　社員に回せばいいじゃないですか。そうすれば景気が刺激される。

神野　七五%の赤字会社の社長はそんなことは考えません。黒字会社であって、はじめてそういうことを考えられる。何で赤字会社が潰れないでやってこられたかというのは、内部留保を食ってい

るからなんです。それは、いずれ限界がくる。政治に対する不信感があるうちはダメですネ。

大橋　日本の経営者は勇気がないよ。不安ばっかりじゃないですか。これから将来は成長もしない、少子化で人口が減ってくる、消費も減る、ということで設備投資なんかできないわ、というのは勇気がないですよ。

神野　誰が保証してくれますか。国の政策に信頼と希望がない、国家にビジョンがないじゃないですか。その状態を放ってきたのが官僚と政治家でしょう。国家財政が危機なのに、それを国は黙って国民に正しく伝えない。言えば国民からなんとかしろと文句がくる。不景気にしておいて、デフレにしておいて、いつまでも解決策を示さない。行政が歳出をカットせず、政治家も自身の腹を切ることをしないで、国民に設備投資しろなんて言ったら、死ねということと同じですよ。

勇気がないのではないんです。先を見ているんです。赤字会社でも、バブルに貯めたものを使って何とか潰さないように生きている。しかし、それは二〇二〇年までだと思っています。

大橋　毎日、経営者とお付き合いしている神野さんだからこそ言える言葉ですね。さきほど私は、具体的な社会保障改革の例として、幾つか挙げましたが、やっぱり既得権益の擁護に必死な政治家や国民の反発などを考えると、思い切った改革案が出せないということに新たに気づきました。

神野　それでも、いままでは良かった。しかし、もう限界じゃないですか。経営者は経営に命をかけています。官僚や政治家は、国家の運命、国民の運命を担っています。国家国民の命を握っているのです。ぜひとも、本気に目覚めて欲しいですね。

神野　財政破綻は、国債が暴落すれば即破綻ですよね。

大橋　そうならないためにも、財政健全化に向けて強力に取り組む必要があります。歳入、歳出の両面にわたる思い切った改革が求められます。

日本国債の金利上昇や価格の下落が現実化しなかった理由

1. 超低金利（二〇〇三年度から一％）　異次元の量的質的緩和（QQE、日銀による民間保有の国債の購入。国債残高に占める日銀保有分の比率約三割弱）
2. 国債消化を支えた家計金融総資産一七〇八兆円（二〇一四年末）　個人向け国債は発行ごとに飛ぶように売れている　国債残高〉民間金融純資産残高　となると国債は売れなくなる
3. 企業の資金需要低調　設備投資低調　せっせと内部留保（三五〇兆円二〇一四年）に努める
4. 外貨準備高順調　世界第二位
5. 大量の国債を国内で保有　国内九〇・六％　海外九・四％

政治家は福祉ビジョンを描き国民に負担を納得させる

神野　財政再建の筋道を考えるに、客観的な状況と歴史的評価の二つがあります。歴史的評価を言うと、二〇〇〇年の十月に、フランスにおける世界老人問題研究学会で、日本がこのままの調子で高齢化社会を続けたら、財政の改革改善をしなかったら、三〇年後に必ず老人狩りが始まると結論を出しています。ですから先生のおっしゃった二〇三〇年に消費税がうんぬんという話をオーバーラップして聞いていました。実は消費税で万全を期して社会保障（福祉、介護、医療）を国家が行うためには、消費税が三五％なければ、老人社会を支えていけないという結論を出している。

消費税は平成元年に導入されました。ところが、政治家の間ではそのことを――三五％必要であり、そのためには毎年一％上げますよ、ということを――導入が完了するまで言ってはいけないという暗黙の了解があったらしいんです。言っておけば、今頃一八％か二〇％にはなっていた。結局、毛バリ論なんです。大事な部分を言わないというのは、国民に対する騙しですよ。これこそ、政治の怠慢です。

大橋　おっしゃるとおりです。政治家や官僚は、国家国民のためになることは、たとえ今は反対されても堂々とその必要性を述べ国民を説得すべきですね。

神野　政治家の中で「ウソをつくな、しかし本当のことは言うな」という暗黙の決まりがあるようです。それが政治家をして、毛バリ論を言わしたのではないですかね。ですから、今のままでは財政再建は無理です。なにせ、消費税一〇％にするのにも、上げる、上げないと言っているわけですから、こんな状況では財政再建はできませんよ。だからこそ、先ほども言いましたが、民間税制調査会が提言している、払うべき会社は払えということです。それが租税の公平です。今の税制は公平、公正な形ではないのです。

税金は国家の背骨であり、政治の鏡です。「政治家よ、あなたは自分の取り分だけを考えずに、老人社会をどう支えていくか、福祉ビジョンを出しなさい」と言いたい。今はビジョンなき国家なんです。ビジョンなき国家は滅びます。会社でもそうです。ビジョンなき会社経営は滅びています。

大橋　ビジョンがあれば、将来に望みを託して頑張ることができますからね。

神野　そうなんです。国家のビジョンをどうするかなんです。そこで先生が「日本の国・地方の財政の現状」の中でスウェーデンのことを書かれていました。日本の国民負担率は四一・六％、スウェーデンは五八・一％になっています。スウェーデンは完全なる社会保障が完備されているそうですね。

大橋　そうです。

神野　だから国民は安心して租税を負担し社会保険料を払っている。

大橋　高くても文句を言わないんですよ。

神野　日本もそうなりたいですね。政治家は福祉ビジョンを掲げて、国民に高負担になることを説明し理解してもらう。それがなければ、一歩も進みません。

大橋　スウェーデンは高福祉高負担です。

神野　日本は低福祉、低負担。
大橋　いや、日本は、高福祉とは言いませんが、中福祉ですね。
神野　だったらいいんですが、老人狩りが始まったら、それはもう低福祉になりますよ。
大橋　私がイメージしている老人狩りというのは、医療なんかの自己負担率は現在一割――高額所得者は三割――ですが、これが高くなる方向に行くということでしょうね。
神野　財政が逼迫していますから、そうなります。
大橋　そのことを老人狩りと言うなら、おっしゃる通りです。
神野　そうならないために、さきほど言ったように、健康でいることですね。
大橋　ちょっとした風邪なんかでは医者に行かずに、自己努力で治すべきではないでしょうか。インフルエンザとか重病の場合は、例外ですが……。
神野　老人も、生き方を変えないとダメですね。健康は、特に予防となれば若い時から気をつけていく必要があります。食事の問題もあるでしょう。その意味でも、生き方の基本が身につく家庭の中から変えていかなければなりませんね。

財政再建は出来るか出来ないかではなく誰がやるかである

神野　それでは最後になりますが、本日先生のお話しをお聞きしながら、はっきりしてきたことがあります。

①各内閣でいずれも財政再建を目指しながら、ＰＢを黒字にできなかった。
②税率アップなど税の負担率を上げることに対しては、国民の抵抗が常にある。
③税収アップを景気回復でやるのは正道であるが、外的要因もあり甘くみてはいけない。
④歳出削減は絶対に必要であるが、官僚、政治家の抵抗でなかなか進展しない。
⑤安倍内閣の二〇二〇年度の試算でもＰＢ黒字化の実現のめどは立っていない。
⑥福祉ビジョン、国家ビジョンが描かれていない。
⑦日本が財政破綻になっても誰も助けてくれない。
⑧それに加えて少子高齢化社会は確実に迫っている。

これらを総合すると、消費税を引き上げなければ、財政破綻は間違いないという結論が出ました。それで最も重要なことは、財政再建は出来るか、出来ないかではなく、誰がやるかなんです。それは政治家です。だから私は、安倍さんに期待しているんです。そしてそれを国民が全力で支持しなければなりません。

大橋　与党野党を含めた政治家も、官僚も、評論家も、マスコミも、心ある国民も、みんな日本が一〇〇〇兆円を超える借金を抱えていることを知っている。しかし、どこか他人事というのが現実ではないですか。だから本気にならないと思うんですね。

神野　税は公平、公正であることが前提です。消費税では直間比率という問題があります。まず直接税の体系をもう一回見直した上で、間接税を見直さなければならない。すなわち間接税、特に消費税は逆進性があります。所得が一〇〇〇万円の人の一〇％は一〇〇万円が消費税です。同じ一〇万円でも一〇〇〇万円の所得のある人にとっての一〇万円は一％ですよ。それをみんな知っていますから、公平、公正の課税にすることが大事なんです。
一番大事なのは、財政再建のために、増税が必要だということを、政治主導で国民に伝え理解させることができるかどうかです。増税なき財政再建は難しいということを、はっきり言わなければダメです。

大橋　それが、なかなか言えなかった。政治家は、どうしても甘い言葉を国民にかけがちですからね。

神野　増税ではない。福祉税です。それを自分のこととして受け止める。自分のお父さん、お母さんのための、『親孝行税』でもいいですよ、一〇％ではとてもやっていけない。一〇％では老人狩りが始まります。三〇％くらいの消費税は必要ですよと、今から広報するんです。
同時に、国がそんなに税金を取るならば、歳費の削減はどうなったかということになります。政治家はそれに応えなければなりません。

大橋　歳出の削減で重要なことに、国会議員等政治家の議員歳費の見直しと公務員等の人件費の削減があります。これらは金額的に三割削減が言われていますが、それには象徴的な意味があります。自らの身を切る改革を断行し、改革全体を成し遂げるのだという強い決意を国民に示すうえでも極めて大事なことです。国会議員の歳費月額は、「国会議員の歳費、旅費及び手当等に関する法律」で決まっています。議長は、二百十七万円、副議長は、百五十八万四千円、議員は一二九万四千円です。一方公務員の人件費は、国が五兆九百九十六億円（国家公務員の人数：自衛官を含め五五万八千人）、二十兆三千億円（地方公務員の人数：学校の先生、警察官及び消防職員を含め二百三十一万四千人）です。行政は、最低限の人数でやるべき仕事をする。人がいるから仕事を作るようであってはなりません。

神野　やはり、三割削減はやるべきですね。

大橋　その通りです。

神野　それを示せば、「歳費を削減しました。国民の皆さんも耐えて下さい」と言えるわけです。こういうお互いさまの、政治、行政、国民の関係が大事です。すなわちそうした関係を築く国家社会のビジョンを描き、国民に示す時期に来ているのではないでしょうか。そうでないと、本当に日本は危ないですよ。政治家、公務員が自らの身を切り、財政再建の筋道を立てる。政治家も公務員も三割減らす、というくらいの覚悟で取り組んでほしいですね。

大橋　同時に国民も、財政健全化に理解を示し協力しなければなりませんね。

神野　国に求めるばかりでなく、国民自身も痛みに耐える。何よりも健康に暮らすこと。財政再建は、待ったなしです。もう一度言います。財政再建は出来るか、出来ないではなく、誰がやるかなんです。国民自身にも、その自覚が必要だと思います。先生、本日は分かりやすくお話しをいただきまして、ありがとうございました。

（平成二十七年十二月一日）

そのⅢ

政治家の提言『共助の時代』の意味を真摯に受け止め、その実現に取り組め!!

参議院議員　新党改革　代表　荒井広幸先生

本気で日本を改革する時期がやって来ている

神野　本日は御足労頂きまして、まことにありがとうございます。実は日本国家再生にむけて、何が問題でどうすれば改善、改革がなされるのかを四人の先生方にお聞きしてきました。結論的に申しますと、国民の意識改革は当然として、政治の決断がなければ今日本が抱えている問題は解決できないということが、はっきりとわかりました。

荒井　おっしゃる通りだと私も認識しております。一方で国民の強い意志が必要です。

神野　ということで本日は、一、少子高齢化社会を迎えるなかで先生が提言されている共助の具体策、二、国家の背骨とも言われる税制、財政に対する解決策、三、アベノミクスによる成長戦略と先生が提言されている家庭ノミクスとエネルギー問題、四、深刻化する地方再生の問題、五、それらを支える「国づくりは人づくり」と言われる教育問題をお聞きしたいと思っております。

荒井　せっかくの機会をいただきましたので、政治家として、新党改革の代表として、私が考えていること、提言していることをお話しさせていただきます。

神野　第二次安倍政権が誕生してから安倍さんは、今までの内閣では為し得なかった政策を打ち出し実践断行しています。野党側はそれを安倍政権の暴走だと言って批判し、安倍政権打倒を叫んでいます。その動きのなかで、野党が連合し、そして共産党と一緒に選挙をやるということです。この動きを見て私は、日本を共産主義国家にするのかと危機感を覚えました。と同時に、新党改革ではありませんが、改革の改革たる時期がやって来たと思うのですがどうでしょうか。

荒井　心配されるお気持ちはよくわかります。でも共産党との選挙協力を、選挙互助会として見ると、これは数学的には正しいんですね。小選挙区制を二十年やっているわけですが、共産党は比例区での当選を目指して小選挙区にも候補者を立てます。共産党の候補が立たなければ民主に票がいくことになります。その票を反自民のほうに加えると、自民の数より多いわけです。方向が違う政党の選挙のための協力ですから、国を危うくします。失う票も多いでしょう。

神野　そうなることを私は期待しています。

荒井　共産党との選挙協力をよしとする人は、それが見えなくなっていると思うんです。ただこれはマスコミ的には面白い。だからマスコミに踊らされるということが往々にしてあるわけです。

神野　それが怖いところです。

荒井　「悪名は無名に勝る」という言葉があります。それが政治の世界でも言われています。例えば無名だった政治家が何かしでかす、政治以外で、ですね。それで有名になる。大物と言われる政治家が反対を唱え物議をかもすことで、さらに世間から大物として認められるわけです。

神野　その一人が小沢さんですね。

荒井　しかし実際はどうであったか。政界全体に政争、派閥争いをまき散らし、目先のことで終わってしまった。政治改革という呼び声は良かったものの、単なる権力闘争だけでした。

神野　全くそうです。新鮮に国家を思う気持ちがない。まさに政治家らしくない、武士道がない。ならぬものはならぬと言えない。

荒井　代表がよく言われる龍馬の心がないということですね。

神野　それだけではありませんね。これは野党全体に言えることですが、反対するだけで代案がない。小沢さんは、田中派にいながら田中先生を生かし切っていない。

荒井　最初は注目を得ても、結局は国民から衆望を得られない政治家になっていく。反対、反対というだけでは、課題解決に結びつかないからです。

大局を見て政治をするのが政治家の本来の姿

神野　先生も田中派と関係があったんですね。

荒井　はい。学生で書生なのに、田中派の秘書会のメンバーをやっていました。田中先生の謦咳にも接しました。（田中角栄さんの真似で）「これからは自動車の時代です。自動車が走ると道路が壊れるでしょう。壊れるというのは、自動車が重たいからなんです。それで自動車の重量税を取るのでございます。自動車を走らせるためには、良い道路を作らなければならない。そういうために自動車、道路三法をつくるんですよ」

神野 わかり易いですね。これこそが、政治ですね。

荒井 田中先生の演説の中に創造力、物語が全部あるんです。学ぶべきこと多です。

神野 ありますね。

荒井 つまりは国家観や政策があるんです。道路を作るのは利用者の受益者負担。目的税をはっきりさせたのが田中先生です。神野代表は企業経営を見ながら国の問題をどう解決するかも一緒に考えておられる。税金は国の基ですから、納税をし、会社を維持しながら、地域に貢献もする。そして国は納税者が納得するよう努めることです。それが国家を創っていくことに通じる。ということだと思うんです。

神野 そこです。政治家には国民が安心して安全に暮らせる国家を作って欲しいのです。

荒井 私は政治家の立場として、三つのキョクがあると考えています。選挙区、政局、大局です。選挙区は文字通り選挙です。政局というのは、総理になるとか、ポスト争いです。その上にあるのが大局です。大局を見る努力をしていかないと選挙ばかり見てしまう。あるいはポストに就くことばかり考えていて、国を考えない、という政治家が多くて、その場しのぎでやってきた。そのつけがまわって国民も困っているのだと思うんです。

神野 財政一つとっても、国家的危機が迫ってきています。

荒井　だからこそ大事なのは、大局を見て政治をすることです。ただし政治は、政策だけではやれません。国民の理解と協力が必要です。そこが現実政治の難しさなんでしょうか。こういう状況の時は、よほどの政策力と他の政治家をまとめる腕力がある政治家でないと改革などはできません。現状の私には十分それに応えられる力はありませんが、そういう局面にあることだけはわかります。今日は、精いっぱい代表の質問にお応えしたいと思います。

神野　政治家本来の姿を語っていただきました。大局を見て政策を進めることが、まさに政治家に要求される政治家の一番の使命だと思います。やはり経営者と同じく政治家にもビジョンがなければ国民はついてきません。国家ビジョンです。それが政治家として、もしくは政党として示せるかどうかにかかっていると思います。それでは具体的な質問に入りたいと思います。

荒井　はい。宜しくお願い致します。

共助―日本人は本来、支え合う生き方を持ち合わせている

神野　日本は今、世界一の少子高齢化社会を迎え、今のままでは現状の社会福祉政策が継続できないという問題を抱えています。それに対して先生は、自助だけでも公助だけでもない共助社会の提言をされておられますが、具体的にはどういうことでしょうか。

荒井　先ほど神野代表が五つの問題を挙げられたなかで、最終的には教育に行き着くとご指摘されています。「公助」について、教育から話を回していくとわかりやすいと思うので、それで宜しい

でしょうか。

神野　はい。

荒井　代表は、日教組教育の影響もあって、権利のみ主張する子供たちや無責任な若者が多くなり、家庭でも会社でも大変悩んでいるとご指摘されています。また「人づくりは国づくり」ということで教育の重要性も言っておられます。教育からすっぽり抜けているのが「共助」の精神なんです。今は自分でもっと頑張れという自助や、行政がなんとかすべしという公助の話は出てきますが権利のみを主張し、義務を放棄し、会社においても地域においても協調性がない人が育つなど、人材を育てる上での様々な弊害が生じて来ています。

神野　そうですね。

荒井　そういうものに共通して欠けているのは、共助精神だと思うんです。これは「情けは人の為ならず」の意味も含めた共助なんです。これはお互いが違うことを前提に認め合うことです。最初から同じではない。お互いを尊重する心が大事です。お互いの良い点を認め合う。その関係のなかでお互いがないものを補完し合う。これで共助が成り立ちます。外交や隣国関係も同じです。足を引っ張るんじゃなくて、手を引っ張る。手で引き上げるということです。

神野　いいですね。自助は基本ではあるけれども、そこに共助の精神、生き方が必要だということですね。

荒井　小学校で最初に「人」という文字を教えてもらいました。「荒井君、人というのはよく見てみんせ。倒れそうな人を支えるように書くんだよ」と。支え合う姿が人だということです。人間社会を表してします。日本人は、こういう生き方を持ち合わせてきた民族です。その原点に教育は立つべきです。いや戻らなければならないと思っています。

神野　簡単な文字ですが、大切な生き方を教えてくれますね。

荒井　自助では、やれることに限界がある。逆に独り占めという面もあります。公助というのは、親方日の丸に通じるものです。しかしこれには財源、つまり税金がかかります。多様化の中で隅々まで行き届かない領域も出てきている。新しい枠組みが必要です。

神野　もう税金で施しをやるというのは限界ですね。

荒井　今までと同じやり方では、そう限界です。しかしそれは、共助を形にしてゆく地味な展開が必要です。国民みんなが、自分の意識を変革しないと出来ません。例えばその一つが「介護」です。

神野　具体的には、どういうことでしょうか。

「国民総ヘルパー共助社会」の実現に向けて提言する

荒井　例えば、福島県の金山町川口にある川口高校では、日本で先駆けて介護ヘルパー取得の授業をやっています。近くの特別養護老人ホームで実習もしていますます。生徒が実際に手伝いますので、介護士さんも本職の仕事ができて助かるし、生徒も共助に通じる人間性や協調性を身に付けることができます。自分の存在を発見できる。教育そのものです。

神野　これが本当の教育ですね。

荒井　おばあちゃんを知らない子もいます。日本中でやるんです。これを私は、「国民総ヘルパー共助社会」と表現しています。中学、高校でこの授業をやると一三〇時間で介護職員初任者研修を修了し資格を持てる。加えて授業の中で手伝うわけですので、海外からヘルパーさんを呼ぶ必要はなくなりますよ。ムダに予算を付ける必要もないから財政再建にもなる。

神野　いいですね。

荒井　自分が老い、家族が年取っても応用できるんです。もちろん資格があるのでいつでも介護の仕事につけます。

神野　大事なことですね。国民にどんどんPRしていくべきです。まさに日本を救うことになりますよ。大事なのは、それが広がることですね。

荒井　そこなんです。これは将来の日本にとって大事なことと思って、県会議員の時から発信してきています。一昨年前からこれを国会で提案し続けています。これを普通科の学校でも、やるようにしなければなりません。

神野　それができないと、国民総ヘルパー共助社会も実現しませんね。

荒井　そうなんです。文部科学省は中教審において、カリキュラムを組むわけです。その中に検討して入れようかという段階になっています。ところが介護の専門家がいないという矛盾があります。本気度がない。加えて厚労省は引き気味です。だから、なかなか進まない。私が「家電エコポイント」を実現したように国会で政府に迫ります。

神野　真剣さと本気さがありませんね。

荒井　実現の検討が、検討の検討になっているのではないか。それに改革の進まない理由として、現在の介護保険のあり方があります。介護保険は二〇〇〇年から始まっていますが、そこで大きく論議になったのが、家庭介護に給付しないのかということでした。もちろん家族で面倒をみることができれば、一番いいわけです。しかし家族には自分の生活もある。家族であっても親を冷たくあしらうということもある。そんな議論の末、施設でお世話するとしたわけです。今も老々介護を含めて悲劇が起きている。

神野　なるほど。

荒井　しかし、やっぱり自分の家で最期は送りたいという人も多いわけです。また施設のほうとしては、通帳に三十万円位ないと親身になってくれないという話を聞きます。もしもの時に葬式が出せないからだそうです。残念ですね。家で最期を迎えるためには誰かに介護をお願いしなければなりません。完全に公でやる公助の世界でも、自分でやれよという自助の世界でも、できない世界です。そこで共助の世界がどうしても必要になってきます。共助の社会が実現できれば、結果的にですが財政的負担を軽減することも可能です。また共助の精神を学校教育の中で学び身につけておけば、人として通い合う関係も作りやすくなります。国民総ヘルパー、これが日本全体に広まれば、まさに一億総活躍となるのではないでしょうか。

神野　子供たちの人間的な教育を含め、共助はいろんな方面で重要ですね。また介護費用、介護人が不足しているなか、若い人たちが活躍できるようになれば、財政的にも人的にも社会に貢献できます。ぜひとも国会で提言を続け、「国民総ヘルパー共助社会」の実現に取り組んでもらいたいと思います。

税制改革は政治に対する信頼があってこそ可能

神野　「国民総ヘルパー共助社会」の提言は、間違いなく国家ビジョンの大きな柱になると思います。ビジョンがあってこそ、国民は未来に希望をつなげることができます。さらに、国家の背骨とも言われ、政治の鏡とも考えられる税制改革についてもビジョンは描けないものでしょうか。税制は社会保障とも密接に関係しており、財源確保のためには増税しなければならないという話になります。そうなると必ず反対運動が起こります。と言って、財政問題は絶対に避けては通れない問題です。ぜひ先生にも税制改革を推進してほしいのですが、私から一つの提言をして、先生のご意見をお伺いしたいと思います

荒井　興味がありますね。ぜひお聞かせください。

神野　少子高齢化の日本は、現状の社会福祉政策に限界がきています。ある人は間違いなく財政破綻して老人狩りが始まるだろうと言っています。フランスでの老人学会の結論も同じです。そこで、共助という観点で、高齢者の年金と介護保険を、同世代で賄う・同世代間負担にしてはどうかという提言です。

荒井　どういう仕組みでしょうか。

神野　若い人たちの年金積立金を高齢者の年金に廻すのではなく、例えば七十歳以上の人たちの年

金や介護保険は七十歳以上の人たちの間で工面するということです。

荒井　今は、高齢者へ毎月仕送りする方式ですが、積み立て方式にするということですね。そうすると現在の若者が積立てた年金は、自分たちが高齢者になったときに使えるということですね。

神野　そうです。そこで重要なのは財源です。「子孫に美田を残さず」という言葉があります。例えば七十歳以上の人が、五千万円とかを老人福祉の目的で、国に税金として前払いします。それを同世代間の人たちの財源にするわけです。その納税者は死ぬまで無税、介護も最後まで国が面倒をみる。そうなれば老人の孤独死はなくなり、長寿を全うできます。そういう税制にするのです。遺族にも尊敬され、自分もハッピーリタイアができると思うのですが、そういうことは、共助の中で可能でしょうか。

荒井　神野代表は五十年のキャリアがあるわけです。そこから出てくるご意見はすごく貴重です。その方向が国民の納得を得やすい。実は「国民年金通帳」という私どもの提案の趣旨と近いものがあります。スウェーデンが参考になると思います。高福祉高負担と言っていますが、二〇〇年間戦争がない国です。「平和に勝る福祉なし」です。さらに経済力で福祉は達成されると言っています。ボルボをはじめ世界に誇る企業が非常に多い。「平和に勝る福祉なし」、それを経済で支えるという明確なポリシーを持っている国です。安倍さんの「安保法制」と「アベノミクス」と似ていますね。日本で負けているのは政治に対する信頼です。

神野　そうでしょうね。

荒井　二五％の消費税負担が、人生のどこかで必ず自分に返ってくるという信頼ができあがっている、国に対する信頼ができあがっていることを学ばなければいけません。今税金をたくさんとられたって病気をしても無料、大学に行くまで無料、ゆりかごから墓場まで面倒をみてくれるから損をしないということを体験的にわかっているのです。

神野　なるほど。

荒井　つまり国家が国民を裏切らないということです。自分が高い税金を出しても、最終的にそれに見合うかそれ以上のサービスを受けられることを、父母の姿を見、先輩の姿を見、それを理解している国、国民なんです。

神野　政治に信頼があるからこそ、できるということですね。

荒井　翻って我が国では、国に対する信頼がありませんから、誰かが損をして誰かが得をする。それならまだいいですけれども、誰かが多く損をしてしまうことがあったりして、信頼関係がないことが日本の不幸です。私はスウェーデンモデルが頭の片隅にあって日本像を描こうとしています。これが一点です。

神野　信頼できない政治ほど、国民の不幸はありませんからね。

改革には既得権者を納得させるだけの政策提言が必要

荒井　二番目の問題は、私はトリレンマと言っていますが、三つのジレンマがあると分析します。一つは、少子高齢化社会

二つは、恒常的財政赤字
三つは、国民全員が既得権者、になっていることです。
一つ目で待機児童問題も少子化の中で俯瞰して考えるべきです。
しかし日本の場合は、今や国民全員がなにがしかの既得権をもっているのです。それが平等に機会を与えることをさまたげています。GDPの成長モデルだけでなく「豊かな社会」を創らねばなりませんが、一度得た既得権は離したくない、が邪魔するのです。ガラガラポンで皆に機会の平等を保証しつつ財政再建をしてゆくのです。

神野　でもそこを乗り越えないと、財政改革はできません。思い切った提言を新党改革からやってもらいたいですね。

荒井　そのつもりで小さい政党ですがやっています。トリレンマは、まだ成熟していない日本の問題ですから、成熟する前の産みの苦しみかもしれません。ではどうやって税制・財政問題を解消していくかです。代表が言われるように、老後は何の心配もないように——何歳を区切りにするかは別として——同世代間負担で費用を賄うという方法が案として出てきます。すべてを消費税で賄うという案も出てきます。どちらにしても、実現のためには国民の理解と信頼が必要なのだと思います。

神野　国民が理解し納得する政策が出せるかどうかですね。

荒井　そうです。それには、国民自身の痛みも伴います。でなければ改革できません。そこでどういう政策を提示していくかですが、恒常的財政赤字の解消も国民全員が既得権者という問題も、人の生き方に関係しています。そこで少し回り道になりますが、教育の現実を例にとって話を進めたいと思います。

神野　人づくりということですね。

財布の厚さで学校が決まる現実

荒井　私の政策立案の視点は、「家庭」にあります。それは教育だけではなく格差や経済問題も地方再生の問題もそこに原因があり、そこに答えがあると考えているからです。教育で家庭に目を向けると、子供の貧困を含め、財布の厚さで学校、進路が決まる冷たい現実があります。これはダメだ。まず教育に、誰にも平等な機会が与えられるよう社会構造を変えることが重要ですね。

神野　少子化なのに、いや少子化だからこそかもしれませんが、学習塾が繁盛していますね。

荒井　来る前に調べました。小学校で中学受験に一〇五万。中学校で高校受験に——正確な数字はないそうですが——三年で二三〇万円程度。高校で大学に行くためには一年間平均一〇〇万円だそうです。小学校で年五万、中学で年八十万、高校で年一〇〇万、かかるわけです。その費用を親が負担しなければなりません。

神野　親にすれば、大きな負担ですよ。

荒井　非正規の人は就業人口の四〇％を占めていますが、その人たちの平均所得は年一七〇万円だそうです。これでは子供の学習費はどうしたって工面できない。

神野　出せませんね。

荒井　正規の人は、四十五歳平均で五一四万円です。女性が二七二万円です。約半分です。共働きをしないと塾代が払えない。

神野　そうですね。

荒井　その結果、東大だって中央だって早稲田だって、合格者は首都圏だけで六～七割占めます。所得が高い首都圏の家庭ほど教育に投資できるわけです。お金が勉強の点数と比例している。

神野　それでは地方は敵わないということですね。

荒井　代表、塾に行かせなければならない学校教育は本物かということですね。義務教育や公立学校は何をやっているのかということになります。そうして大学に入った卒業生を使ってみたら、すぐに辞めてしまう。点数の頭だけだから。全部が全部そうではないけれど、そういう学生が多くなっています。

神野　忍耐がないというか我慢ができない。人との協力ができないなどの問題があるようです。

荒井　人づくりはすぐには成果が上がりません。早く手を打つ必要があります。そこで思い切った提言をします。政権がどう変わろうと、学校教育は大学まで無料、医療費もほとんど無料、介護施設も無料とし、そこからはじき出された数字から消費税の％を決める。国民の負担も大きいですが、そこは国民に長い目で見て納得してもらわなければなりません。それから法人税を含めて全部見直していくことです。これが、財政再建にもつながってくるわけです。

巨大企業はまともに税金を払っていない　中小企業にこそ減税を

神野　法人税を下げるのは、それで設備投資をしたり従業員の給与を上げたりして、景気回復に寄与してほしいという狙いがあってのことです。しかし現実は、日本企業の七五％が赤字です。しかも企業の九九％が中小企業ですから、減税の効果はほとんどありません。大企業だけが得をすることになります。しかもその大企業は、税金をまともに払っていません。減税ではなく、公平、公正に大企業から税を徴収する。そこをまず攻めるべきです。

私の恩師である富岡幸雄先生が『税金を払わない巨大企業』（文春新書）でその実態を明らかにしています。例えば、実効税負担率で一番低い大企業は三井住友フィナンシャルグループで〇・〇〇二％、納税額は三〇〇万円、二位はソフトバンクで〇・〇〇六％、納税額は五〇〇万円、ユニクロは七位の六・九二％、納税額は五二億円です。この実態を政治家は知っていながら、改革をしようとしないという批判を私の恩師がしているわけです。

荒井　それで結局、中小・零細企業が本当に四苦八苦しているんですね。大企業の内部留保は、この三年間で四十九兆円です。経団連に対して政治家がモノを言うことは選挙で落選するということなんです。同じく国民に嫌われようがこうだと考えたら言わねばなりません。

神野　それが政治家じゃないですか。

荒井　だから落選する勇気を持たなければモノを言う政治家にはなれない。

神野　選挙乞食から脱皮せよ、ですよ。

荒井　私は法人税を下げるのに、大企業に対し条件があると言っています。下請け単価を適正にした企業でないと、二九%台の税率は適用させないと、提案しました。

神野　下請けいじめをし、非正規社員を多く採用し、自分たちの設備投資もしない、経済効果も考えない。そして自分の懐だけを増やして内部留保で食っていけばいい。中小企業は潰れようが関係ない。死んでもいいという逃税企業が多い。

荒井　税金を払わずに逃げる。

神野　税金の泥棒ですよ。海外に逃げて行くのは。

荒井　我々政治家は下手をすると、その共犯ですね。逃税企業共犯罪として。

神野　問題なのは、租税特別措置法が残っていることです。租税特別措置法は、政府が経済的な効果を期待して、公共投資として取り入れた、税法の例外措置です。富岡先生の書籍を見ると、大企業の優遇税制が明らかです。租税特別措置法によって潤っている。これは寄らば大樹の陰で、政官財癒着の大本になっているのです。

荒井　企業献金をもらってないのは新党改革です。そして同時に経団連を含めて経済団体からも、もらっていません。向こうがくれないということもあるんですけれども。

神野　それを貫き通して、新党改革として改革をする。悪い因縁がないという今の時期にやってもらいたいですね。

荒井　痛いところを言われました。今ならば初志貫徹できます。今度の選挙まで総仕上げだと覚悟を決めています。

神野　その総仕上げの時期にこそ、新党改革に伸びて欲しいですね。

荒井　ありがとうございます。国民の審判をいただく好機です。

神野　大企業が非正規社員を多くして、正規社員を減らして給料を下げることは、とんでもない。それでは経済が回らなくなるのは当たり前です。大企業は、まず、まともに税金を払うこと、そうすれば国の財源はアップします。また下請けいじめをしないこと。そして中小企業にこそ減税すべきです。中小企業が元気になれば、間違いなく日本も元気になるからです。

アベノミクスの成長戦略は果たして実現可能なのか

神野　少子高齢化問題を抱える日本を、本当に活力あるものにするのであれば、成長戦略の前に、または成長戦略と同時に、新党改革にやってもらいたいことがあります。それは歳出の三割カットです。国家公務員の人数が小選挙区制になって三割増えたのは間違いないんです。しかも中小企業の給料に比べ大体二倍ぐらいになっています。天下りした官僚の退職金は、二、三年で辞めたとしても数千万円という話を聞きます。是非、それらに対し経費削減を、新党改革の勇気ある行動で実現してもらいたいんです。

そういう中で次の問題に入ります。今日本人が一番期待しているのは、アベノミクスの三本の矢のうち第三の矢である成長戦略です。この展開で具体的に経済成長はあるのか。さらに新アベノミクスによる荒井先生の専門の家庭ノミクスで景気回復はあるのか。それがエネルギー問題とどう結びついて展開されていくのか。アベノミクスの成功を祈る立場から、景気回復は可能なのかを是非お聞きしたいと思うのですが、いかがでしょうか。

荒井　成長というのは手段ですね。その先に何があるかというと豊かさだと思うんですね。豊かさは十人十色で、感じ方も違います。しかし基本的なシビルミニマムというか、最低限の豊かさを感じるところというのはあると思うんです。その最低限の豊かさの部分までは底上げしなくちゃいけない。その上の部分からは個別な対策になってくると思うんです。まず豊かさの一つは、誰にも教育と医療福祉での平等な機会と選択肢があるということだと思うんです。

神野　豊かさや幸せの理解というのは、それぞれありますから確かに選択肢があるということは重要ですね。

荒井　福島原発事故に遭っている人たちに、果たして選択肢どれくらいあるでしょうか。双葉郡の人には、職業の選択、家の選択、学校の選択はありません。憲法一三条の人権、幸福追求権自体がぐじゃぐじゃにされているんですね。だから事故によっておびやかされている人権や幸福追求権や豊かさを、取りもどせるように努めたいんです。いわゆる足尾鉱毒事件の田中正造のような気持ちでいきたいと思っています。

　先ほど、代表のほとばしる正義感で、税制について、税財源について聞かせいただきましたが、それはまさに福島、二本松藩の戒石銘の心ですね。私も同じ思いで聞いていました。

神野　「爾《なんじ》の俸《ほう》　爾の禄《ろく》は　民《たみ》の膏《こう》　民の脂《し》なり　下民《かみん》は虐《しいた》げ易《やす》きも　上天《じょうてん》は欺《あざむ》き難《かた》し」。「お前たちの俸給は領民の汗と脂の結晶である。これに反し領民を苦しめれば必ず天の怒りに触れるだろう」という意味が込められています。まさに福島県の東日本大震災における福島原発事故なんですよ。あれを震災事故だと片づけちゃだめなんです。あれは原発人災事故なんですね。その人災事故を国も東電も逃げようとしてはだめですよ。真向から向かわないとだめです。

荒井　国策でやったんですから責任は国にある。当然です。3・11まで推進していた私も共犯です。強く反省しています。

話をもどしますと成長戦略のなかで、その豊かさの質、中身というものをすごく考えるべきだと思うんですね。少なくとも雇用とか社会福祉、教育もそうですが、自己実現や充実感といった豊かさの底上げに結びつくような、やり方が必要だと思うんですよ。その場合、先ほどおっしゃったように、租税特別措置法のような、まともに税金を払わなくていいような税法は改めるべきです。

神野　そうです。なくすべきです。

水素エネルギー・エネファームは日本の経済を活性化する

荒井　みんなが正直に、機会の平等で一生懸命成果を出して、その成果を自分ももらうけれども、みんなで分け合う。それが共助です。補完し合うことで、お互いの関係が強くなり、喜びにもなります。そこの関係を展開していく場としてふさわしいのは、家庭なんです。戦略的に家庭に目を向け、その質を高めることを考えると、成長の方法が見えてきます。「家庭ノミクス」です。

神野　経済の成長戦略が、家庭にあるということですね。

荒井　そうです。家庭にはシーズがあるんです。チャンスの芽、ヒントがあるんです。問題の解決の糸口を見つければ、家庭は宝庫に変ります。残念ながら政治家はややもすると受け身ニーズ型なんです。有権者のくれよ、寄こせ、やってという目先の要求に応えるわけです。シーズは芽ですから、まだ見えていません。その芽を見つけることができるかどうか。見つけて育ててゆく、具体的に家庭の質が上がるような戦略を立てれば、内需拡大にもつながります。その代表例が、私が提言しているエネファームの導入です。

神野　アベノミクスが外側からの政策なら、先生が言われる「家庭ノミクス」は、内側からの政策で、それが内需を拡大するということですね。

荒井　どなたもお風呂に入ると思います。そのお風呂の追い炊きガマ、給湯器があります。あれを「エネファーム」に取り替えるんです。水素エネルギーです。この技術は世界で日本だけです。発電し次にお湯が沸くシステムです。開発してから十数年、やっとドイツに輸出できるようになりました。これを家庭に導入すれば、好循環が始まります。ただ、まだ高価なんですね。一五〇万円するんです。これが七十万円台になれば爆発的に普及します。導入台数が増えれば、大型テレビが安くなった時と同じ量産効果で価格が下がることが期待できます。安倍さんは、このエネファーム導入に対して、四五〇億の予算をつけました。一戸当たり三十万補助金が出ます。舛添さんと相談して東京都は二十万つけました。やっと全国で十五万台入りました。

神野　装置が大きくて、値段も一五〇万と高いというのが、まだ問題なんですね。

荒井　電気は売電できますが、自給自足で自分が使うことが大切です。選挙公約でもありますが、一〇〇万世帯入れば、電力は原発一個分に当たります。だから、原発は不要になります。

神野　最近は、電力会社ではなくとも電力を買えるようになりました。エネファームは自分で発電するわけですから、電力を得る方法としては最適ですね。

荒井　プロダクツ＝作る、コンシューマ＝使う。「プロシューマ」という国民が皆参加できるエネルギーの新概念です。一人ひとりが自ら作り、自ら消費するので地域内で完結可能です。

神野　国は、もっと補助を出してもいいですね。

荒井　三年間で四五〇億円出しているんです。今度一七〇億の追加があります。はじめ補助金で支援して量産効果で、市場原理で価格を下げみんなが買い換えできるようにしたい。電気・ガス代が安くなり、家庭の収入が増えたと同じです。この点、安倍総理はよくやってくれてます。

神野　こういうものが、地方再生の中で地方の中小企業が取り組む事業としてこんなすばらしい事業ないですよ。地方再生も経済も回りますね。

荒井　はい、そうです。自動車産業の大体十分の一ぐらいのすそ野の広がりを持ちます。

神野　エネルギー問題も解決して、循環型経済が蘇ることになる。素晴らしいですね。

荒井　そして今は化石燃料のガスですけれども、間もなく空気から水素がつくれます。こんなふうに、家庭に着目をすると、ヒントはごろごろ転がっているんです。ところが短絡的に今成果が出るものみたいなことでお金を配ってみたり、大企業中心にやってみたりということでは、根本的解決策は生まれない。シーズもニーズも家庭にこそあり、です。家庭をニワトリにすれば税収という卵も増え財政の立て直しに道すじができる。

神野　家庭をニワトリにする。ニワトリというものを甘く見ちゃいけないんですね。

荒井　経済の六割は家庭消費なんですから。

神野　みんなに広報する、広報の責任がありますね。

荒井　ＮＨＫ中継で十回やっています。でもまだ昼間見ていない人がいますから。浸透しないのでシントウ改革だと……。

神野　国を挙げて推進できるように、新党改革の頑張りを期待します。同時に中小企業の経営者にも伝えます。

誰が改革をやるか　新党改革の国家経営改革は実現性ありや？

神野　先ほど、成長は手段でその先にあるのが豊かさであると言われましたが、最低賃金も最低限の豊かさではないかと思います。その最低賃金をもらっていない社員が非正規になる。そしてクビになったりする。実は今回、我が事務所も職員を募集してよくわかりましたよ。非正規の人は、生活できないくらい給料が安い。

荒井　代表、年収一七〇万が平均ですよ。格差対策の再分配方法も見直さなければなりません。

神野　豊かさというのは、やはり最低限の給与は必要であり、経営者としては生きる喜びを与えるような場所を提供しなければいけないわけですが、赤字会社ではできないわけですよ。問題は、卵とニワトリの関係になります、法人税を二九％に下げても解決になりません。だからといって消費税を上げて財源を確保しようとすれば、これまた景気刺激にならない。だとしたらやっぱり歳費三〇％削減しかないのかという話になります。

そこで、豊かさを取り戻すために、成果を分配している会社には、例えば給与の補助をする。税制面からも税金を払った会社には昇給した場合は何％、それから雇用した場合は何百何十万、そういうものを補助するという経済制度は作れないものかと思います。共助の国づくりと会社経営は同じだと思います。共助の考え方で、何とか税制または企業経営の中に織り込んでいかないと、本当にじり貧になってしまいます。中小企業が本当に蘇ってこなかったら、日本の経済は大会社だけでは成り立たないですよ。

今、先生のお話しでエネルギー問題については少し明るさが見えてきましたが、最低の豊かさを含め一億総活性化といっても何の具体策も見えません。具体的に給料が上がる､雇用が充足される、経営者も黒字になる。そうやって頑張る企業を助ける国の税制や金融や経済の成長戦略をやっぱり早く示して欲しい。それは何かと言えば、やっぱり夢です。なぜ夢なのか。それは明日が見たいんです。明日が見えないと、豊かさは戻ってこないと私は思うんです。その明日を見せるのは政治の力、新党改革の使命だと思うんですがいかがでしょうか。

荒井　難しい質問をいただいていますけれども、十分に私で答えきれないと思いますが、代表がおっしゃっているように、まずは卵とニワトリで言うと、ニワトリを大きくしないと、税金によって社会保障を充実させるという卵もできないことになります。今アベノミクスが言っているのは、まずニワトリを大きくしようということで三本の矢があるわけですが、方向的にこれを否定する人はあまりいないと思うんですね。まずは金融を行って、そのあとに財政出動なんですが、これは借金の問題もありますから限りがある。そこで成長戦略でということになるんですが、非常に難しい挑戦です。まだ道半ばですね。それは補助金で淘汰されるべきものを残してきたがために、言葉を悪く言えば市場で倒産するべきところを補助金等で救済したがために、そのしわ寄せがきている面もあります。しかし重要なのは、これからは、共助領域を広げつつ、仕組みや制度、枠組みを作ることに果敢に挑戦していくことです。やろうという強い意志があるか否かです。

私は三月十八日の国会予算委員会のNHK中継で「社会的インパクト投資で社会問題を解決していくと、伊勢志摩サミットで宣言すべし」と安倍総理に進言しました。

「社会的インパクト投資」というスキームが私の目玉政策です。

保育・介護や不登校といった社会問題を解決するために会社やNPO等民間の手を借りる。民間はこれまた、民間から寄付を募って政府予算を節約し、成果が出れば節約分のうちから民間に配当、還元する方法です。これで財政再建が進むでしょう。代表、こうした枠組みを取り込むんです。これはアダムスミスの「神の見えざる手」から「市場の見えざる心」への経済社会の大転換です。

神野　問題は会社経営でも国家経営でも同じだと思うんですが、冒頭に田中角栄さんの話が出たように、何をやるかじゃない。誰がやるかです。その誰がやるかが今問われているんじゃないかなと思うんですよ。それを、安倍さんを助ける新党改革が、どこまでやれるかと問われる立場にいると思うんです。そのぐらいの気合いで答えていただきたいんですが、三番目の成長戦略と家庭ノミクスと結びつける具体策を、新党改革のエネルギー政策も含めた国家経営改革経済政策を説得力ある言葉で出してもらいたいなと思うんですが、いかがでしょうか。

再建のためには楽をしない 人の三倍働く 知恵を絞る

荒井 それができていたら荒井内閣になっているんですが。今は電気に色目がついて誰の電気かわかるような時代なんです。ということは、私は太陽光発電の電気でお炊事したいという人、九州川内原発の電気は欲しくないという人が出てくるわけです。つまり選択できる社会になってきているということなんです。それで一割高だけど我慢するという人も出てくるわけなんです。そして究極は自分で発電する。それを私は「超原発社会」という言葉で表していますが、日本のエネルギー社会としてそういう段階にあるし、国民の志もそうなってくると期待します。

企業の継承の場合でも、今のままでは食べていけないと思ったら、食べていける技能や考え方を技術訓練で身につける。それによって、次の展開にいけるかというと、いける人もいればいけない人もいる。しかしその経験が生かされて別の方向でやっていける人もいる。そこで、今年秋の補正予算では自分への投資に政府がポイントを付与する「国民総ポイント」を新提案しています。

市場にニーズとシーズというものがあるとすると、ニーズも変わってきているけれども、事業が成り立つシーズを発見している人はどんどん起業しているわけです。そういうチャンスがある国をつくるということだと思うんですよ。外国人も日本で働く、起業するという魅力づくりです。

私が安倍総理に期待するのは、安倍さんは一度体調を崩して内閣を倒してしまったけれども、自分でもう一回挑戦してなれたわけです。その気持ちがあるから、みんなにチャンスをつくりたい、となった。そういうチャンスを、日本に、高校生に、社長さんに、正規の人に、非正規の人に与えましょうと言っている。なかなかですよ。だから、私は是々非々でアイディアで支援してゆきます。それは言葉を変えると、トランポリンのようなものです。セーフティネットでは助かるだけです。トランポリンはもう一回ぴょーんと飛び上れます。

神野　私は同じことを中小企業の経営者に言っているんです。赤字は倒産予備軍ですよと。だから一回潰れてみるとわかりますよと。そして潰れた時にどういう悲哀が待っているか。なぜ潰れたかをそこで反省する。大体潰れた原因というのは、楽をした人です。言うなれば誰よりも努力の人じゃなかったので、赤字で潰れちゃった。もう一つは、わかっていると言って間違いに気がついても直さなかった人。この二つは、今の日本も同じなんですよ。国も会社も同じなんですよ。

荒井　今の話は目から鱗です。いよいよ改革だと思うんですよね。一つは、やっぱり頑張る努力を怠った。もう一つは、わかっている。しかし変えられなかった。あるいは何とかなるぐらいの話で終わっていた、ということですね。

神野　そして必ず言う言葉は、「あいつに騙された」があります。自分以外のところに原因を求める。倒産会社の社長の集まりで八起会というのがあるんです。そこの野口会長（平成二十八年二月に逝去されました）が言っているとおりです。楽をした人、そして間違いに気が付いて直さなかった人。それから一番近くにいる奥様、奥様と同じ存在の人もいいんですよ。政治で言えば官房長官。その人たちの意見を聞かなかった。この三つのパターンなんです。

　大体、今の日本と同じですよ。ではそういう人たちが、何で直ったかというと、楽をしない。人の三倍働く。時間じゃないですよ。知恵を絞る。それで五倍稼ぐ。我が事務所の顧問先が八割黒字会社というのはそこから出るんですよ。世間は七五％赤字ですよ。福島支社は六月までに黒字化一〇〇％にすると言っています。なぜでしょう。原発の補助金もあったかもしれないけれどもそうじゃない。補助金を当てにしない。これを取っておいて、新しい売り上げの基本的な営業戦略を考える。こういうアウトバイザーがいることで、経営者が気がつく。その気づきが黒字会社を作り出すわけですよ。

　政治家だって財政再建の気づきはわかっているわけですよ。それを選挙で落ちたら困ると思ってなにもしない。寄らば大樹の陰で、一人でやったところで、それは無理だと自分で言い訳を作る。そうではなくて、新党改革の荒井代表のように一人でもできる。いや、一人だからかえってできるのかもしれない。

荒井　福沢諭吉先生は「自立自尊」、一身独立し国独立すると言っています。

政治家や官僚に必死の覚悟があってこそ改革が進む

神野　それで失敗者の轍を踏まない。中小企業の経営でも赤字から黒字になった会社は八〇％もある。それを知ったら、先ほどの三点セットでやるべきではないでしょうか。失敗者がもう一つ必ず言う言葉が、「まさかこうなるとは思わなかった」です。これは逃げ口上です。俺は悲劇の主人公だ。騙されたんだ。まさかこうなるとは思わなかった。そして最後に言う。俺は死にたいって。社長、死ぬ気があったら何でもできるでしょう。死ぬ気になれば何でもできるはず。あなたは死ぬ気がなかった。そこがポイントなんです。高校野球などでよく「必死で頑張れ」という言葉を聞きます。その必死さが政治家にも官僚にもない。だから改革が進まない。本気で財政改革をするぞという必死の覚悟が、政治家や官僚にあってこそ改革を可能にするのではないでしょうか。

荒井　これまた、目から鱗です。やっぱり努力すること。それからわかっていると言って人の意見を聞かないで直さないのは駄目。挙句の果てには、俺は騙された。まさかの坂を転がって、それで死にたいと。そんなんだったら最初から頑張ってやってみたらいいっぺということですね。あるいはもう一回やり直してみようとやってみる。

神野　もう一回原点に戻ってやる。

荒井　そういう気づきを代表から私もいただいているわけですけれども、全ての分野に代表のご意見は共通する真理だと思うんです。我々も失敗から学んで、新たな気持ちでいきたいわけです。これらを私の言葉で言うと「保守リベラル」という概念になるんです。

神野　それを聞きたかったんです。

荒井　努力というのは自立心なんですよ。自立、そして節度や伝統を尊ぶ。これは保守の大原則です。

神野　保守＝自立ですよね。

荒井　人の施しを待つんじゃないんです。まずはやってみようという意気込みが大切。

神野　それからリベラルは？

荒井　リベラルはそこにお互いの意見を、聞いたりしてお互いが成り立つようにしていく。

神野　お互い様、お陰様ですね。なるほど。

荒井　相手を尊重するという感じでもいいですよね。

神野　感謝の心ですね。

荒井　そういうことですね。直訳では「自由」ですが、しかし自由勝手ではない。節度があるべきです。保守ですけれども自由と節度を合わせ持ち、その人らしさを認めたり、自立を尊重したり助け合ってゆくというのが私の保守リベラル観ですね。市場経済万能ではなく共助を組み込んだ新しい経済社会ということになります。保守リベラル精神がないと自己正当化が強くなる。その最たるものが官僚ですよ。官僚は一回公務員になると努力いらないんです。クビにならないから。上からの目線の人が多い傾向にある。惰性で進んでゆくだけ。

神野　何もしない方がいい。しなければしないほど出世する。

荒井　それで二年間で責任ある部署から逃げられる。何か言われたら、四月から変わりましたのでよく次の課長に言っておきますからなんて逃げている。引き受けた次の人は、いや、これは前の人が言ってやっているんだからとか、何が文句あるんですかと、いつの間にか役所としての、組織としての自己正当化に入っている。無責任極まりないものですよ。

神野　今の話を官僚にぶつけてやりたい。

荒井　それを見逃してきた政治家にも大きな問題がありますね。保守リベラルの新党改革は実は官僚とも闘っているんです。
神野　ここがポイントですね。そのためにも自治体も甘えが多いです。自治体に中小企業の努力を見習ってほしい。
荒井　こんな赤字だったら倒産です。自治体も努力しなきゃ駄目ですね。私も声を出して訴えていきます。

地方再生は中央と地方の枠を越えた家庭に鍵がある

神野　最後に地方再生問題をお聞きしたいと思います。石破さんが地方創生大臣（平成二十八年八月退任）になっていますが、福島県をはじめ一億総活躍時代を掲げる安倍政権での地方再生は果たしてなるや否や、どうでしょう。
荒井　率直に言えば、国の制度によって地方は悪くなった。あるいは国の方針によって政策の失敗で悪い方向になったという面もあります。もう一つは、地方自治団体にも自助努力が足りない。補助金もらいたさで国に注文をつけない。工夫が足りないと私は思うんですね。だから両方力を合わせて変えていく必要があります。
神野　為政者たるものは勇気をもって、公のためにたとえ反対があっても命を燃やし実践しなければならない。何をやるかじゃない。誰がやるか。俺がやるとの覚悟が必要なんです。結局政治の姿勢が、今問われていると思います。

荒井　代表、及ばずながら私は一人ですが政治文化を変えて行きたいと考えています。安保法制成立に際して国会の事前承認、これはわが党がこの政策を提案して、そして少数党を説得しまとめて、最後に自民・公明と安倍総理に飲んでもらったわけです。自衛隊が海外に行く場合には必ず国会の事前承認を必要とする。さもなくば、自衛隊を拍手でもって国民は送らない。自衛隊が拍手で送られないようでは自衛隊の使命感、任務遂行は、できませんからね。小さくても橋渡しはできるんです。

だから小さいながら、盟友関係で安倍総理を説得して、形にしていくという手法が有効だと思っているんです。大きな課題が出てくる時にはぶつかる問題もあるんです。ぶつかっても一歩前に進めるということが重要だと思うので、国民の合意形成を図りつつ、ぶつかった意見をどう「共助」にもっていくか、そういう橋渡しが小政党ながら役割と考えています。やりますよ。

神野　一番大事なことですよ。私共も、顧問先の社長とは寄り添い侍なんです。危機管理業と同時に寄り添い業なんです。経営者に寄り添って、あなたは私だという気持ちで業務にあたります。荒井先生も、安倍さんに寄り沿って意見を言う。単なる野党と違うわけですから、安倍さんは一野党が何言っているんだとは思わないでしょう。安倍さんは、ああ、それは自分がやることかと気づくことにもなるでしょうから。

荒井　進言して、ちょこっとこちらの方向に向いてもらい、進んでいってもらう。これも政治力。

神野　侍になって、社長のやる気、本気、負けん気を引っ張り出す。これは新党改革でなければできないですよ。ほかの人の意見を聞かないでもできるんですから。

荒井　志在千里、堂々とやっていきます。

神野　地方再生の問題で、人口減の他、自治体にやる気がない、国の政策の誤りなどの指摘がありましたが、他に何か切り口になるものはあるでしょうか。

荒井　そもそも、地方というくくりが間違っているんです。

神野　先生のお考えは道州制ですか。

荒井　ちょっと違います。ある時期は東京に来て学んだり働いたり、年取ったら戻ったりという、とらえ方です。そういう意味で地方、農漁村と中央を、対立の概念で捉えることが発想をおかしくしているわけです。人間のある時期、そこで生活する人もいれば、行ったり来たりすることがある。そこが、東京か地方かはその時の選択の結果です。地方人と東京人の随時交流と考えてもいい。これも共助です。時間軸としてのライフステージ、居住軸の都市部と農漁村部を組み合わせてみれば良いのです。一億総活躍というなら全国どこでも、全国民が対象です。その人たちが暮らすのは家庭です。ですから、地方創生で一億総活躍と言うなら、やっぱり家庭の復権なんですね。あるいは家庭の充実、家庭に着目した豊かさという成長戦略を探ってゆくことなんだと思うんです。つまるところ人生の最後は、故郷で暮らすようになるでしょうね。

神野　箱モノを造るという発想とは全然違いますね。

荒井　はい、地方といっても家庭に目を向けると、そこにシーズがあるのです。それに今は、東京にいても、ほとんどおじいちゃん、おばあちゃんの家なんて行ったことがないですよね。大体親の墓がどこにあるかわからない。だから地方というんじゃなくて、どんどん絆が薄れてきているんです。絆ですよ。親子の絆、家族の絆。家庭というのは地域を含めた家族という意味を言っているんですけれども、家庭に目を向けるということは、そういう絆の復活にもなるのです。

神野　そうですね。国づくりは人づくり。その原点は家庭にありですね、そういう意味でも家庭に目を向ける。そういう切り口が日本国家再生に必要だということですね。本日はありがとうございました。

（平成二十八年二月二十六日）

（肩書は取材時のものです）

その IV

神宮宮司からの『檄』為政者も経営者も国家観を持て

霊山神社　宮司　足立正之先生

今こそ教育維新を

神野　先日、ロータリーの会合ではありがとうございました。お話を聞いて、今準備を進めている私の本に是非登場して頂きたく本日のインタビューをお願い致しました。

ロータリーという場でしたので、言い足りなかった部分があるのではと思います。本日は日本のために忌憚なくお話し頂ければと思います。

話の最初として私の感じている点を質問させて頂きます。

どうも今の日本の政治、経済の劣化現象を見るにつけ、心の奥に何か足りないものがあるように思います。具体的には、為政者である政治家が自分の国である日本を「我が国」と言わずに「この国」と言っていることです。

日本の政治をまるで他人事のように考えています。それはあまりにも自己本位ではないでしょうか。なぜこのような日本になってしまったのでしょうか。

私は「この国」という言い方には、戦後教育の影響があると考えていますがいかがでしょうか。

足立　日本人は政治家、官僚に限らず国家観が欠如している民族と言えます。どういう意味かと言うと、日本は四方海に囲まれていますので、自己認識が比較的希薄です。そして自己認識が希薄ということは、自己主張も希薄であるということです。
ですから「我が国」という感覚も薄く、「この国」という言い方に差をさほど感じていないと思います。

神野　それにしても「この国」と言い続ける間は、国家観も出てこないと思います。まさかの事態になったとき日本国民は一致団結できるのかと非常に不安です。

足立　島国とか自己認識が希薄と言いましたが、（二〇〇一年）九・一一以降はその考えを捨てなければならない概念になってきていると思います。テロが起きたときブッシュ大統領は、これは新しい形の戦争だと言いました。その意味は何か。そのことを全世界は、丁寧に咀嚼（そしゃく）しなければなりません。

テロ行為は単なる犯罪行為ではなく戦争だということをアメリカが明確にしたわけです。テロというのは前線も後方もありません。そういう新しい戦争の時代に入ってきたということです。

周りが海に囲まれているから安全というような防衛思想は成り立たなくなっているのです。

神野　すでにテロによる戦争の時代に入っているにも拘わらず、いまだその認識がないというのは、日本人の自己認識のなさからきているのでしょうか。

足立　外国との交流がなかったということは、自分の存在を他と対比させながら認識するという訓練ができていないということです。ですから「我」イコール自分で済ませてきています。本来「我」というのは、相手の存在を認識している言い方です。

神野　それが欠落しているために国家観のない日本になってしまったわけですね。それに私は、教育勅語が廃止されてから、その思いを益々薄めていったのではないかと思っています。それがまたGHQの狙いであったわけですが、今の時代こそ日本人を育てるために必要ではないでしょうか。

足立　確かに教育勅語は昭和二十三年、参議院で廃止を確認しています。ただ承認はしてはいないという事実をほとんどの人は知っていません。当時の政治家、官僚もそうですが、この廃止は国民にミスリードされて伝わりました。誰がそれをしたかというと左系の学者です。廃止を決議したというのは、公の教育において教育勅語を強制してはいけないということです。それを左系の学者は、教育勅語は「良くないもの」と印象づけたのです。

強制してはいけないということは、公の教育から教育勅語を排除しなければならないということではないのです。自由に使っていいのです。それを良くないもの、だから使ってはいけないというように思わされてきたわけです。教育勅語で述べている十二の徳がいけないということになります。

神野　親孝行が何故悪い、友達と助け合うのはどこが悪い、夫婦仲良くの何が悪いと、左系の考えを持つ人に言うと一つあると言います。一旦緩急あれば国に殉ずる、これが軍国主義だという。

そんな理屈は子供を騙せても「大人を騙せないぞ」となぜ政治家は言わないのでしょう。

足立　そうしたことを含め私は、教育維新が必要だと思います。

神野　まさにその通りですね。

足立　今の日本は占領軍の落とし子ですよ。進駐軍の目的は何であったか。二度と白人、アングロサクソンの世界制覇計画の前に立ちはだからないように、日本と日本人の心を徹底的に破壊して再起できないようにしようというものです。

国を滅ぼす、民族を滅ぼすには、大きくわけて二つの手段があります。

一つは武力を行使することです。もう一つは、それよりも少々時間がかかりますけれども、徹底的なダメージを与えることができる文化に対する攻撃です。

武力というのは最後の一人まで殺さないと、国や民族を滅ぼすという武力攻撃の効果は出てきません。民族の生きる力はそんなに弱いものではないからです。

ベトナム戦争でもわかるように、アメリカは最新兵器で戦っても勝てませんでした。竹槍とジャングルの落とし穴でアメリカは追い出されてしまいました。武力で徹底して民族を全滅させるのは至難の業なのです。

その点、文化を攻撃するということは、時間はかかりますが一〇〇％の効果をもって、その国を滅ぼすことができます。

神野　それが今の日本ということですか。

足立　はい。その文化をどう守って、どう子孫に伝えていくか、それが教育です。その大事な教育をアメリカからゆがめられてしまった。さらにそれを日本人自身がなおざりにしてきています。日本の教科書は共産党が書いて、社会党が印刷して、自民党が金を払うと言われた時代がありました。とくに歴史、地理の教科書、日本の立場ではない記述になっています。

神野　国の基礎づくりである人づくりの教育を担当する文部科学省が、まさに日教組に毒されていると聞いています。日教組の言い分に対抗できないというより、同じ考えの者もいるらしい。獅子身中の虫ですよね。これを政治改革で直さなければ、いつまでも続いてしまいます。

足立　政治家、官僚、公務員にしても、戦後生まれた人達は最高で六十五歳になっています。まさに戦後の日教組教育をうけた人達で一〇〇％洗脳されています。日本が歩んできた歴史、日本の歴史が育んできた文化を教えられていません。

温故知新という言葉がありますが、彼等は古きよきものを学んでいませんから、振り返ってみても自己の状態を正すだけの新しい考えが出てこないということです。当然のことながら文化を誇る心がありません。ですから、これが当たり前だと思っているわけです。

神野　洗脳教育は本当に怖いですね。これで日本は世界に伍していけるのだろうか。心配しているのは私だけではないと思います。

戦争は政治の手段であり延長である

神野　さきほど教育勅語に関連して軍国主義の話がでました。中国は日本を攻撃するのによく軍国主義化していると言いますが、軍隊はどこの国にも置いています。それが普通の国です。軍隊がいるから軍国主義というのはおかしな話です。テロの話からしても世界は戦争状態にあることを忘れています。

足立　一般的に国家というものは、国土、そこに国民がいます。そして国土と国民を守るための施政権を持っています。これを国の三要素と言いますが、国土、国民、施政権で日本の国家安全保障をみた場合、国土安全保障、食糧安全保障、それに私は国を守るという点で国民が歩んできた歴史、歴史が育んできた文化を守り伝えるという意味で文化安全保障を入れた三つが国家安全保障の要だと思っています。

国土安全保障は尖閣諸島、竹島、北方領土を見ても、これらは完全に奪われています。アメリカと日米安全保障条約があります。国務長官クリントン氏は尖閣も竹島も北方領土も、日本固有の領土と認めています。かと言って日米安全保障条約においてアメリカが防衛する義務を担っているわけではないとはっきりと言っています。

国際感覚から言えば当然です。クリントン氏の方が正論だと思います。なぜか。尖閣諸島、竹島、北方領土は、我が国は日本固有の領土だと言っていますけれども国家の三要素である施政権が及んでいないということです。自分で統治していないということです。日本が侵略されたまま許している領土をなぜアメリカが守らなければならないかということです。

神野　日本人は、アメリカが守ってくれると勘違いしている。

足立　アメリカに言わせれば、自分で守らない連中のためになんでアメリカの国民が血を流さなければならないかということになります。

神野　先日、ロータリーでそのお話をお聞きして、まさにその通りだと思ったわけです。

足立　完全に日本の国土安全保障は崩壊、瓦解しています。

食糧安全保障はどうでしょう。我が国はカロリー計算で自給率四〇％、それを国は五〇〜六〇％にすると言っています。それを無条件に信じるとしても、自給率を維持する中身が大事です。食糧自給率というのは、他の国もそうなのでしょうが、世界が平和でその国の貿易、特に輸入が滞らないという前提の下の計算です。シーレーンが確保され外国からエネルギー、資源、飼料が間違いなく入ってくるという前提条件があってのことです。

我が国以外の例えばG7、アメリカ、イギリス、フランス、イタリア、ドイツ、こういう国々の食糧自給率を調べてみると、カナダは一六〇％、イギリスは七〇％強、アメリカは一一一％、フランスは一〇〇％です。こういう国々は核を持っています。自分の国は自分で守り国の安全を確保し国民を食わすことができます。自分の国の領土を奪おうとする相手を排除する力（核）を持っています。これほど強いことはありません。

それに比べて我が日本はどうでしょう。

神野　軍隊を持って自分の国を守っているのが、当たり前の国ですね。

足立　そうです。

神野　なぜ日本だけがそういう体制ができないのでしょうか。あまりに自虐的になって軍隊に対し非常に否定的です。このままでは本当に日本がバッシングからパッシングになり、ナッシングになってしまいます。憲法がダメなら改正ではなく廃止すればいいと思うのです。ビジネスと安全保障は一体のものです。最近の韓国は海外でも強くなっています。その背景には軍隊を持っていることも見逃せないと思います。どうしたら日本はよくなるでしょうか

足立　戦争ということを考えなければならないでしょう。中国は我が国の防衛強化を軍事大国と言って非難します。日本が、東アジアの猛威になるのではないかというわけです。これは全くおかしな論理です。軍備というのは、相手に対して猛威でなければ意味がないということです。

それから日本人の戦争観が、極めて特異であることを指摘しなければなりません。他の国との政治交渉が破綻したり話し合いが破綻した場合に行なうのが戦争というのが日本人の戦争観です。外国では決して通じるような戦争観ではありません。外国の戦争の理解は政治の手段であり政治の延長なのです。

神野　そうですね。

足立　世界で国は一九六あるのでしょうか、その殆どは複合国家であり多くの民族が集まってその国をつくっていますので戦争の火種を常に抱えています。中国でもロシアでもそうです。常に内政の矛盾を抱えているからです。たとえばアメリカは人種の坩堝《るつぼ》と言われています。百何十という民族が暮らしているわけで、それだけの文化があるということです。

こちらの民族に都合がよいことでも、あちらの民族には悪いことがあります。人種間の軋轢、移民問題、麻薬問題、不法侵入問題、犯罪問題、ありとあらゆる内政問題の火種を抱えています。内政の不満をどこでガス抜きするかです。外政、外交に目を向けさせるしか方法がないというこ

とです。

神野　ガス抜きする。

足立　アメリカは世界の警察官として誰でも認めています。その意味は、世界の自由と民主主義を守るためにアメリカが守らなければ誰が守るという論理です。

すなわちそのためなら武力介入もするということです。

それがアメリカの使命と考えているわけです。しかも自由や民主主義を守る判断はアメリカがするのです。アメリカは、戦争がなければ成り立たない国です。戦争とは政治の手段であり政治の延長というのが、世界に通じる戦争観なのです。

神野　それを日本は、戦争は悪という感覚です。

足立　日本人は、戦争がいいか悪いかの価値判断しか持ちません。

神野　戦争とは政治の手段であり政治の延長という感覚が為政者にあれば、もっと危機感を持てるはずです。そういう危機感がないだけに危機だと思います。

足立　テロをイスラムとキリスト教の戦争ということもできましょうけれども、テロ側につくのか、こちら側につくのか、という二者択一を迫る時代に入ってきていると思います。それを傍観するのは許されないという時代になっています。

神野　九・一一はそれをブッシュ大統領が世界に向けて宣言したということですね。

足立　我が国を含めて世界の全ての国々は、戦争を傍観して済む時代ではなくなってきているということです。

神野　なるほど。そうすると日本は手遅れになっているのではないでしょうか。今日のような話を政治家はなぜしないのか。日本の防衛と安全から言えば尖閣問題はチャンスだったはずです。

最近知ったのですが韓国にも日本の尖閣と同じ問題が起きていると言います。韓国軍は中国の漁船を何隻も拿捕しているそうです。謝罪と賠償をしなければ中国に返さないそうです。それに対し中国は何も言えない。

日本の政治家もそれを知っているはずです。だったら「日本人を怒らせるな。怒らせたら大変だよ。潜在的核戦力があることを知っているのか」となんで言えないのでしょう。

足立　主権を侵害されても一切抗議すらしない。それが今の日本です。

神野　本当です。

国の根幹に関わる技術、ノウハウは絶対に外に持ち出さない

足立　現在の政府に国を守らなければならないという使命感が全くない。憲法改正でなく廃止をして新しい憲法をつくるしか手がないと仰った。これも日本人はマッカーサーに催眠術をかけられ、いまだに覚めていない証拠です。

憲法があたかも不磨の大典のように思っています。憲法を変えることは国家の一大事だと日本人は思いこんでいますが、旧ソ連は崩壊するまで五十何回か改正しています。ヨーロッパでも同じように改正が行なわれています。

憲法はベーシックローと言われますが、その国の全ての法体系の根幹をなすものです。ベーシックローだけに常に改正作業を怠ってはいけないのです。

昭和二十二年マッカーサーに押し付けられた憲法において、その時点では国連のＰＫＯ、ＰＫＦ、人道支援問題、テロの対処法など、想定しなかったというより考えられもしなかったことです。ですからその条文がない。我が国を守る条文がないのです。

また憲法制定後長い時間が経って、いつどこで起きるかわからない新しい形の戦争（テロ）が起きています。経済状況も違っているし国と国の付き合い方も違います。冷戦構造は平成三年に完全に崩壊しました。そのような事を考えるだけで現在の日本国憲法は国際状況を乗り切るだけの力がないということを、国民がまず認識しなければなりません。

神野　やはり独立国家として時代にあった憲法にしていかなければ、新しい国家づくりはできないということですね。

がっかりしたのは、今頃になって菅総理が国家とはなんぞや、愛国心とはなんぞやを勉強すると言っていたことです。本当に情けない。

足立　私に言わせれば政治家の資質はゼロです。マニフェストは実行できない。外交の失態を追及されて「仮免許なんですから長い目で見て下さい」なんて答えている。何事ですか。政権を奪うということは、常識で考えてもわかることですが、前政権から奪った瞬間、前政権に勝る政治を行なう能力を持っていなければならない。それが仮免許とは、国賊です。

神野　売国奴です。

足立　朝鮮に関して歴史を振り返って見ても明らかなのは、朝鮮民族は自分の力で自分の国を守ったという経験がありません。

神野　そうですか。

足立　昨年（平成二十二年）は日韓併合一〇〇年でしたけど、日本が我が国を侵略して植民地にしたと勝手なことを言っていますが、あれは北（ロシア）からの南下で我が国はダメになるから、日本に入って来て守って欲しいと要請があったから出たわけです。

神野　侵略ではない。侵略と言われて日本は、何を言っているんだという勇気がないのですね。

足立　朝鮮民族は事大主義で、大きな事、大きなものに寄りかかる。民族の哲学がない。その時さえ乗り切れれば、その時さえよければということになります。それが民族性です。

神野　そういう韓国でも、国家観は我々日本人よりも強く持っていると思います。例えば経済にしろ財政にしろ、国民一致して国を守り、財政破綻から守り、国民の文化を守り、日本をしのぐいいものも生まれつつあります。大統領がトップセールスになって国際化の中で営業をしています。財政を支えている企業を伸ばさなければならないと政財が一体となって国際化の中で頑張っています。

それに比べて日本の体たらくです。内政の関係で言えば一に雇用二に雇用、特に地方は財政の基盤がない。成長政策は何もない。何がなんでも予算を通せばいいとなっています。早く仮免許を返上してもらいたい。

足立　韓国の急激な成長、中国もそうですが、サムソンの利益は凄いものです。韓国は政府も国民も自信を持ち始めています。

一国の代表というのはトップセールスマンでなければなりません。ところが我が国は、政治と経済を分離して、政治は国がやる、経済は民間の交流にまかせると言って経済から逃げてしまっています。政治と経済は車の両輪ですから、政府の責任は重大です。政治が経済から逃げてはいけないのです。

もう一つ重要なのは企業の責任です。今の日本の企業を見てみますと企業こそ国家観がないと感じています。大企業、中小企業に限らず、そうです。日本ほど国家観のない企業はありません。コストさえ安く抑えられればそれでいいと日本の企業は、韓国、中国、台湾、マレーシアに出て行きました。その結果今の中国と韓国の台頭ではないですか。日本が資本を出し技術を教えそれが経済成長となって伸びています。

これは日本の企業が儲かればいい、コストダウンができればいいと、どんどん出て行って経営のノウハウ、技術を盗まれた結果です。国の根幹に関わる技術あるいはノウハウを守るためには、イギリスでもアメリカ、ドイツでも、決して外国ではつくりませんよ。出て行きません。

ロータリーで言いたかったのは、この点です。奉仕の精神とか、国に捧げん我らの生業、と言っているようですが、「ふざけてるな」と私は言いたい。あなた方が外に出て行って日本を売ったのではないですか。

神野　そういう意味で経団連も同友会も日本の全経営者は、己からの罪に服すべきですね。青年会議所でも、「隣人の幸せを願う者は正しく報われる」と綱領にあります。国に尽す我らの生業ということで、ロータリーもやっていますけれども、経済人の国家観はどういう方向にあるべきだったのかということが問われてきませんでした。

無私の心こそ今人類に必要である

神野　同時に私は、「自利利他の精神」が経営には必要と考えています。

足立　利他という心、これは非常に重要な心です。例えば日本人の利他の心、他を利する、これは自分をむなしゅうする、自分を無にして他を利することです。日本人の無私の心が利他の心でもあります。また仏教関係者が好んで使う言葉でもあります。

そのようなことを考えますと、助け合い、いたわりあい、励ましあう、そして時には自分を無にしても他の人の幸せを祈る。利他の心、無私の心は全世界において今こそ必要な時であると思います。

でもこんな論理は、一神教を奉ずる国々では通用しません。キリスト教にしてもユダヤ教にしてもイスラム教にしても、仏教でも利他ということを言っているけど軍隊を持っているわけです。昔から僧兵がいました。

軍隊を持たない宗教は世界でたった一つ、神道だけです。ですから利他利他と言いながらも、軍隊を持っている宗教、国もあるし、ましてユダヤだのイスラムだのキリスト教というのは他の存在を基本的に認めないのが出発点です。

一神教というのは唯一絶対の神以外は存在を許しません。そして自分たちが信仰する神以外の神を信仰するのを異端として抹殺の対象でしかないわけです。そんな国、民族が展開している外交というところで利他なんて言えば、待っていましたとばかりに餌食になるだけでしょう。

神野 それじゃあ日本人はもうとっくに餌食になって、ナッシングになっていく道がとっくにできているわけですね。

足立 日本という国はまだあると我々は思っていますけれども、国際常識でいけば、特に政治と経済、これはもちろん軍事においてもそうですけれども、アメリカだって中国だってロシアだってヨーロッパだって日本があると思ってないでしょう。

神野 そうですか。パッシングからすでにナッシングになっている。その点がもう心配で心配でしょうがないのです。日本が世界の孤児になってしまうのではないかと、私は本当にそう思うんですが、利他の心と世界の経済、外交をマッチングさせることは大変距離があるということですね。それでは武士道はどうですか。

足立 ただ今おっしゃったように日本の心、利他の心、武士の心を国際政治、軍事の舞台において明確に共感を得るということは、もうミスマッチングの連続で、極めて難しい至難の技です。ただし例えば第一次世界大戦が終わった後、白人諸国が全世界にかくもすさまじい植民地争奪合戦を展開しているこの現状を、例えばドイツの哲学者のオスヴァルト・シュペングラーが『西洋の没落』を発刊して、このように収奪、無残という文明が世界にはびこっていたら大変なことになる。行きつくところは自滅しかないというところに気づきます。

あるいはアメリカの政治学者のハンチントンも『文明の衝突』という論文を発表し、あるいは本も出しました。ハンチントンはキリスト教文明とかイスラム教文明とか中国の儒教の一つの文明として世界の八つの文明を挙げて、これからは文明間の衝突というものが非常に激しくなる。そしてお互いに異文明とわかり合うということがあり得ないだろうというようなことも言っています。

そういった中でハンチントンあたりはイスラムと儒教の文明、ということは国の名前で言えば中国とアラブ諸国が共同歩調をとってアメリカとヨーロッパにいろいろなことを仕掛けてくるということを言いたいのでしょうね。

それはそれとして、ハンチントンというのはどちらかというと白人主義者です。白人が世界を支配するべきだという考え方です。そのハンチントンをして日本という国の存在、そして日本民族が培ってきた日本の固有の文化を一つの文明として捉えているということは非常に大きなことだと思います。

これは我田引水的な言い方になるかもしれませんが、やはりハンチントンは日本文化を無視できなかった。利他の心、自分を無にする無私の心というものの見方、考え方、感じ方、あるいは思想、哲学、そういうものの存在を期待したのかもしれません。

ですから私はこの利他の心、無私の心を世界の方々に理解してもらう。特に一神教の宗教を奉ずる国民に理解させることは至難の技だけれども、しかしあなた方のやっていることはもう自滅の道ですよということを第一にわからせなくてはいけない。

日本が例えば皇室が日本建国以来ずっと途絶えることなく血統が続いていらっしゃるのは武器を

持たなかったからです。そして武器を持たずに文に集中してこられた。

神野　初代の天皇が神武天皇といったのは、神道と武道を意味していると聞いています。

足立　文を非常に重要視された。そしてそこで国民の資質、ものを考える思考能力というものを非常に高められ、一人一人の存在が家という社会においてはどうあるべきなのか。国という社会においてはどうあるべきなのかということを、文学を通じて訴え続けてきているわけです。そこに流れるのは無私の心、利他の心です。

例えば蒙古襲来、元寇の時に後亀山上皇は伊勢神宮をはじめ各地の神社仏閣に「この国を全力を挙げて守ります。どうか外国の侵略に負けないようにお守りください」と神仏にご祈願された。その時伊勢神宮に、もし皇国が穢《けが》されることがあれば、わが命をこそ召せという歌を奉納されています。もしこの国土が元に蹂躙《じゅうりん》されることがあれば、それはひとえに私の責任です。真っ先に私の命を奪ってくださいということです。

神野　同じことを昭和天皇は言われましたね。

足立　そうですね。私はどうなってもいい。ただ国民を救ってほしいとマッカーサーに言われた。

神野　同じことを昭和天皇が言われたということはすばらしいですね。

足立　それは皇室に流れる祈りですね。これは利他の心です。

神野　武士道に通じますね。武士道と利他の心は、日本人の将来そして国をも救う大事なバックボーンですね。

足立　そういう意味では日本の利他の心、無私の心を世界中の識者は注目し、そして期待をしていることも事実です。例えばフランスにドゴール研究所——これはドゴール将軍が義勇兵を募ってナチスドイツからフランスを守りました。そののち大統領になられて、この功績を記念して作った——この初代所長をされたオリヴィエ・ジェルマント博士はやはり日本の利他の心ということをはっきりおっしゃっています。博士はしばしば日本にお越しになって、家族ぐるみで日本に来ておられる。そして全国各地の神社仏閣をお参りされて、しかも神社は何とか神宮という大きな神社だけではなくて、本当に地方の地元の人でも知っているか知らないような小さい小さい石の祠《ほこら》だけのような神社にもお参りされている。

その時一緒にお参りに行っていた娘さんがこう言った。「お父さん、私たちはキリスト教徒です。クリスチャンです。その唯一絶対の神をあがめている我々が異国の神をあがめたら神の逆鱗に触れるのではないですか」。

一神教はキリスト教でもユダヤ教でも、他の神を認めません。その時に博士は、「そうではない。そういう他の存在を認めようとしない、他の存在を排斥する、撲滅する対象とする見方しかしないものの見方、思想、哲学が今の世界を世界たらしめている。この国には利他の心がある。自分を無にする武士の心がある。この国の心こそこれからの世界を救う心だ」。

そしてオリヴィエ・ジェルマント博士は日本にお越しになると鹿児島県の知覧——沖縄特攻隊の基地——に行かれた。「何よりも大切な一つしかないかけがえのない命、それを無にして他の幸せのために捧げるだけの崇高な行為を日本人の若者は敢然としてやった。この心こそ、今わがフランスの若者に伝えなければいけない。こういう崇高な利他の心、無私の心こそが今地球人類に必要なんだ」とおっしゃった。

神野　そういう広がりが出てくるといいですね。

民族自決の広がりの中で日本はどう生きる

足立　世界の心ある人たちは日本の文化、そして日本の心、思想を伝えてきた日本民族に熱い思いを寄せ期待しています。ところが本家本元の日本人が今の状態ではどうにもなりません。

でも私は思っています。諦めるのは簡単で一番楽です。しかし日本人の生きるスパンというものは自分だけを考えて生きているのではないのです。今あるのはご先祖がおられたお蔭、ご先祖の苦労が今の自分の幸せとなって花開いている。今生きている自分の責任は、この幸せを、この平和を益々高めて子孫にバトンタッチする。これが日本にとって生きるということです。

日本人にとって生きるというのは、先祖と自分と子孫という三代にわたる長いスパンを考えてきました。ところが現代日本人は今さえよければ、自分さえよければという刹那主義、自滅の道を歩んでいるのです。

神野　大事な話ですね。これを唯心論——心がすべてを決めている——とすると、お隣の中国共産党は唯物主義です。私がびっくりしたのは毛沢東が当時、戦争をして六億ぐらいの人口が半分の三億人になってもすぐに三億の人間はつくれるから心配ないと言ったそうです。これは恐ろしい言葉だと思いますがどう思いますか。

足立　国家防衛力は軍備という武器だけではなく、もう一つは経済力、それから資源が必要だと私は考えています。資源といえば多くの場合は地下資源を指しますが、人口も戦争形成能力（戦争を継続する能力）として国民の数というのは大きな資源です。これは文字通り従来の戦争においてのことです。前線があってそこでドンパチやる。今の新しい時代の戦争というのは、武器はミサイルでも大砲でもない。マシンガンでもない。我々が日常使っている飛行機でしょう。おそらくテロリストはファーストクラスなんか乗っていません。ビジネスクラスです。何十ドルかの航空券を買って飛行機を乗っ取って武器にするわけです。ですから新しい型の戦争というのは今までの武器が武器でなくなります。情報機器に関係するサイバーテロもその一つでしょう。

神野　情報機器そのものが戦争から生まれた一つの科学技術です。そしてまさに情報戦争に入っている状況で、大学のカンニングまで情報戦争の中で不正が行われるような時代です。戦争にしろ経済にしろこの情報をどう操作するか、どう生かしていくかということにおそらく世界は今躍起になっているのではないでしょうか。

足立　戦争の現場、前線というのは今までは両方ともこちらも向こうも現場はあまり見せたくないものです。ところが新しい型の戦争、テロは現場を好んで見せようとします。劇場効果というものです。九・一一のテロの場合、一番機が貿易センタービルに突っ込む。大変なことが起きたというので全世界中のカメラを向けさせておいてさらに二機目が突っ込む。そして世界中の人々にすごいことをやると印象づけます。

あの世界の警察官であり、世界の政治、軍事、経済を牛耳《ぎゅうじ》っているアメリカの本土があそこまで爆撃された経験はありませんでした。それをしかもアメリカの所有する機材、飛行機で破壊し、それをライブでたった今起きていることを全世界で見せる。これはアメリカにとっては、あるいはアングロサクソンにとって、白人にとってこれほどショックなことはありませんし、イスラムにとってこれほど効果あるショーはありません。

神野　ユダヤの宗教の中の王家といわれるフリーメーソン、クラブオブアイルズというのがあるそうですが、この集団が仕掛けて仕組んで、そして実行する。これが今まさに中東の問題で起きている民族自決運動のようです。今中東のほとんどのファッショ政治が民族自決、民主主義運動の中で崩れようとしていますけれども、この行方はどうなりますでしょうか。

足立　私はそういうことは全く予想はできませんが、ただフリーメーソンのことはいろんなことがささやかれ、言われております。

今起きている北アフリカ諸国の問題、チュニジア、エジプト、リビア、あの動きは、これもインターネットが非常に大きな力を発揮しておりますが、ああいう専制をもって国民を押さえつけ、そして国家という一つの生命体を維持するという方法論はもう古典的なものになりつつあるということではないでしょうか。

神野　本当にびっくりしました。カダフィ大佐、本当によく言うなと思いました。私が最後の血の一滴になるまで戦うと。反体制の人間がどこへ逃げたって粛清すると。恐いですね。

足立　ただああいう人達というのは、権力を手に入れた時は国民の圧倒的な支持を得たはずです。国民を押さえつけているその権力を排除して、自分がそれではいけない。俺ならこうやるぞというのでクーデターを起こした。二十歳台でしょう。その時には圧倒的な支持を得たはずです。だから四十何年間も政権の座にいたわけです。

しかしその時は支持を得たのかもしれませんけれども、それ以後世界の政治、経済の動き、そして例えば自分の国の資源である石油というものを外国に売って、その利益が自分たち国民生活にどう反映されているのか、どのように我々はその利益を受けているのかということを考えた時に、やっぱりカダフィさんのやっていることは初めはよかったけれども、結局我々は犠牲になっていると国民は思って当然です。ですからあのような国家経営方法というものは、今のような情報が瞬時に世界をめぐり、全世界の人間が自由とは何か、権利とは何かとかいうことに目覚めた時には、もう通用しなくなるということですね。

神野 その結果でしょうか。中国も今ぴりぴりしています。インターネット、携帯電話の普及率がものすごい勢いで普及している中国で、中国共産党は自分のところに飛び火してはかなわないと、そのインターネットの使用を監視しています。当面は押さえつけておくでしょうけれども、果たしてどこまで押さえこむことができるか。

いずれ中国に飛び火して、そして民族自決運動が盛り上がり、自由を我々の手にしようという運動が中国の国内で起きて、そして共産主義のソ連邦が崩壊したのと同じように、毛沢東共産党が崩壊する時期がくるのではないかと思ったりします。その結果、世界はどういうふうになるのでしょうか。

足立 日本人は、例えば旅行業者にしてもテレビの宣伝で事あるたびに中国三千年の歴史とか中国五千年の歴史とか言っていますが、あれは真っ赤なウソですね。

中国大陸の黄河という大きな流れに世界の四大文明が発祥したというのは間違いありません。しかしそれ以来ずっと三千年も五千年にもわたって中国に同じ統一国家が継続してあったわけではありません。何百という国家が興り、滅び、また興り、現在の中華人民共和国もそうです。

わが国が日露戦争で得た大陸の権利を排除し、そして自分たちの利益を回復させろというので毛沢東率いる中国共産党と、蒋介石の国民党がにわかに手を組んで日本を排除する戦いを仕掛けてきた。

そして大東亜戦争で日本が負けてから大陸内で中国共産党と蒋介石率いる国民党との間に内戦が起きて、結果としては蒋介石が台湾に逃げて、毛沢東が中華人民共和国をつくった。昭和二十二年、戦後です。

神野　そういう意味からすれば歴史は浅いですね。

足立　中国大陸の国家の歴史というのは、漢は比較的長く続いたほうでして、次から次からと易姓革命があった国ですから、何百年も続いていたためしがないのです。今の中華人民共和国は一説には北京政府とも言われて、中華人民共和国が抑えている地域はあの広い中国大陸のほんの一部でしょう。

神野　おそらく民主化の火がつく時期は間もなくではないかなという感じがします。その時に我々日本人は日本をどう守っていけばいいのか。先程から話も出ていますが、利他の心と武士道が国を救うのではないかと私は思っているのですが、何よりトップが変わらないといけない。国を憂うる為政者が現われ国民を盛り上げていかなければできないと思うのです。

組織は指導者ですべて決まります。今回私は、指導者、為政者に命をかけて政治に取り組め、仕事に取り組め、国家の安全と防衛のために取り組めということを、訴えたいと考え、本書『日本国家再生の経営維新』を企画しました。

最後に先生に精神的な面で話を聞いたことを、総括的に為政者といわれる政治家、官僚に一言極めつけの話があればお伺いしたいのですが。

為政者よ官僚を使う力量を持て

足立　私は国家経営の哲学がしっかり堅持されている時には政治家はいなくても優秀な官僚がいれば国家は十分経営できると思っています。しかし国家経営の哲学が失われている時には、これこそ優秀な政治家が必要になります。優秀な政治家が明確な国家経営哲学をもって国民を正しくリードしていかなければならないからです。

今こそその時ですけれども、国家経営の哲学を持たない政治家、政党は文字通り私利私欲、官僚も私利私欲に走ります。まさに現在の日本国は自滅の道を歩んでいるとしか言いようがありません。

しかし政治家のすべてがダメかというとそうでもない。現在の混迷の原因はひとえに自民党の堕落にあります。しかし自民党にもいい政治家はいるし、それから亡国政党とあえて言いますが、その民主党（現民進党）にも心ある政治家はいます。そういうことを考えれば、もう一度か二度、大きな政界再編があってしかるべきです。

しかし、今の政治家はそんなことを考えません。自分さえよければいいという壊し屋がいるだけです。私は政界再編の流れを作るには、国民がもっと賢くならなければならないと思っています。内政に関しても外交に関しても国民が傍観的な見方をするのではなくして、すべて自分自身の問題として政治の動きを注視する。政治家を監視するのです。そして心ある政治家を育てていかなくてはなりません。

それともう一つは、中国にGDPを抜かれたとはいえ、中国の人口比であれば中国のGDPはまだ世界の三位以下です。だから恐くもありませんけれども、日本の企業人が明確な、今自分が商売をしておれるのは一体何のお陰かということを真剣に考え、責任を持って仕事をしてもらわないと困ります。国家に対するその責任感をまるで感じません。儲かればいい、安くできればいいと思っている。

神野　今のところはそうですね。

足立　それでもって韓国、マレーシア、台湾、ベトナム、東アジア諸国、そして中国にも出て工場を作ってきました。今中国の奥のほうでは日本が作った工場はどんどん取られているということではないですか。接収されているわけです。

技術を盗まれ、物を盗まれ、私に言わせれば日本の経済人こそ売国奴です。こんな経済人が日本を牛耳っている限り、日本はよくなりませんよ。

神野　まさに極め付けの言葉ですね。そうすると先生は経済人こそ国家のことを考え、国家を動かす企業集団として責任をもって、傍観者から決別すべきであるとこういうことですね。

私もたかが税理士、されど税理士と自負していますが、税金というのは国の要、政治の要であり、国家の背骨だということで財政も税制も見てきました。

その中で地方財政が国家財政を食っていることも見えてきました。地方財政を監査し使い道をしっかりと見極める必要があります。同時に無駄な使い方は止めさせ、国家財政を支えるためにも地方財政から優先的に勇猛果敢に改革していかなければならないと思っています。

国は今、四十兆円（現在は約五十兆円）の収入で九十兆円（現在は約一〇〇兆円）も使っているわけですから、もつわけがありません。半分にすれば何とか回っていきます。

それをしっかりと認識した上で、経済成長政策をやる経済人、傍観者から決別し売国奴でない国を思う経済人、本当に国をリードするような国家観を持った経済人の誕生を期待するために、我々会計事務所、税理士がなせることは、国家を支える企業、中小企業、零細企業を含めて、それぞれが納税者（タックスペイヤー）であるという意識を高めることにあると思っています。国の国家予算は、我々が共同で負担しているという認識が国家観につながってくると思うのです。

タックスペイヤーとして税金を払っていると誇りを持つためには、今の赤字から脱却して黒字会社にして堂々と税金を納めて国をノックし堂々と意見を言う。そして企業が売国奴になるのではなく、国を支える力強い国家の宝になるべきだと思っています。

足立　タックスペイヤーとおっしゃいましたけれども、日本の企業で今タックスペイヤーとして存在している企業は一体どれぐらいありますか。法人税免除されているのが半分以上でしょう。

神野　免除というよりも金を払ってない赤字会社が七割以上あります。

足立　そうでしょう。決して日本の企業はタックスペイヤーではないですよ。

神野　消費税は消費者から取って払っています。

足立　消費者がタックスペイヤーですね。私は日本の経済において、株が国際化したことに関して非常に由々しき自体がきたなと思いました。株が国際化したということは、それだけ日本企業が強いと言えないことはないでしょうが、それだけではすまない問題があります。

これはアメリカが仕掛けた罠に入り込んだといえばそうですが、日本の経営者が社員よりも株主を大事にするようになりました。それは社員に対する、もっと言えば国家に対する背信行為だと思います。日本の経営者は社員を大切にする。そして会社と社長と社員は家族である。そこで会社に対する忠誠心を高め、そしてその代わり一生懸命やってくれたら一生保障するよという終身雇用が形づくられ、競争力のある品質のいいものをいっぱい作ってきました。

それをやめて、社員よりも株主の顔色を見るようになって、いかに多く配当を株主にするかに気を配っています。実際売上げは上がっていないのに正社員を減らして派遣社員にして人件費を浮かして、これだけ利潤が浮きましたとごまかし、株主にいい顔をする。それこそ国民に対する裏切り背信行為ではないですか。

神野　おっしゃるとおりで、上場会社、大企業は、日本で物を作ったり販売したりということに限界を感じてアジアや中国のほうに出かけたわけです。しかしそれは社員と社員の家族を守るための経営になっておらず国家的な反逆と言えます。そして技術を盗まれたり、物を取られたり、金を失ったりしています。まさに売国奴的行為のつけが回ってきています。

そこで企業人としての役割をもう一度自らに問い直す時期にきていると思うのです。政官財一致して国を挙げて国際化の競争力の中で日本の将来を孫子の代まで続くような経済社会を作っていかなければなりません。日本国家再生の経営維新は、為政者にも企業家にも、そして国民にもその役割がありそれぞれが自ら襟を正す必要があります。今日、先生の話を聞いてすっきりした感じがします。

足立　それから政治家は所詮素人ですから、行政のプロである官僚をもっと育てて、官僚にプライドを持たせて仕事をさせなければダメですよ。

神野　使いこなすということですね。

足立　今の政治家は官僚から政治を奪えるはずがないです。官僚よりも経験、知識、学識を持っていれば別です。官僚の足元にも及ばない政治家が、官僚から政治を取り戻すことはできません。

神野　それは政官財癒着ではなくて、政官財協力で立派な国を作る為政者であれということだと思います。それを「みんなの党」の渡辺喜美代表が明確に言っています。政治家は官僚を政治主導すると言うけれども、実態をみたらそんなことは言えない。厚生政務官でも金融政務官でも専門部署の官僚が六十人から七十人もいるそうです。

足立　わが国の衆議院議員の公設秘書は三人ですね。これが私は政治の貧困だと思います。アメリカの公設秘書は二十人か三十人ついています。

神野　渡辺さんは公設秘書じゃなくて官僚秘書を二十人集めたそうです。

足立　アメリカの上院でも下院でも、なぜ彼らは内政に関しても外交に関しても実に的確な指摘ができるかというと、国設秘書としての二十人、三十人というスタッフを国が抱えさせてくれるからです。

神野　政治家の本来の姿も見えてきました。官僚を使いこなすだけの志と使命感を持った為政者でなければならない。そして経営者は国家観を持って経営を行い、国民は政治家を監視する。いずれにしろ、日本の将来は私達一人ひとりの生き方にかかってきているということですね。

先生、今日はどうもありがとうございました。

（平成二十三年三月二日）

（前書で掲載した対談です。大切な内容なので再掲載しました）

そのV

歴史家が訴える『武』の心を取り戻し、今の日本を洗濯し再生せよ

外交評論家　加瀬英明先生

縄文時代から和の心があった日本人

神野　先生、本日はありがとうございます。私は民主党政権時代に〝日本はこのままでは潰れてしまう〟との危機感から『中小企業経営者に学ぶ日本再生の経営維新』を出版しました。幸い安倍政権が誕生し、本来あるべき日本の姿を取り戻すため、安倍総理はまさに命を懸けて戦っていると思うのですが、日本の現状は、まだまだ国家を危うくする危機から脱しているとは言えません。多くの政治家、マスコミ、そして国民も、日本を守ろうとする意識が本当にあるのかどうかと疑問を感じてしまうからです。

日本人が日本人となるために、日本が国家として当たり前の国になるためにどうすれば良いのか。

先生からいろいろとご指導を賜りたいと思います。宜しくお願い致します。

加瀬　こちらこそ宜しくお願い致します。本日は楽しみにお待ちしておりました。最近、東芝の粉飾決算が話題になっています。外国の有力ジャーナリストと話をしていたら、このような粉飾決算事件は、エンロンをはじめとして、アメリカや、ヨーロッパでは珍しくない。ところが、欧米では経営者が、かならず私腹を肥やしているのに、東芝は違った。横領もしないで――ただ経団連の会長になりたいということらしいですが――なぜ粉飾決算をしたのか、わからないと言っていました。

神野　逆粉飾決算なんです。普通は黒字会社が脱税を思考しながら配当を押さえて、そして自分の懐にいれようと思ってやるわけです。東芝の場合は赤字で何とか黒字にしてくれという粉飾決算です。資本の回転率や在庫の回転率、売上高利益率や総資本利益率などを調べて見れば嘘だということがすぐにわかります。結局、名誉欲なんです。

加瀬　欧米に比べれば給与が少ないのに、今回の東芝事件では横領をしていない。名誉欲に駆られて悪さをした。会長の座に留まりたいとか、世界から見たら、不思議な民族だとなるわけです。

神野　あれだけの会社だから黒字だろうと思っている。それをいいことにして、黒字会社にみせて決算していたわけです。赤字ですから、自分の地位を保てても、一銭も自分の懐に入れることはできません。

加瀬　いかにも日本人らしいんですが、外人にすれば理解できないんですね。

神野　たしかに日本人的だと思いますが、我々会計人にとっては許せないことです。潔く退職すべきです。

ありますからね。

加瀬　日本人は名誉心が強くて、見栄を大切にするから、「武士は食わねど高楊枝」という言葉も

神野　高楊枝が折れたままではいけません。外国人から見たら、そういう不思議な民族に見える日本人というのは、やはり長い歴史の中で出来上がってきたものでしょうか。

加瀬　おっしゃる通りです。日本は独特な国です。縄文時代（約二千三百年以前）の遺跡からそれを知ることができます。遺跡の中から戦いによって傷ついた骨がほとんど出土しません。世界から見ると、たいへんに珍しいことです。

神野　それは何を意味していますか。

加瀬　すでに、和の心があって、縄文時代のおよそ一万年にわたって争いが少なかったということです。いま世界の目が、日本の縄文時代に注がれています。

神野　そういうことですか。

加瀬　青森に三内丸山遺跡がありますが、あそこからも武器が出てきていません。十五メートルの高さの高層建築を造っていますから、それだけの技術があったと言えます。

神野　争いがなく平和的に暮していたということですね。

加瀬　縄文時代から日本には、外の世界にはなかった、和の心があった。最近はイギリスや外国の調査団が来て、発掘に参加していますが、縄文時代は、世界的にいって素晴らしい時代であったと言っています。縄文尺という、長さの単位もあった。固い翡翠の加工技術を、あの当時から持っていたのは、マヤ文明と日本だけだそうです。

神野　それは世界に冠たる歴史ですね。
加瀬　そうです。左翼学者が、日本は中国文化圏に属していて、そこから日本の文化が派生したと、日本を軽んじて言っていますが、全然あたっていません。
神野　そうですよね。それを聞いて安心しました。

普通の国・日本になることを阻害しているのは日本国憲法

神野　外国人から見たら不思議な日本人ということですが、安保法案では、国を考えない日本人ばかりが目立つような報道が気になりました。大きな問題だと思います。
加瀬　今の日本を悪くしている根底は、何といっても日本国憲法ですね。占領軍から国際法に違反して押し付けられたものです。憲法を装った、不平等条約ですよ。
神野　やはりそうですか。
加瀬　私は新しい歴史教科書を作る運動の中心メンバーの一人ですが、日本のどの歴史教科書をとっても、「日本は先の戦争で無条件降伏した」と書いています。ポツダム宣言を受諾して降伏しているわけですから、無条件降伏というのは間違っています。
　ポツダム宣言には日本が降伏するに当たって、いろんな条件が列挙されているわけですが、その五に「我ら（戦勝国）は右の条件から絶対に逸脱しない」と誓約しています。そして十三項として「我らは日本国政府がただちに日本国軍隊の無条件降伏を宣言し……」と書いてありますから、軍隊だけが無条件降伏して、国家としては条件付き降伏なんです。ところが日本軍が武装解除してしまうと、マッカーサーが日本が無条件降伏したというふうに、すり換えてしまった。

日本政府は、それはおかしいと言って抗議しますが、それならば天皇の一身上の安全を保障できないと脅かすので、涙を呑んで仕方なく受け入れたわけです。降伏文書は国際条約の一つですから、それを守らないのは、条約の重大な違反ということになります。

神野　日本は戦争に負けて、何も言えなかったということですね。

加瀬　言論の自由もそうです。ポツダム宣言には言論の自由を認めると書いてありますが、昭和二十七年に、日本が主権を回復するまで言論の自由はありません。江藤淳さんの『閉された言語空間―占領軍の検閲と戦後日本』（文春文庫）を読むと、検閲の実態がよくわかります。ポツダム宣言には、言論の自由を保障すると書いてあるんですよ。詐欺です。

神野　そうした国際法違反の憲法を、なぜ日本人はここまで受け入れてきたのでしょう。

加瀬　占領軍の徹底した施策と喧伝もありますが、日本人の気質が大きく関係していると言えます。宗教という言葉がありますが、もともと日本語の中に存在しませんでした。明治になってから「レリジョン」という外国語の言葉が入ってきて、それを宗教という訳語を新しく造って訳したものです。徳川時代には、宗門、宗派、宗旨という言葉はありましたが宗教はなかった。日本の場合は、宗派が違ってもお互いに殺し合ったりはしなかった。仏教が入ってきても神仏習合、神道と仏教が一緒になったことからもわかります。これは日本人が、他の考え方に対して寛容で、警戒をしないし、拒むことをしないということです。他者を異端だと言って殺したり、排除もしないわけです。逆にキリシタンが入ってくると信長、秀吉は貿易に役立つと思い最初は大歓迎しました。

ところがザビエル以下の宣教師が日本に信者を作って、信者を煽動して神社仏閣を破壊させる。神主や坊さんを虐殺するとか、もっと酷いのは二十万人以上の若い男女を捕えて、奴隷として海外に売って金を懐に入れていた。秀吉が怒ってキリスト教を禁じるわけです。家康になって、絵踏みを行って処刑するわけですが、その数およそ三〇〇〇人です。少ないですね。ヨーロッパではカソリックとプロテスタントの間で宗教戦争を三〇〇年も戦って大陸を荒廃させました。異端審問も行って、三十万人以上を火焙りの刑に処した。そのわけは〝非寛容〟ということです。

いま中東では、スンニー派とシーア派のイスラム教の二大宗派がイラク、シリアなどを舞台にして殺し合っています。シリアは二〇〇〇万人の人口ですが、すでに内戦で三十万人は死んでいます。人口の半分が国外に出て多くの者がヨーロッパに殺到しています。

日本は、外国から入ってきた違う考えのものでも〝寛容の精神〟で警戒心なく受け入れる。だから日本をアメリカの属国とする意図で、国家を否定し、軍事を嫌い、何事についても個人を優先させる新憲法を警戒せずに受け入れてしまったということです。

合議制には国家を支える共通の意識があった

加瀬　指導者という言葉も、明治に入るまでは、日本語の中に存在しませんでした。明治になってからリーダーという言葉が入ってきて、それを指導者と訳したわけです。日本神話の中に天《あめ》の岩屋戸《いわやと》の話が出てきます。他国の神話の最高神は男性神ですが、日本の最高神は天照大御神で女性神です。天照大御神は、弟の神である素戔嗚命《すさのおのみこと》が暴れたことに御機嫌を損ね、天の岩屋戸に姿を隠して閉じこもってしまいます。太陽の神様がお隠れになったわけですから、全世界が真っ暗になってしまいました。そこで八百万の神々が天の岩屋戸の前に集り、どうしたら天照大御神に出てきてもらえるかを相談します。それを古事記では「神謀《かんばか》る」と書いています。

そして長鳴鳥《ながなきどり》を鳴かせたりしますが、天照大御神は出てきません。それでかがり火を焚き天鈿女命《あめのうずめのみこと》が裸で踊りだすと、集まった神様は大いに喜んで笑いどんどんにぎやかになる。何事だろうと天照大御神が半身を乗り出して見ようとするその時に、天手力男神《あめのたぢからおのかみ》が岩戸を開いて世が明るくなります。それで目出度し目出度しとなるわけですが、この物語は、きわめて日本らしい。他国であれば、独裁する神が必ずいるのに対して、日本は神々のなかに指導者がまったくいない。日本は古《いにしえ》より、合議制の国なのです。

もう一つ。七世紀に入って推古十二年（西暦六〇四年）ですが、聖徳太子が十七条の憲法を発布します。一条の「和を以《もっ》て貴《とうと》となし」から始まって、十条には「自分だけが、賢いと思ってはならない。人にはそれぞれの思いや、考えがある」とあり、最後の十七条には「重要なことを、ひとりで決めてはならない。全員で、良く相談しなさい」と書いています。これは世界最古の民主憲法です。日本に独裁がなかった。指導者もいない。日本は常に合議制なんです。

神野　神代の時代から日本は、合議制の国だったということがわかりました。先生のお話しを聞きながら、現代の日本人と大きく違うことがあることに気づきました。神様が集って太陽の神様である天照大御神にお出まし頂く。また国家のためにみんなの意見を聞いて、よりよい方向を見い出していく。その合議制がなぜできたかというと、そこに集まった神々や人々が、自分は国家なり全体を支える一人であるという自覚が常にあったのではないかということです。それが「やまと心」ではないでしょうか。もし国家を考えない国民が合議制でやれば、国は潰れてしまいます。それが現代の日本という感じがしてなりません。

「サーヴィス」ではなく「おもてなし」が日本人の心

神野　最近は、寄らば大樹の陰、楽をして生きようとする人間が多くなっているような気がします。自分さえよければよい、周りの人のことは関係ないという人。また、社会のことなど知るかい、悪いのは全部他人のせい、権利だけを主張し義務を果たそうとしない人。こんなことでは、家庭でも、会社でも、そして国家でも成り立たなくなると思いますが、なぜそのような日本人が多くなっているのでしょうか。

加瀬　日本人が日本人らしさを失っているということですね。最近、三井不動産レジデンシャルが販売した横浜市の大型マンションが傾いた問題が起こりました。また、免震ゴム事業で大規模なデータの改ざんがあったばかりの東洋ゴム工業で、防振ゴム事業でも新たに不正行為が見つかりました。日本人が心を無くした証拠です。

今年（平成二十七年）は日本に来る観光客が二〇〇〇万人を超えると言われています。日本には

「おもてなし」という言葉があります。これは、世界で日本だけのものです。おもてなしというのは、お客さんが口には出さなくても、こういうことを欲しているのだろうと察してあげる行為です。外国人にはない行為なので、驚きと感動が生まれます。

これはサーヴィスとは、まるで違います。サーヴィスは、コーヒーが飲みたいとか、部屋を掃除してほしいとか、こちらから言葉に出して頼んで、その要求に応じて行うものです。当然ながら代価が伴います。それがチップです。しかしおもてなしは、チップなどは要求しません。こうした相手を思い遣る日本人らしい心を失っていることが、おかしな日本人を作っているわけです。

神野　なるほど。安保法案をめぐっては、国を考えない日本人をマスコミが平気でよいしょする。真っ当に生きる人間が、逆におかしいような世論もありました。それは為政者のせいなのか。我々国民のせいなのか。それとも他に理由はあるのでしょうか。

加瀬　誰よりも責任を持たなければならないのは、自民党だと思います。日本が昭和二十七年に、サンフランシスコ講和条約によって主権を回復して、今日までもっとも長く政権を担当していたのは自民党です。党是として掲げてきた憲法改正だってやっていません。安倍政権になって、ようやく光が見えて来た。

神野　私もそう思っています。

加瀬　民主党（現民進党）が悪いといいますが、自民党と比べれば、ほんのごく短い時間でした。

神野　マスコミが煽り立てたこともあって、民主党に一度やらせてみようという国民の安易きわまりない気持ちがあったように思います。

加瀬　その通りですね。

神野　能力がない政党に国の運命を任せることは、絶対にしてはいけない。私はこれでは国が潰れると思いました。現実、民主党政権が誕生し、国家を大切にしない、まさに国を滅ぼすようなことをやりました。現在問題になっている沖縄の基地問題、尖閣問題もそうです。外国人参政権問題もありました。政治をオモチャにした国家は滅びます。まさに民主党政権の誕生は、国民が政治をもてあそんだ結果だと思います。政治の大事さを知ったはずなんですが、安保法案では相変わらず国を潰すような報道が目立ちました。

武の精神を完全に否定したことが日本を悪くしている

神野　まだまだ日本人は、全体的に政治意識が希薄のように思います。政治の重要な役割は国家国民の生命と財産を守り、国土を守ることです。すなわち政治は国の運命を握っているわけです。そうした大事な政治と、日本人はどう向き合っていくべきでしょうか。国際政治からみた国家、国民のあり方をお教え頂ければと思います。

加瀬　政治に関心が薄くなっている一番の問題は、先の敗戦以後、武を否定してしまったことにあると思います。武とは武士の武です。昔は武士が政治を司り、社会の平和や国家の安全を守っていました。武を疎かにすると、社会が乱れることにつながってゆきます。

神野　武士道の武ですね。『武士道』を書いた新渡戸稲造氏は、その著書の中で八つの徳目「義、勇、仁、礼、誠、名誉、忠義」を挙げています。武の精神をなくすということは、これらの徳目もなくしてしまいます。私は武道家として、常に武の心を大切にして仕事をしています。

加瀬　武道は何をされていられますか。

神野　柔道です。柔道六段です。

加瀬　私は空手五段です。

神野　それは恐れ入りました。

加瀬　江戸時代は約二六〇年続いています。その間、一回も戦乱がないわけです。唯一あったのはキリシタンの島原の乱で、それ以外ありません。これは世界史に全く例がありません。それなのに、いわゆる〝平和ボケ〟をしなかった。

神野　なるほど。そういう話は初めて聞きます。

加瀬　ということは、日本国民は、片時も武の精神を忘れなかったということです。

神野　それこそ本来あるべき日本人としての姿ですね。

加瀬　これは武士ですけれども、明治に入ってから明治三年に初めて国勢調査が行われた時に、武士とその家族は八％弱です。武士が毎日、有事に備えて武の技を磨き、武の精神を忘れず鍛錬していました。吉田松陰とか坂本龍馬とか、下級武士たちが日本を救ったわけです。

安保法案の問題で、法案成立に反対する集団が国会の周りを取り囲んでいました。事務所が近くなのでよく通りましたが、「日本は戦争しないと誓った国」とか「平和を守れ」というような幟（のぼり）を立てていました。もし仮に、幕末にペルリが黒船を率いてやって来たときに、浦賀の海岸に、日本国民のなかの不心得者が「日本は戦争をしない国と誓った」とか「平和に徹せよ」とかいうアホな幟を持って現れたとしたら、日本はたちまちアメリカによって占領されてしまったでしょう。

神野 それが世界の歴史的現実ですからね。

加瀬 アメリカがフィリピンをスペインから奪って植民地にしたのは十九世紀末ですが、アメリカははじめフィリピンの独立を応援すると偽って独立運動を支援するのですが、その後、アメリカは独立を認めず四十万人以上を虐殺しています。

神野 そうやって植民地にしていったんですね。

加瀬 ですから不心得者が「日本は平和を誓った国」といった幟を立てて出迎えたとすれば、ペルリの応援部隊も来たでしょうから、日本人が数百万人は虐殺されていたことでしょう。他の西洋の列強も、日本に躍りかかったでしょう。

神野 そういう歴史も現在の日本人は、ほとんど知らないし危機感もありません。

加瀬 今年は日清戦争の一二〇年目、日露戦争の一一〇年目です。日清、日露は大変な国難でしたが、あの時に「日本は戦争をしないと誓った国」と言っていたら、今頃日本はチベットか新疆ウイグルか、それともロシアの領土になっていたでしょう。

神野 属国になっていましたね。

加瀬 戦後、日本人が武の精神を完全に否定してしまった。そのことが日本をおかしくしてしまったのです。

〝平和ボケ〟ではなく〝保護ボケ〟

加瀬　日本人はよく〝平和ボケ〟と言いますが、実はそうではない、と私は考えています。

神野　それは、どういうことですか。

加瀬　昭和二十七（一九五二）年に日本が主権を回復した時は、東西冷戦の真っ最中でソ連の脅威が重くのしかかっていました。

神野　そうですね。

加瀬　それから一九九一（平成三）年に、ソ連が解体したと思ったら、御承知のように、中国の脅威がかわって現れる。ですから、第二次大戦後、日本の周辺が平和であったことは、片時もないわけです。

神野　本当にそうですね。

加瀬　そこで、日本の周りがずっと一貫して平和だったら〝平和ボケ〟になるのも、当たり前のことですが、これはアメリカ（外国）に、日本の独立というと、国防を丸投げして、アメリカによる保護に慣れてしまった〝保護ボケ〟なんです。

神野　〝保護ボケ〟ですか。そう言われると全くその通りです。

加瀬　〝保護ボケ〟によって、武の精神を忘れてしまったわけです。

神野　この〝保護ボケ〟をどう克服していけばよいのでしょうか。

加瀬　憲法を正すことが第一ですが、現実的に日本の現状では、まだまだ難しいでしょう。〝保護ボケ〟の国民に、憲法の改正を問う国民投票を行ったとしたら、今のままでは、おそらく護憲派の方が勝つでしょう。

神野　その可能性が高いですね。

加瀬　だから私は、軽々しく国民投票はしてはいけないと言っています。今の憲法を国民は一度も承諾していません。もし護憲派が勝てば、マッカーサーが押しつけたお粗末な即席憲法を国民が承認したことになってしまいます。

神野　そうさせてはいけない。

加瀬　では何をやったらよいのか。今年（平成二十七年）天皇皇后両陛下がパラオに行幸啓されました。パラオが日本の統治下に入ったのは一九二〇（大正九）年、第一次世界大戦でドイツが破れ、日本が国際連盟から委託統治を任されたことから始まります。その二十四年後にパラオは、先の戦争の激戦地になりました。

ペリリュー島の我が部隊は玉砕しましたが、その前に島民を全員避難させています。島にあった島民の家はすべて破壊されました。アメリカ軍によって他の島も爆撃されていますので、島民もかなり犠牲になっています。それにもかかわらず、両陛下がお出ましになったら、歓迎の日の丸の小旗の美しい波でした。

どうしてかというと、パラオ諸島は最初スペインが統治し、それをドイツが引き継ぎ、そして日本の統治になったわけですが、スペイン、ドイツは島民を虐殺して奴隷のごとくこき使いました。

ところが日本が統治すると、島民を対等に扱って、島民を感激させる。まず小学校を造る、病院を造る、なんと専門学校まで造っています。

神野　日本のやり方は、西洋の植民地政策とは決定的に違うところですね。

加瀬　現地の人を差別しないで対等に付き合うわけです。日本は古事記の時代から人種差別のない民族です。あれだけ大きな戦争の被害に遭ってもパラオの人々は日本が大好き、それが日の丸の旗の波になるわけです。

神野　よくわかります。そのような先人が築いた誇りある日本の歴史を、日本人はもっと学ぶべきですね。そうすれば、日本人らしい日本人が増えてくると思います。

自衛隊に天皇旗を与え、普通の軍隊の呼称に戻す

加瀬　ところが大変恥かしいことが起こった。

神野　なんでしょうか。

加瀬　両陛下は海上保安庁の巡視船「あきつしま」に、お泊りになりました。おかしいと思いませんか。外国では、「日本の天皇は自分の国のネイビーを信用しないのか」ということになります。外国は国王でも大統領でも、自国の軍艦に泊まります。軍艦の方がはるかにセキュリティも高い。それなのに、なぜ巡視船にお泊りになられたか。それは、我が自衛隊には総理大臣旗はありますが、天皇旗がないからです。日本国憲法は、天皇は国民の象徴であるとして定められているのに、自衛

隊には天皇旗がないのです。要するに、武を嫌っているからです。

ですから自衛隊の階級の呼称も軍隊のように大尉とか大佐は使えない。一尉とか一佐とか、小林一佐では、俳人のようです。（笑）歩兵は普通科、砲兵は特科です。兵の字が、タブーです。さらに、作戦という言葉も使ってはいけない。見積りです。戦闘をしないからだと言っていますが、それはウソです。自衛隊は戦うためにあるのです。

神野 見積りですか。何のことか全くわかりませんね。武を嫌うことで、どこの国でも当然の軍隊なのに、それを嫌って、国防意識まで失ってしまっている。それだけでなく安保法案に反対した人達は、平和と唱えさえすれば平和が保たれるかのように思っている。自衛もしないでいいというわけです。世界の常識から見れば、まさに滑稽です。

加瀬 世界中で、その国の将校や兵隊が軍服を着て歩いていない首都は、東京だけです。ワシントンや北京やソウルや台北や、ニューデリーでも、インドネシアでも、その国の軍人が当然のように軍服を着て歩いています。

神野 それだけ軍人が国民に認められているということですね。

加瀬 日本の場合、防衛省で私服に着替え外に出るわけです。異常な国だと思いませんか。憲法を改正するのが難しいなら、まず自衛隊に天皇旗を与え、呼称を普通の軍隊の呼称に戻すことです。

神野 自衛隊員もサラリーマンになっているという話は聞いたことはありますが、もっと堂々と自衛隊員であることに誇りが持てるようにしていかなければなりませんね。

加瀬　外国では、映画館やスポーツ観戦では兵隊に割引があります。

神野　いざという時には戦うわけですから、そのくらいのことはしてもいいですね。

加瀬　呼称においても、自衛隊を国民から浮き上がらせた状態にしているわけです。

神野　やはりそれは政治のなせるわざなのでしょうか。

加瀬　占領政策に見事にはまり、アメリカの享楽文化の悪い面だけを真似をしてしまった。

神野　占領下で行なわれた3S（スポーツ、スクリーン、セックス）政策ですね。

加瀬　そうした影響で日本から、男らしい男が極端に少なくなりました。最近では、女性が神輿を担《かつ》いだり、和太鼓を打ったりしています。これは、男の力の象徴でした。男らしい男がいなくなったから、女らしい女が日本からいなくなったのです。

命を懸け国を守ることは神聖な役割

神野　男らしさというと、やはり武士道精神の復活が必要ですね。佐々木将人先生が「武士道が国を救う」と言っていましたが、まさに名言だと思います。

加瀬　その通りですね。安倍内閣になって平成二十四（二〇一二）年四月から中学校の体育で男女共に武道が正課になりました（柔道、剣道、相撲から選択）。それはまことに結構なことですが、ただ、私が思うに、神棚がなくて、やっていいですかということです。私たちは、神棚に向って一礼をして道場に立つものです。

神野　『武道』は礼に始まり礼に終わる」と教えられてきました。

加瀬　柔道をやっておられたということですが、講道館に神棚がないことはご存知ですか。

神野　はい。神道が一宗教であるということが理由のようです。

加瀬　まさに戦後思想に侵された考えですね。道場に入る時に礼をするのは、単にお辞儀をすればいいのでありません。武の文字にはいろいろ解釈はありますが、武を以て戦いを未然に防止する、国を守るという意味があります。江戸時代、片時も武の精神を忘れていなかったことに通じます。命を懸けること、国を守ることは神聖な役割ですから、神棚を置き、その心を忘れないように礼をして、道場に立つわけです。

神野　それが愛国心や公徳心に繋がっていくわけですね。

加瀬　そうです。道衣の色の問題もおかしいですね。白を貫くべきでした。色を付けるなら、日本はオリンピックに出ないと言うくらい、言うべきです。

神野　賛成です。技が技になっていない。レスリングのようになっている。政治家でもリーダーでもそういうことをはっきり言う人が少なくなっている。ならぬものはならん、と言うべき時には言わなくてはダメですね。

加瀬　そうです。本当に筋を通してはっきり言う人間が少なくなっています。男らしい男を取り戻すためにも、武の心、精神を忘れないことですね。

日本が軍国主義を選ばなければ日清戦争、日露戦争は負けていた

神野　日本を良くするには、政治から直さなければならないと思うのですが、安倍政権で集団的自衛権の行使が可能になりました。私は、武士道を踏まえて日本人が自信と誇りを持つ国家づくり、国民づくりを安倍政権に託そうと思っています。

加瀬　安倍さんのもとで、日本が良くなっています。しかし政治は世論が作っていますので、安倍さんがやろうと思っても出来ないことが、沢山あるわけです。例えば、文部科学省の官僚はおかしな人達が、まだまだ支配しています。

マッカーサーが朝鮮戦争でクビになって、ワシントンに帰ってから、アメリカの上院外交委員会で「この前の戦争で日本は自衛戦争を戦った」と証言しています。これが教科書には載っていない。いや、載せることができない。載せると、検定を通しませんと言われてしまう。官僚が戦後思想に染まったままに、なっているわけです。

神野　そういうところも変えていかなければなりませんが、具体的にどう進めていったらよいでしょうか。

加瀬　自衛隊のあり方を変えるだけでも、国民精神は大いに改まると思います。

神野　先生は〝保護ボケ〟と言われましたが、危機感のない危機が一番怖いと思うのです。自覚症状がないわけですから突然死がやってくることになります。

加瀬　ガンに罹っているのに何も手を打たず、突然、ステージ４と言われて、お陀仏になるのと大

変似ています。

神野　それを止めるのは、どうしたらいいでしょうか。

加瀬　私は、憲法を改正することが必要と思いますが、それができなければ、先ほども話をしたように、武の精神を取り戻すことです。

神野　やっぱりそうですか。佐々木将人先生は、私が日本の将来を心配すると「神野君、大丈夫だ」と言われた。「どうしてですか」と聞くと「心配しなくていい。武士道が国を救う」との返事。すかさず「いつですか」と聞くと「その時だ」と言われて、武士道精神の復活が日本を救うとの信念を持っておられました。

加瀬　武の精神を取り戻せば、憲法を改正しなくても、日本は大きく変りますよ。あれもやりたい、これもやりたいと言っても、できません。まず、武の精神を取り戻すことです。

神野　大賛成ですね。

加瀬　例えば、前にも述べたように自衛隊に天皇旗を授ける。自衛隊のおかしな呼称を改める。自衛官は制服で胸を張って歩く。映画館、野球、サッカーなどの入場料を安くする。学校において、子供達に制服を着た自衛官に、敬意を払うように教える。

神野　子供達に教えるのはいいですね。

加瀬　それから、軍国主義は悪かったと言いますが、よかったことが多いんです。もし日本が軍国主義をとらなかったとしたら、日清戦争も、日露戦争も負けていたでしょう。軍国主義を悪いと言う教員は、辞めたらいい。

神野　国を守るのは、いい悪いではなく、当たり前のことです。家庭を守るのは親父の責任、会社を守るのは社長の責任、国家を守るのは軍人、それを尊敬できるようにしなければなりませんね。

加瀬　学校教育で、日本が明治に開国してから、軍国主義をとる必要があったことを、事実として教えるべきです。

神野　安保法案に反対した人達は、軍国主義＝悪というレッテルを貼り、戦前に戻ると盛んに言っていました。それは違う。安保法案は、自衛ができる当たり前の国になることだということだと言っても理解しようとしない。

加瀬　戦前のよいところには、戻るべきです。また八月十五日、敗戦の記念日で大騒ぎするのは止めて欲しいと思っています。どうして負けた日に、大騒ぎしなければならないのですか。もっと他の日にやるべきです。例えば日本が主権を回復した日でもいいですね。天皇皇后両陛下にお出まし頂いて、未来に向かう式典を行うのです。

流転する社会背景に合わせて憲法を改正する

神野　憲法改正についてですが、ドイツやフランスは毎年とは言わないけれども憲法を何回も改正しています。日本の為政者は、それをもっと声を大にして言うべきです。大事な点は、国があって憲法があるのであって、憲法があって国があるのではありません。安保法案反対者は、憲法を守って国潰すということをやっていると思います。

加瀬　おっしゃる通りです。

神野　法律とか制度というのは、できた瞬間に固定する。しかしそれを生み出した社会背景は流転する。という教えがあります。間違いなく日本を取り巻く社会背景は変わっています。であるならば憲法を変えていかなければならないはずです。政治家も憲法学者も、そして国民もそういう考えに切替えていかないと、まさに憲法を守って国潰れるということになりかねません。

加瀬　日本国憲法を読んだら、自衛隊は違憲です。国を守る視点に立って、当然、憲法を改正すべきです。

神野　その当然なことを理解せず、あくまで現在の憲法を守ろうとする。

加瀬　自衛隊が合憲だという憲法学者が、集団的自衛権は違憲だと言っている。おかしいですね。アメリカが日本を守っているのは、集団的自衛権を行使しているからです。

神野　日本側からすれば、集団的自衛権を行使されているわけです。その現実の姿を法律にしたのが今回の安保法案だと思っています。それを政治家、憲法学者、国民も含めて、もっと現実を認識すること。そして自衛隊がもっと自衛隊らしく、軍隊らしくならなければならないという警鐘乱打する法律だと思っています。

加瀬　その通りですね。安保法案で反対を叫んでいた人は、国を守るために先人たちが歯をくいしばって戦ってきた日本の歴史を学んでいないのでしょう。平和憲法があるからといって、世界の弱肉強食のあり方が、ちょっとでも変わるわけではありません。平和憲法は、平和をもたらしてくれません。そんなに「第九条」が素晴らしいものなら、中国の脅威を切実に蒙っている、インドからフィリピンまでの諸国が競って改憲して「第九条」を採用していたに違いありません。

神野　そういう世界の現実を見るということが大事ですね。

家族崩壊が会社でも国家でも弊害を起こしている

加瀬　日本人らしさを失う中で、日本社会から家族意識、共同体意識がなくなっていると思います。人は家族の中で家族意識、共同体意識が育まれます。ところがその家族が崩壊しているので、その意識が育たない。当然、国を守ろうとする意識も生れてこない。

神野　全く同感です。私どもの事務所では家族経営をやり、顧問先にもそれを呼びかけています。古いと言われても家族経営をやっています。そのお陰で、日本の中小企業の七五％が赤字なのに対し、我々の顧問先は八〇％が黒字です。なぜか、それは家族経営をしているからです。

加瀬　日本の会社は疑似家族でした。これこそ日本のあるべき姿ですよ。家族意識をなくすということは、日本人らしさがなくなるということです。少子化の問題も、家族の崩壊からきています。男らしい男がいなくなったからです。武道をやっている人は、かろうじて男らしいですが……。

神野　本当にそう思います。またそのお話しは私どもにとって励みの出るお言葉です。まさに私どもは武士道であるサムライ業をやっているからです。

加瀬　体罰を禁止したことも、男らしさをなくした大きな要因だと思います。今は廊下に立たせることも体罰に入るそうです。

神野　我々の時代は親や先生からビンタをもらうのは普通でした。それで問題が起きるということもありません。ビンタが必要な時はあるのです。

加瀬　航空自衛隊の教官から、操縦する者は頭ではなく、身体で覚えないといけないので、体罰は絶対に必要だと聞いたことがあります。

神野　体罰の禁止は、見直すべきですね。

加瀬　それから若者のあいだで流行している「スマホはおいらの内臓だ」というロックの歌がありますが、これもおかしいですね。

神野　そのことで三十年前になりますが、御茶ノ水博士が人間をダメにすると予言しています。読み書き算盤がなくなることで、まず考えなくなります。だから心が育たない。読み書きすることは重要で、それによってヒューマンコミュニケーションが生まれ、いい職場環境が醸成されていきます。それを私どもは実践しています。

加瀬　それは素晴らしいことですね。家族の崩壊で言うと、振り込め詐欺も、これが大きな原因だと思います。家族関係がきちんとできていれば、子供の声はわかるはずです。わからないというのは、接触がないということです。どうしてテレビや新聞はもっとそのことを問題にしないのでしょうか。

神野　振り込め詐欺と言えば、マイナンバーによって増殖すると予想されています。福島県の場合は数百倍になると言われ、次に泥棒、強盗が横行するというのです。年寄りを狙って、貯金をしておくとマイナンバーで国に税金としてとられてしまうという誤解が流れているのです。

日本の正しい歴史を学べる教科書が必要

神野　日本人が日本人となるために、そして、日本が国家として当たり前の国になるためには、日本国民が国家愛を持たなければならないと思います。愛国心というと、「先生は右翼ですか」とよく言われます。「違うよ。仲良くだ」と言っています。日本人自身が、日本の歴史にもっと自信と誇りを持ってほしいと思うのですが、どうすればいいでしょうか。

加瀬　それは自虐史観をきれいに消し去るしかないですね。

神野　それはマスコミから直すのでしょうか、それとも為政者からでしょうか。

加瀬　為政者が声を大にして言わなければダメです。為政者のできることは、もっといい教科書を作ることです。さらに言えば、文部科学省を解体したほうがいいと思います。どうしてか。江戸時代を通じて、幕府には教育担当のお役人は一人もいなかった。全国に藩が三〇〇くらいありましたが、侍の男の子は藩校に行き、一般の庶民の男女は寺子屋に通いました。寺子屋は全国に二万以上あったと、記録にあります。みな庶民の手づくりでした。その時に使った教科書が現在七千種類残っています。「往来物」と言います。農村だとそこで農業について教える。漁村だと漁業について教える。躾はもの凄く厳しかった。男女共学。先生は女性が多い。全部、地元民の手づくりです。

神野　今で言うなら民間の活用ですね。

加瀬　チャータースクールですね。その方がいい学校ができます。受験塾はすべて禁止すべきですね。我々の時はなかったですからね。

神野　必要なのは人間塾ですね。受験戦争で自分のことしか考えない。戦後の教育方針がまさにそれでした。それでいい人間が育つわけがありません。そうした教育の一番の被害者は子供達です。

加瀬　文部科学省を解体するというのは、現実的に不可能でしょうから、それならば、文部科学省の役人の子供達を、公立に通わせるべきです。聞いてみると、ほぼ全員が私立に通わせている。

神野　日教組はどうですか。現実国をダメにしている教育をしていると思うのですが。

加瀬　組織率が下がっているのは確かですが、まだまだ力をもっています。教科書採択で我々が押す教科書がなかなか選ばれないのはその影響の一つです。朝日新聞と考えを同じくしている人が、多いですからね。

食品で偽装があれば、出荷停止や業務停止になります。いくら言論の自由があると言っても、朝日新聞のように、明らかに虚偽の報道をしたら、その場合は発売停止、営業停止の命令を下すことができる罰則規定を作るべきです。それを言える為政者が出てこなければ、ダメですね。

神野　その政治家を選ぶのは国民ですから、国民がもっとしっかりしなければなりませんね。

加瀬　安倍さんのような国会議員が、一〇〇人もいれば、日本はよくなると思います。

神野　私は三十人いればと変わると言っているのですが、一〇〇人ですか。それを支える国民が必要ということですね。私は田中角栄さんが好きですが、社会党が反対すると「反対するなら代案を出しなさい」ときっちり言っていました。そういう為政者がほしいですね。

まず放射線に対する科学的な正しい知識を定着させる

神野　私は福島県の出身なのでお聞きしたいのですが、東日本大震災の発生した当時の民主党政権の対応と、そして四年六ヵ月過ぎた現在の福島及び国と通産省と東電の在り方、また原発再稼働をどう理解すれば宜しいでしょうか。先生のお考えをお教え頂ければと思います。

加瀬　福島の原発事故に関し民主党政権は「年間一ミリシーベルト以下」にならないと、帰還できないという目標を設けました。国際原子力機関（ＩＡＥＡ）の調査団が来日して「国際的な基準である二十ミリシーベルト以下まで許容できる」と報告しているのをみても、一ミリシーベルト以下が、いかに非常識であるかがわかります。強制退去させられた地域がありますが、その必要はなかったわけです。無理に避難したために、入院患者など死者が出たりしたわけです。

広島に原爆が落とされて、その日から農産物、広島湾の海産物をみんな食べていました。二週間後くらいには爆心地に市電が走っています。熱線は怖いけど、軽量の放射線はかえって体にいいのです。それなのに無知なマスコミが、放射線の恐怖を感情的に煽ることによって、国民を不安に陥れ、混乱を増幅させてきました。

放射線の正しい知識を広く伝えない限り、放射線の非科学的な呪縛によって、国民は益々苦しめられ、国益を大きく損ねてしまいます。

そこで世界でも権威ある放射線の科学者を集めて、安倍政権になってから「放射線の正しい知識を普及する会」を結成しました。会長は渡部昇一先生、私は会長代行です。同時に放射線の安全基準をつくろうと、放射線議連を結成してもらいました。会長は政府の方針と違うことを言うわけですので、野党の平沼赳夫先生になって頂きました。

神野　かもがわ温泉をご存知ですか。

加瀬　はい。知っています。

神野　我々が住んでいる福島県の原発の近くではなく中通りに限りなく近い場所と、そのかもがわ温泉と放射線量が同じなのです。そこへわざわざお金をかけて一週間なり十日間、一ヵ月行くと、元気になって返ってくるという昔から言い伝えがあります。

加瀬　秋田県の玉川温泉が有名ですね。

神野　なぜそういうものを事例に出して、放射線の科学的な知識を得て、放射線の幻想を持つな。もっと地元に戻って復旧、復興をやりなさい。これを私はずっと言い続けています。

加瀬　福島県は親しい人が多くいます。郡山、東京、川崎など全国に病院経営をしている渡邊一夫先生もそのお一人です。脳外科の先生ですが、すばらしい方ですね。

神野　そうですか。私も良く知っています。発展していますからね。

加瀬　現代の侍ですね。

神野　先生がおっしゃるように正しい情報を流して帰還できるところは帰還させればいい。でもそれをしない。なぜかと言えば、責任を取りたくないからです。だから帰還できないままになっている。それで一番悪いのは、補償をもらってあり得ない生活をしている。預金通帳には一億円くらいあるそうです。

加瀬　だって月に百万くらい貰えるんでしょう。ベンツに乗ったりして。

神野　車を毎年変えています。先生もご存知でしたか。

加瀬　知っています。

神野　働かないで遊んでいる。こんな福島県民に誰がした。東電、通産省、そして県だと思います。国と東電と県が福島県民をダメにしています。

加瀬　おっしゃる通りです。

神野　これを何とかしなくてはと思っています。どこかで何かきっかけを作りたいと思っています。

加瀬　国民がもっと正しい安全基準を、知らなければなりませんね。

原発再稼働で危惧する立地の条件

神野　原発再稼働は先生はどう思われますか。

加瀬　大賛成です。

神野　ということは。

加瀬　日本はエネルギーの安定供給は中東からの石油によっていますが、いま中東は崩壊しつつあります。今は原油価格が暴落していますから、しばらくはいいですが、いつまで中東の石油が日本にくるかわかりません。七〇年代の二回の石油ショックの時、中小企業はばたばた倒産しました。

神野　再稼働の国家的意味はわかります。問題は、福島原発の立地条件です。元禄時代には三十メートルの津波がきました。

加瀬　福島原発の問題は、冷却用の電源をしっかりと守っておけばよかった。そうすれば問題は起きなかったわけです。しかし、現実に事故が起きてしまった。それに対して、感情的な怖さだけが広まっている。日本は唯一の被爆国家であると言いながら、小学校、中学校の義務教育で、放射線について正しい教育を行っていません。

神野　福島原発の事故は地震が起因しています。地震がきたら立地的に危ない原発がいっぱいあるわけです。昨日も福島沖で地震がありました。必ず来るぞという神のお告げだと私は思っているわけですが、立地の場所が問題だと思っています。設置は必要です。エネルギー問題だけでなく、いざとなれば日本は簡単に原爆は作られるぞという抑止力にもなります。

そういうことを理解したうえで、心配性の私はより安全な方法はないかと探っているわけです。「自然災害は想定外だというくらい人間の愚かなことはない」とは三千年前にお釈迦さまが言った言葉です。国はもう一度安全基準を整理し、立地条件を見直すべきではないかというのが私の意見です。関東東海に大震災は間違いなくきますから、そのとき原発はどうなるのか。大正十二年の関東大震災では原発はありませんでした。自然災害の恐ろしさをもう一度、見直すべきではないかと思うのです。

加瀬　安全基準の見直しは、しっかりやることが当然です。原発は必要です。そのためにも原発事故を教訓に、世界の見本となる復興の技術を確立してもらいたいと思います。

神野　産業にはエネルギーは絶対に必要です。

加瀬　まず、非常識な安全基準を見直さなければならないし、国民に正しい知識を伝えて行かなければなりません。ですから、学校教育で教えるべきです。広島、長崎に原爆が投下されてから、多くの科学的研究が行なわれています。医療面においても、検証がなされています。国会図書館にそういう資料をアーカイブ（将来に残すために記録物や文書類を保存）すべきだと思います。

神野　私たち福島県民としては、原発再稼働は安全地帯でやってもらいたいというのが一つの願いです。東京電力の約三〇％が原発で担っていたわけですから、その必要性は大いに認めているわけです。

加瀬　そのためにも科学的な正しい放射線の知識を、広く伝えることが、必要ですね。

読者は、一人ひとり坂本龍馬たれ

神野　私は「武士道が国を救う」と思うのですが、同時に「民活が国を変える」と思っています。

加瀬　おっしゃる通りです。日本は技術大国です。日本は匠の国です。世界一の匠の国です。それは、日本人らしさから生まれるものです。日本は素晴らしい国だということを日本人が知らなければなりません。日本がいかに物づくりの大国かというと、例えば紙は、中国で発明されました。紙の漉《す》き方は大別して、流し漉きと溜め漉きがありますが、向うは溜め漉きで、日本人が流し漉きを発明しました。溜め漉きは厚い紙ですので書籍の使用にはかさばります。流し漉きは、紙は薄く、いろんな色物もできます。源氏物語で使っているのは全部流し漉きです。巻物は和紙でないとダメです。巻癖がつくからです。安土桃山時代の最大の輸出品に紙と日本刀があります。ティシュペーパーも、ヨーロッパにもどこにもなかったので、日本製の紙が王侯貴族によって大変珍重されました。

神野 日本人は凄い力を持っているわけですね。

加瀬 そうです。日本に入ってくると、全部よくなります。その一つに、論語があります。日本人は儒教を素晴らしいものとしていますが、もとの孔子の教えである儒教は、そうではありませんでした。孔子は仁を説きながら、宦官制度や、食人習慣を一度たりとも批判していません。本場の、中国における儒教は、為政者が天下を私有する専制制度のもと、人々の行いを統制することによって、いかに権力に奉仕させて、社会を治めるべきか、体系だてた政治イデオロギー、統治哲学なのです。それが日本に入ってくると、修身道徳哲学になる。多くの人が論語を学んで人生の指針とし、修身に努めています。

神野 論語が素晴らしいから、中国という国が素晴らしいと思うのは間違いということですね。日本に入ってきたからこそ、生かされた。

加瀬 さらに言えば、仏教でも、自動車でも、林檎《りんご》でも、フランスパンでも、日本に取り入れられると、もとのインド、中国、デトロイト、アメリカ、フランスよりも、はるかに優れたものになっています。苺《いちご》も、オランダから幕末にもたらされたものですが、今日では日本の苺が大きさでも味わいでも世界一という高い評価を得ています。それらのことを私は『中国人韓国人にはなぜ「心」がないのか』（ベスト新書）に詳しく書きました。

神野　読ませて頂きました。中国、韓国がどういう国なのか、日本とまるで違う国であることがよくわかりました。特に政治家には読んでもらい、そのうえで外交をしてほしいと思いました。

加瀬　外交には、相手の心を読む力がなければなりません。それには、相手の国の歴史と民族性を学ぶ必要があります。

神野　同時に日本人は日本の歴史について、学ぶ必要がありますね。先生の『大東亜戦争で日本はいかに世界を変えたか』（ベスト新書）は、日本人が誇りを持っていい話が沢山ありました。世界で初めて人種平等を掲げた日本。大東亜戦争は米国に仕組まれた戦争であって決して侵略戦争ではない。世界史に貢献した日本。そして相手を拒否するのではなく、それを生かす日本人。そうした日本の素晴らしさを学び、日本人自身が変らなければなりませんね。

加瀬　そのためにも、まず武の復活から行きましょう。

神野　最終的にはそこに行きますね。

加瀬　坂本龍馬は、乙女姉さんに宛てた手紙の中で「今一度日本を洗濯致し候」と書いています。頂いた本を読みますと「日本再生の経営維新」と「維新」という言葉を使っておられますが、坂本龍馬に習って、日本を洗濯しようというのは、どうでしょうか。

神野　私も前の本を出すときにそう考えたのですが、「お前できるのか」と言われてしまってひっこめました。先生のお墨付きを頂いたのでそうさせて頂きます。

加瀬　読者は、一人ひとり坂本龍馬たれ。

神野　いいですね。

加瀬　日本を洗濯して行きましょう。武を復活させれば、礼節も伴います。

神野　日本国家再生は、武の再生ですね。国は人づくり。会社も人づくり。家庭でも人づくり。日本人が武の精神を取り戻し、日本を再生する。本日は本当に貴重なお話し、ありがとうございました。

（平成二十七年十月二十二日）

加瀬英明

一九三六年東京生まれ。外交評論家。一九七七年より福田・中曽根内閣で首相特別顧問を務めたほか、日本安全保障研究センター理事長、日本ペンクラブ理事、松下政経塾相談役などを歴任。著書に『アメリカはいつまで超大国でいられるか』（祥伝社新書）、『中国人韓国人にはなぜ「心」がないのか』（ＫＫベストセラーズ）、『大東亜戦争で日本はいかに世界を変えたか』（ＫＫベストセラーズ）など。

第五章

日本国家再生の『経営維新』を願う
税理士として、日本人として

国家の背骨、税制を正し、国を守り、誇りを取り戻す

日本国家再生を願って平成二十三（二〇一一）年十一月に『中小企業経営者に学ぶ日本再生の経営維新』を出してから五年が経ちますが、今もその時の気持ちは変わっていません。むしろ本書で縷々述べてきたように、今日本が置かれた立場や抱える問題を考えると、五年前よりも深刻さを増しています。それだけに日本国家再生に対する私の願いは、以前に増して強くなっています。

私の現在の思いを言うと、経営者が会社を絶対に潰してはいけないと同じように、国家を絶対に潰してはいけないということです。医療、介護、年金などの社会福祉政策を何の手も打たずに継続していけば、国家財政は破綻することはわかっています。また安全保障の問題も、いつどうなるかわからないような状況になっています。

南シナ海における中国の軍事拠点建設は――仲裁裁判で中国の主張は無効と言われようが、近隣諸国がどう言おうが――力でそれを阻止しない限りは、止めるつもりはなく着々と進めています。これは東シナ海や尖閣諸島の問題とも連動しており、日本の生命線であるシーレーンを封じ込まれる危険性を孕《はら》んでいます。

安倍政権は毅然として取り組むべく対応をしていますが、力対力の現実世界でものを言うのは軍事力を背景とした抑止力です。それなのに安保法制に反対する人がいる。だからこそ国は、そういう人達に負けない国民の力を集め、選挙で勝利するなどして国の安全を守る力を強くしていく必要

があります。財政問題を含めて、政治から目を離すことはできません。

またTKC会計人としては、税の公平、公正を勇気を持って実行できる国であって欲しいと思います。財政破綻の問題は、財源確保の問題でもあります。その大部分を占めるのが税収です。格差社会が叫ばれるなか、果たして税制は公平、公正なのか。消費税を含めて、どう公正で公平な税制を実現させるのか。本書でも指摘していますが、税制改革案もあるわけですから、政治家の勇気ある決断を強く求めます。それができないのであれば、その理由を国民が納得できるように説明する。そして、それが利権構造の癒着であるなら、即刻改善すべきです。

そして私は一人の日本人として、日本国民が日本人としての誇りを持って欲しいということです。会社で言えば社員としての誇りを持つということです。社員が誇りを持つということは、会社の一員としての自覚、責任感が強くなり、愛社精神の帰属意識も強くなります。何より誇りを持つことで幸せ感が生まれます。

国全体で言えば、どうも現代の日本人は、日本人としての自覚が薄いように感じます。そのため国民意識も薄れています。国民意識が薄れては、愛国心も生まれず、良い国・日本づくりもできません。

大事なのは、それに対して手を打つことです。

何事を行うにも「もう遅い」ということはないと言われます。遅いと言って何もしないことが問題なのです。日本人の誇りを取り戻すには、まず日本の歴史を学ぶこと。歴史を学ぶことで、日本人が生きてきた立派な生き方を学ぶことができます。それを学べば、自分にも誇りが生まれます。

そうやって醸成された国民意識が、国づくりの基礎になっていくのです。

「武の心」とは「公の心を持って生きること」

私は今、日本国家再生の願いを、こうあって欲しいとの思いを込めて述べてきました。大事なのは、これを実現させることです。では、どうやって日本国家再生を実現していくのか。そこが一番の考えどころになってきます。

日本国家再生とは、現在の国家のあり方を変えるということです。国際化、グローバル化社会が進むなか、スイスを取り上げるまでもなく全ての国が当たり前と考える「自分の国は自分で守る」という普通の考えを持つ国になることです。

その鍵を握るのは、当然政治家ということになります。国家は、国民に選ばれた政治家によって法律が決められていくからです。本書でも、その思いで、政治家に決断と実行を強く求めています。

「はい、政治家さん、あなたにお任せしましたよ」と言って問題がかたづけば、それほど簡単なことはありません。でも現実の政治では、そうはなりません。いろんな国々と接しながら、いろんな考えを持つ国民を抱えながら、物事を決めていかなければならないからです。

しかし、そのなかで日本国家再生を図っていかなければならないのです。

日本は議会制民主主義を採用していますので、国民に選ばれた政治家によって政治が行われます。ですから、選挙の結果によって政治家が入れ替わり、場合によっては政権が交代することもあります。そこが現実政治の難しさです、でも、国民が政治家を選んでいるわけですから、国の運命を国民が決めていると言うこともできます（間接民主主義）。ただ選挙は、獲得した数の多い人が選ばれるので、自分の願った政治家が、必ず当選するとは限りません。その現実のなかで私達は、どういう選択をしていくのかが問われているわけです。

では、どういう基準で政治家を選んだらいいのでしょうか。やはり国会議員は、国家を背負っているわけですから、国家運営を安心して任せられる人でなければなりません。

その基準は、本書のまとめ的言葉として使っている「武の心」ではないかと思っています。日本国家再生を考えた場合、政治家はもちろん、政治家を選ぶ国民にとっても必要なキーワードだと思います。

織田信長は「天下布武」を掲げて天下統一を目指しました。武（力）によって戦いのない国づくりを目指したことは、自由に商売ができる楽市楽座の経済政策を行ったことでもわかります。

志半ばで倒れた信長の後を、力で引き継いだのは豊臣秀吉でした。まだまだ天下を統一する立場になかった秀吉は、群雄割拠の中、知略と力を駆使して天下統一を図りました。

それを倒したのが徳川家康です。家康は「徳川二六〇年」戦いのない体制を作りあげました。その背景には、武の力があったことを忘れてはなりません。

武の文字は、戈《ほこ》を止めると書きます。即ち、戈を止める、戦いを止めると解釈できます。さらに止は歩を意味するもので、戈を持って歩む。戈で争いを治めるとも理解できます。

何を言いたいかというと、ここで言う「武の心」の武は、武で争うことではなく、武の心——国家の場合は軍事的に抑止力となる力——を持って争いのない社会を作り上げるということなのです。もっとわかり易く言えば、「武の心」とは「公の心を持って生きる」ことなのです。

江戸時代になって、戦争（戦い）がない社会で武士道が確立されていきました。義や誠、仁や克己などは、まさに「公の心」があって成り立つものです。「義を見てせざるは勇なきなり」も、会津藩の精神「ならぬものはならぬ」も、自分だけ良ければという生き方や、わがままを許さない生き方、すなわち「公の心」を持って生きる大切さを教えているのです。

「公の心」で生きるとは、他者の存在を意識して生きることで、共同体意識や国家意識などにも繋がっています。自分さえ良ければいい、というような政治家や国民では、国がよくなるはずがありません。

日本国家再生は、政治家にしろ、国民にしろ、人づくりがあって始まります。どういう人づくりか、それが「武の心」を持った人づくりです。

国づくりのためには、まず人づくりです。

会社を良くするのも、家庭を良くするのも、全て人づくりがあってこそ可能にします。日本人が「武の心」を取り戻すことで日本は再生すると思っています。

「人生二度なし」国民も政治家も生き方が問われている

日本が抱える難局から脱するためには、政治家も国民も、自分さえ良ければという身勝手な生き方に別れを告げなければなりません。それには「武の心」、「公の心」を持って生きるということを述べてきました。

と言っても、甘い生活になれた人にとっては難しいと思います。だからと言って放っておけば、身勝手な生き方は直りません。そこに教育の必要性が出てきます。

教育は、特別な施設や場がなければできないということではありません。親が子供に話をする、おじいさん、おばあさんが、孫に話をする。くだらない話は別にして、これも立派な教育になります。その役割を担ってきたのが家庭です。

家庭は、法で決められた教育機関ではありませんが、人間教育に大きな影響を与える場であることは間違いありません。昔は家庭で、人としての生き方を学んだものです。

現在、その役割を担っているのは恐らく企業でしょう。社員教育のなかで、人間教育をしているはずです。人間教育は、社員教育の根幹になるからです。

人間教育の重要性を知ったなら、自らも勉強する気持ちを持たなければなりません。その気持ちさえあれば、学ぶチャンスはいくらでもあります。

良き師、良き仲間との出会い、良き本との出合いも、人間を成長させてくれます。間違いなく人生を、良き方向に変えてくれます。

吉田松陰は、自分の師匠（叔父さん）である玉木文之進の子供（彦輔）が元服（現在の成人式）する際に、「毅甫（彦輔のこと）加冠に贈る」として「士気七則」を贈っています。そこには武士の生き方として七つ挙げられているのですが、その最後に七つをまとめると次の三つになると書いています。

一、志を立てて、以て万事の源と為す

一、交友を択《えら》びて、以て仁義の行を輔《たす》く

一、書を読みて、以て聖人の訓《おしえ》を稽《かんが》ふ、と。

簡単に言えば、どう生きたいかの志を立て、良き友達と交流し自分を高め、聖人の書を読んでそれを自分のものにして実践しなさいということです。

私も何人もの師と出会い、今日に至っているわけですが、恩師故飯塚毅先生には沢山の教えを頂いています。日本国家再生に取り組むのも、政治にもの申すのも、先生の教えの実践です。

仕事に政治と宗教を持ち込むことはいけないとよく言われます。

確かに政治や宗教に関してお客様と考え方が違えば、せっかく築き上げてきた関係が悪くなるかもしれないし、大事にしてきた仲間との人間関係を悪くするかもしれません。

逆に、それによって意見が合うことでお客様と強い関係ができ、商売が上手くいったり、仲間と強い関係になることもあります。現に、それによって商売をうまく伸ばしている会社もあります。

ということは、物事には単純に割り切れない面があるということです。

「世間に惑わされることなく、自分の生き方、考え方を持て」と恩師故飯塚毅先生から学びました。

先生は、仕事に政治と宗教（宗教観）を持ち込みました。

政治に関して次の様な言葉を残しています。

「法に社会形成力あり。いまの政治は悪いと、泣き言を言ってもはじまらない。政治への無関心が今日の政治を生んだのだ。職業会計人はもっと、政治に関心を払い、政治家を育てるぐらいの気構えで、接することが必要だ。」と。

なぜここまで言い切ることができるのでしょうか。私が言うのもおこがましいですが、確固たる人間観が確立されていたからだと思います。人としてどう生きたら良いのか、「二度とない人生を精一杯生き切る」、溢《あふ》れんばかりの「武の心」、「公の心」を持っておられたと思います。

宗教に関しては、先生は宗教というより宗教観を持ち込まれました。人間として、どう生きるかを探究していくと、人には宗教観が絶対に必要だということがわかってきます。

なんと言っても「自利利他」と「光明に背面なし」は、その典型です。

この言葉は、仕事上だけでなく、人生の全てで生かされます。

人生について先生は、次のように言っています。

「人生とは唯一度なるものである。これは、ヴィンデルバルトの言葉だが、実に至言である。『人生二度なし』ということで、その人生をいかに生くべきかを問い、自己探求していくことに人生の醍醐味はある。」というのです。

「不平、不満を言う暇があったら、自分の生き方を確立することに集中しなさい。一度の人生ですよ。自分の人生を価値あるものにして生きなさい。」と常に言われていました。

人間、誰しも自分を向上させたい思いはあるはずです。それに通じる「武の心」、「公の心」を持って生きることは、人が生きる上でとても重要なことなのです。

「自利利他」の精神

「自利利他」（自利とは利他をいう）は、社長業の実践原理ともなるものです。政治の面で言えば全ての政治家にこの精神を持って欲しいわけです。

恩師故飯塚毅先生は、「『自利利他』とは、『利他』のまっただ中で『自利』を覚知すること、すなわち『利他即自利』の意味である」と説明されました。

そして、「自利利他」とは「自他不二」（自分と他人とを区別しては見ない）という思想を根底においた概念です。つまり、経営者の場合なら、自分と社員とは別々ではない、すなわち「社員は己自身」と思う。また「お客様も己自身」と思って経営を行うこと。政治家なら、国民と政治家は別々ではなく「国民は己自身」と考える。保身ではなく国家国民のために政治を行うということです。

また、先生はこう言われています。

「発展していない会計事務所の所長に共通する特徴は、発想が常に自己中心的であることだ。この発想の構造を切り替えることが大発展の原理である。

自己中心の発想から、関与先中心の発想への転換だ。この切り替えをやると、間違いなく事務所は大発展の道を歩み始める。疑わずに、やってみよ」と。

これを政治家に置き換えて言えば、自己保身、自己中心的な政治家であっては、国家国民のための政治はできない。自己保身で行なえば、国家を潰してしまうことにもなるということです。

政治家の気の緩みは、まさに国家の命取りに

本書で縷々述べてきた日本が抱える難題を、どう乗り切っていくかというと、結局、政治家と国民の生き方に関わっているということがわかってきました。特に上に立つ人の生き方は、多くの人や国のあり方にも影響しますから、非常に重要になってきます。

政治家の不祥事が後を絶ちませんが、東京都知事であった舛添要一氏は、公金を私的に流用したということで批判を受け、最後は辞任に追い込まれました。それに到るまで、第三者の公正な立場で精査して頂くとして、質問に対する返答を一切しませんでした。弁護士の調査発表の記者会見を行うことで辞任は免れると思ったのでしょうか。そんな雰囲気も感じました。

少しくらい流用しても問題ない。見つからなければ、もしくは指摘されなければ問題ない。弁護士が説明すれば決着がつくと考えていたのかもしれません。

どうしてこういう問題が繰り返して起きるのでしょうか。それは税金の重みに対する無関心、血税という感覚が麻痺しているからです。私達税理士は、一円のごまかしもないように真剣勝負で顧問先の税金を計算し、納税してもらっています。それは国家を支えているという責任感、使命感が

あるからです。その思いを、政治家は汲み取ることを忘れているのです。税の重み、第一線で働く人達の――特に中小企業に働く人達の――思いを、政治家は（官僚もそうですが）感じ取ってもらわなければなりません。

こうした政治家の気の緩みは、お金だけでなく国家の命取りにさえなってしまいます。気の緩みは、安易な妥協につながり、国益を損ねてしまうからです。

国益に適さないものは「ならぬものはならん」と断固として拒否する。そういう緊張感が特にリーダー、政治家には必要です。

第二章のそのⅡでも述べた近隣諸国条項は、まさに国家を考えない気の緩み、政治家の妥協の産物です。自分の国の教科書をつくるのに、近隣諸国（中国、韓国）に配慮しなければならないというわけですから、とんでもない約束事です。

成立して三十四年も経っているのに、今もそれが残っている。まともな政治家はいないのかと言いたくなります。

今年の平成二十八（二〇一六）年五月二十四日に成立した「ヘイトスピーチ解消法」もまたおかしな法律です。民族差別を煽る言動が問題になり、それを規制するというものです。

発言を規制するのは言論の自由に反するとして、今もこの法律に反対する意見もありますが、何より問題なのは、日本人が行う外国人に対する民族差別的発言やデモは許さないが、外国人が日本人に対して行う差別的な発言や行動は問題にしないというのです。全くおかしな法律です。

元を正せば、日本国憲法もそうです。占領下で作られていますから、昭和二十七年四月二十八日、主権を回復した時点で見直すべきでした。

こうした問題は、全て政治家の「国家の運命を担っている」という使命感、覚悟のなさ、気の緩み、妥協などからきています。

組織の長は、部下の命を預かっています。それだけ責任があります。だからこそ「部下は己自身」と思って経営をする。政治家は国と国民の命を預かっています。国民の代表としての責任があります。だからこそ国家国民のために働くのです。

ここに、政治家の生きる姿勢が問われる所以があるわけです。

そこで思い出すのは、旧二本松藩戒石銘の教えです。前書でも紹介しましたが、重要なことなので次に再録します。

今こそ真に必要な政治行政の戒め旧二本松藩「戒石銘」の教えを知ろう!!

私は四歳の時にB29を目撃したことをかすかながら覚えています。ある意味で、ラストチャンスの世代だと思いますが、郷里の福島県二本松市の安達太良山の上空を真っ黒にするほどのB29の大編隊が飛んできました。そして、戊辰戦争で二本松少年隊が戦った観音山が焼夷弾で照らし出されたことも覚えています。

私が二本松少年隊のゆかりの地で米軍を目撃したのも、奇しき因縁だと思わざるを得ません。戊辰戦争で倒れた幕府軍側も、国を思う気持ちでは官軍に決して負けてはいませんでした。二本松少年隊と戦った官軍の隊長が詠んだ次の歌が、少年隊の墓石に刻まれています。

「討つ人も討たれる人も哀れなり　同じ御国の民と思えば」

この歌は、「お前たち少年の犠牲を決して無駄にはしないぞ」という思いが込められていると私は思っています。しかしその後の日本が、官軍の本流だった薩長閥の官僚主義に染まってしまい、第二次世界大戦の敗戦へとつながったのは周知の事実です。

これと同じ愚を決して繰り返してはなりません。

広島、長崎の原爆の犠牲になった方々の霊を護るためにも、残された我々がよりよい国を創ることで報いるしかないのです。

「物を測るは物差し、心を測るは志」という言葉があります。我がふるさと福島県二本松市にある戒石銘を、私は生涯忘れない戒めとしています。

戒石銘とは、旧二本松藩士通用門前の自然石に刻まれた碑銘です。六代藩主丹羽高庸公の時に、儒者岩井田昨非の献策を入れ、藩政改革と藩士の綱紀粛正の指針としたものです。

長さ約八・五メートル、最大幅約五メートルの花崗岩の大石の露出面に四句十六文字が刻み込まれ、その書体は非常に典雅《てんが》（整っていて上品な様子）さが感じられます。

爾俸爾禄（なんじのほう　なんじのろくは）
民膏民脂（たみのこう　たみのしなり）
下民易虐（かみんは　しいたげやすきも）
上天難欺（じょうてんは　あざむきかたし）

この戒石銘には、「お前たちの俸給は領民の汗と脂の結晶である。これに反し領民を苦しめれば必ず天の怒りに触れるだろう」という意味が込められています。

中国北宋の黄庭堅の同名の碑によると言われますが、この戒石銘が二本松藩士の士風を奮い立たせたことは間違いありません。

幕末の戊辰戦争で二本松少年隊は薩長軍を相手に奮闘し、全滅する形で終わりましたが、大勢が強きものに迎合する時代にあって意地を貫き通したことは長く歴史に刻まれることとなりました。

昭和十年十二月二十四日、教育資料、行政の規範として価値の高いものであることから、国指定史跡「旧二本松藩戒石銘」とされています。

二本松市は平成元年、「戒石銘宣言」を行い、内閣総理大臣をはじめ全国市町村長等一四〇〇人に拓本を贈り、財界政官の浄化を求めました。残念ながら、その成果はいまだ道半ばというところですが、戒石銘の教えが真に必要な時が到来しているのです。

日本人の長所、美点を取り戻す

二本松藩戒石銘の教えは、特に上に立つ者が心しなければならない戒めです。上に立つ者を政治家とすれば、国民もまたそれに応えるべき生き方をしなければなりません。

本書では、問題解決のために政治家も国民も生き方が問われていると述べてきました。悪い面だけ指摘されては、気持ちが沈んでしまいます。そこで、日本人の素晴らしい生き方を取り戻すためにも、外国人が調べた「日本人の長所、美点」を紹介することにします。

外国人とは、昭和二十年八月から昭和二十七年四月まで日本を占領することになる連合国側の指導者たちのことです。

日本人の長所、美点

その一　日本人は非常に「愛国心」の篤《あつ》い国民である。国を愛する度合いは、自分の家族よりも、時には、自分自身の命よりも優先する国民である。

その二　日本人は格式を重んじ、年功序列を尊び、長幼の序を重んじ、先輩後輩の礼儀を大切にする国民である。男性は男らしさを旨とし、勇猛果敢であり、女性はしとやかで、きわめて謙虚で、しかも、したたかな強さを秘めている。

その三　お金に対しては淡白で、執着しない国民である。お金よりも大切なものが、この世の中に数えきれないほどあるということを、全ての国民が当然の如く認識している。

その四　不自由さを苦にしない希有《けう》な国民である。「公私」の「公」を優先し、自分より先に相手を思い、そのために生じる不自由さは甘んじて受ける国民である。

その五　礼儀作法を重んじ、潔く、武士道精神に代表されるように、世界でも希有な道徳心の篤い国民である。

その六　気力が充実し、精神力抜群である。

その七　己れの信念のためならば死をも恐れぬ、たくましい精神力の持ち主である。

その八　老若男女全ての国民は義理人情に篤く、隣人の世話や困っている人への物心両面からの援助は至極当然のこととして生活している。

その九　国民一人ひとりに計画性があり、将来を見据えた生活設計をしっかり立てて生活している国民である。

その十　日本人としての誇りが高いばかりでなく、他国の人間に対しても、戦争した相手国の捕虜に対してさえ、礼儀を重んじる国民である。

その十一　享楽を恥とし、刻苦勉励《こっくべんれい》を奨励している。

その十二　男女の交際に対しては厳しく、結婚の相手を決めるには、いくつもの関門を設けている。男性も女性もそれを素直に受けとめている。

その十三　先祖を敬い、老人をいたわり、親、子、孫、親戚等々、一族の団結を大切にしていて、「家族」というものの理想的な姿を現出している、世界にも例のないすばらしい国民である。

その十四　神代の昔から連綿と続く日本民族の歴史を誇りにし、日々の生活の支えとしている。

いかがでしょうか。

これが日本人の生き方だったのです。これを調査で知った連合国側の指導者達は——日本軍の強さはここにあったのかと知り——この生き方を抹殺すれば、二度と日本は我々に立ち向かって来ないと考え、手を打ちました。それが東京裁判であり、現在の日本国憲法や教育基本法であり、国旗「日の丸」の掲揚禁止であり、日本の歴史教育禁止であり、教育勅語の廃止であり、武道禁止であり、工業の禁止であり、二十万人の公職追放であり、新聞、ラジオなどの言論規制であり、占領軍批判禁止であったりしたわけです。その結果が今なのです。

だから、政治家も国民も日本国家再生のために、生き方が問われているわけです。

それはとりもなおさず、従来の日本人の生き方を取り戻すということなのです。

教育勅語《きょういくちょくご》を日本人教育の基礎に

日本人の生き方を取り戻すには、教育勅語を学ぶことが一番ふさわしいと思います。私は、教育勅語を、日本人教育の基礎に置くべきだと考えています。

明治期、西洋文明に心を奪われ、日本的な生き方は時代遅れのように感じ取った日本人が多くなり、それでは日本精神が失われるとして教育勅語は作られました。その意味からも間違いなく「日本人の長所、美点」を作ってきたと思うのです。

日本国家再生の原点は人づくりです。家庭で、学校で、または職場で教育勅語の目指すところを実践するようになれば、立派な日本人が育ち、日本国家再生も可能です。

何も考えずに教育勅語を古いとか、はなはだしきは軍国主義を煽るというような人もいます。それは大きな間違いです。教育勅語には、日本人として、ごくごく当たり前の生き方しか書いてありません。

教育勅語と言っただけで反射的に「拒否」する人のためにも、ここでは教育勅語の現代かなづかいによる読みと、「教育勅語」意訳（口語文）を紹介することにします。「日本人の長所、美点」の元がここにあると感じて頂けるはずです（教育勅語「十二の徳目」については、第三章、そのⅤ（6）にも紹介しています）。

教育勅語《きょういくちょくご》

朕惟《ちんおも》ふに　我《わ》が皇祖皇宗《こうそこうそう》　国《くに》を肇《はじ》むること
宏遠《こうえん》に　徳《とく》を樹《た》つること深厚《しんこう》なり　我《わ》が臣民《しんみん》
克《よ》く忠《ちゅう》に克《よ》く孝《こう》に　億兆心《おくちょうこころ》を一《いつ》にして　世世《よよ》
厥《そ》の美《び》を濟《な》せるは　此《こ》れ我《わ》が国体《こくたい》の精華《せいか》にし
て教育《きょういく》の淵源《えんげん》亦実《またじつ》に此《ここ》に存《そん》す
爾臣民《なんじしんみん》　父母《ふぼ》に孝《こう》に兄弟《けいてい》に友《ゆう》に　夫婦《ふうふ》
相和《あいわ》し朋友相信《ほうゆうあいしん》じ　恭検己《きょうけんおの》れを持《じ》し
博愛衆《はくあいしゅう》に及《およ》ぼし学《がく》を修《おさ》め業《ぎょう》を習《なら》ひ　以《もっ》て知能《ちのう》
を啓発《けいはつ》し徳器《とっき》を成就《じょうじゅ》し　進《すすん》で公益《こうえき》を広《ひろ》め
世務《せいむ》を開《ひら》き　常《つね》に国憲《こっけん》を重《おもん》じ国法《こくほう》に遵《したが》い

一旦緩急《いったんかんきゅう》あれば義《ぎ》勇公《ゆうこう》に奉《ほう》じ　以《もっ》て天壌無窮《てんじょうむきゅう》
の皇運《こううん》を扶翼《ふよく》すべし　是《かく》の如《ごと》きは　独《ひと》り朕《ちん》が
忠良《ちゅうりょう》の臣民《しんみん》たるのみならず　又《また》以《もっ》て爾祖先《なんじそせん》
の遺風《いふう》を顕彰《けんしょう》するに足《た》らん
斯《こ》の道《みち》は　実《じつ》に我《わ》が皇祖皇宗《こうそこうそう》の遺訓《いくん》にして
子孫臣民《しそんしんみん》の倶《とも》に遵守《じゅんしゅ》すべき所《ところ》　之《これ》を古今《ここん》に
通《つう》じて謬《あやま》らず　之《これ》を中外《ちゅうがい》に施《ほどこ》して悖《もと》らず
朕爾臣民《ちんなんじしんみん》と倶《とも》に　拳々服膺《けんけんふくよう》して　咸其徳《みなそのとく》を
一《いっ》にせんことを庶幾《こいねが》ふ

明治二十三年十月三十日
御名《ぎょめい》　御璽《ぎょじ》

「教育勅語」意訳（口語文）

国民の皆さん、私たちの祖先は、国を建て初めた時から、道義道徳を大切にする、という大きな理想を掲げてきました。そして全国民が、国家と家庭のために心を合わせて力を尽くし、今日に至るまでみごとな成果をあげてくることができたのは、わが日本のすぐれた国柄のおかげであり、またわが国の教育の基づくところも、ここにあるのだと思います。

国民の皆さん、あなたを生み育ててくださった両親に、「お父さんお母さん、ありがとう」と、感謝しましょう。兄弟のいる人は、「一緒にしっかりやろうよ」と、仲良く励ましあいましょう。縁あって結ばれた夫婦は、「二人で助けあっていこう」と、いつまでも協力しあいましょう。学校などで交わりをもつ友達とは、「お互い、わかってるよね」と、信じあえるようになりましょう。

また、もし間違ったことを言ったり行った時は、すぐ「ごめんなさい、よく考えてみます」と自ら反省して、謙虚にやりなおしましょう。どんなことでも自分ひとりではできないのですから、いつも思いやりの心をもって「みんなにやさしくします」と、博愛の輪を広げましょう。

誰でも自分の能力と人格を高めるために学業や鍛錬をするのですから、「進んで勉強し努力します」という意気込みで、知徳を磨きましょう。さらに、一人前の実力を養ったら、それを活かせる職業に就き、「喜んでお手伝いします」という気持ちで公＝世のため人のため働きましょう。

ふだんは国家の秩序を保つために必要な憲法や法律を尊重し、「約束は必ず守ります」と心に誓って、ルールに従いましょう。もし国家の平和と国民の安全が危機に陥るような非常事態に直面したら、愛する祖国や同胞を守るために、それぞれの立場で「勇気を出してがんばります」と覚悟を決め、力を尽くしましょう。

いま述べたようなことは、善良な日本国民として不可欠の心得であると共に、その実践に努めるならば、皆さんの祖先たちが昔から守り伝えてきた日本的な美徳を継承することにもなりましょう。

このような日本人の歩むべき道は、わが皇室の祖先たちが守り伝えてきた教訓と同じなのです。かような皇室にとっても国民にとっても「いいもの」は、日本の伝統ですから、いつまでも「大事にしていきます」と心がけて、守り通しましょう。この伝統的な人の道は、昔も今も変わることのない、また海外でも十分通用する普遍的な真理にほかなりません。

そこで、私自身も、国民の皆さんと一緒に、これらの教えを一生大事に守って高い徳性を保ち続けるため、ここで皆さんに「まず、自分でやってみます」と明言することにより、その実践に努めて手本を示したいと思います。

明治二十三年（一八九〇年）十月三十日
御名（御実名「睦仁」）・御璽（御印鑑「天皇御璽」）

明治神宮崇敬会刊『たいせつなこと』より
（企画・発行　明治神宮崇敬会）
『たいせつなこと』Ａ５判　二十ページは
明治神宮崇敬会でお求めできます。
電話　〇三－三三二〇－五七〇〇
一冊三〇〇円（五冊以上は一冊二〇〇円）送料別。

教育勅語の中に「教育《きょういく》の淵源《えんげん》亦実《またじつ》に此《ここ》に存《そん》す」があります。淵源とは、「物事の起こり基づくところ。根源。みなもと」です。

日本人教育の原点が、教育勅語にあるということです。このことを私達は再認識しなければならないと思います。

また、教育勅語には十二の徳目があるとされ、その意味するところは次のようになります。

【教育勅語　十二の徳目】

1、親に孝養をつくす
2、兄弟・姉妹は仲良く
3、夫婦はいつも仲むつまじく
4、友達はお互いに信じあって付き合う
5、自分の言動をつつしむ
6、広く全ての人に愛の手をさしのべる
7、勉学に励み職業を身につける
8、知識を養い才能を伸ばす
9、人格の向上につとめる
10、広く世の人々や社会のためになる仕事に励む
11、法律や規則を守り社会の秩序に従う
12、正しい勇気をもって国のため真心を尽くす

明治時代に作られたというと、何か難しい感じを受けるかもしれません。でも「十二の徳目」を読んでいかがでしょうか。夫婦、兄弟姉妹仲良く、世の人々や社会のためになる仕事に励む、法律や規則を守り社会の秩序に従う、国のため真心を尽くすなど、どこが古くて、また人の生き方、も

っと言えば日本人としての生き方に問題があるでしょうか。

何度でも言います。人は一人で生きているのではありません。共同体のなかで生きているのです。その最少単位は家庭です。それが地域社会や団体、会社組織、そして国家につながっていきます。国や社会、組織は「自分さえよければ」という考えではなり立たないのです。「自分さえよければ」という言い方が悪ければ「個性」重視ということになります。しかし、わがまま、身勝手な行動までも個性だといって、許してきたのです。

こうした「個人」優先の教育が共同体意識、「武の心」、「公の心」を壊してきたということです。その先頭に立ってきたのが日教組です。

政治家も国民も、そこから目覚めなければならないときなのです。

そういう意味を含めて、最後に幕末の蘭学者・佐藤一斉先生の哲学的心の檄を紹介します。

一灯をひっさげて暗夜をゆく
暗夜の暗きことを憂えるなかれ
ただ一灯を信ぜよ！

しからば一灯とは何か。それは恩師故飯塚毅先生の教え「自利利他」であり「光明に背面なし」の二大哲理であるということです。

おわりにあたって ― 我が胸中を語る

国益がぶつかる激流のなかで日本国家の経営維新を!!

南アメリカ大陸で初めて開催されたリオデジャネイロ・オリンピック、日本選手のメダル獲得数は、金十二個、銀八個、銅二十一個と合計四十一個でした。日本が掲げていたメダル獲得の目標数が三十個、金八個でしたが、それを上回り大きな成果を挙げました。

こうした活躍を見ると、日本もなかなかやるじゃないかということになりますが、一方、国防や財政などに目を向けてみると、国難というべき問題が日本の内外に山積しています。

中国の動きもその一つです。中国の動きを放っておけば、日本にとっては自国の領土を失うだけでなく、場合によっては日本国家の存在を危うくする事態を招くことにもなりかねません。

中国のやり方は無謀で､勝手極まるものです。自分の欲望達成のためなら嘘でも何でもつきます。南シナ海で軍事拠点化を進める中国に対して、仲裁裁判所が「中国の主張に根拠なし」と裁定を下したにも拘わらず、中国は反省するどころか平気で軍事拠点化を進めています。東シナ海でも中国は、それと同じ動きをしています。

中国は相手が弱くなったと思ったら、金で助けると言い寄って、それ以上の利権を手にし、やがてはその地域を支配できる体制を築いていく。そのやり方の卑怯さは、リオのオリンピック開催時を狙って、尖閣諸島周辺に二〇〇〜三〇〇隻という漁船を従えて公船を出してきたことに通じています。そして日本の接続海域や領海に侵入しています。空でも領空侵犯を狙った行動に出てきています。平和の祭典と言われるオリンピック精神を無視したやり方です。中国にとっては、むしろこういう時こそ、自分の主張を世界に認めさせるチャンスだということです。

覚えている方もおられるでしょうが、昭和三十九（一九六四）年の東京オリンピックの際、中国は原子爆弾の実験を行っています。どんな理由をつけても、言い訳ができる問題ではありません。それが中国のやり方なのです。

中国は、自分が狙い定めたことに対しては、長期戦略を立て、金と軍事力を高めながら確実に実行していく国です。力で対抗する以外、おそらく中国の動きは止められないでしょう。

オリンピックのさなか、国際法を無視して尖閣諸島を脅かす中国に対して、日本政府は、中国大使を呼び厳しく抗議したと報道がありました。しかし中国は、日本の抗議など全く聞く気がありません。平気で嘘八百の「尖閣諸島は中国の領土である」と言い張っています。こうして中国は、尖閣諸島は自分の領土だという既成事実を、嘘を平気で言いながら作っていくのです。

南シナ海の問題は、東シナ海にも通じています。尖閣諸島が奪われ軍事拠点にされるということを意味しています。そうやって中国は、東シナ海全体の支配を狙っているわけです。

力しか信じない者に対しては、力で対抗するしかありません。その現実を、中国が日本に突きつけているわけです。アメリカに頼り切っていた日本の防衛を、現実的に対処できるように求めたのが安倍政権の目指した安保法制です。日本にとって、本当に重要な法体制なのです。

しかし法案が成立しても反対している者がいる。その認識の甘さは、中国に日本を売る売国奴と言っても良いでしょう。日本の置かれた立場の現実を受け入れない、まことに幼稚な子供としか言いようがありません。

二〇一六年十一月に行われるアメリカ大統領選挙を待つまでもなく、日本国民が「自分の国は自分で守る」という意志を持たなければなりません。これは、日本が乗り越えなければならない大きな国家再生の課題の一つです。

国民は現実をしっかりと把握しマスコミに流されてはいけない

国内では今上陛下が八月八日、ＮＨＫテレビを通してお気持ちを発表されました。これを受けてマスコミは「生前退位」という言葉を使って報道しました。

天皇のご存在は、権力で支えられてきたのではなく、「すめらみこと」であられる天皇と、「おおみたから」という国民とが一体になって作り上げてきた、日本独自の伝統であり文化です。ここに日本民族の原点があります。

陛下のお言葉は「こうした日本の伝統文化をいつまでも継続できるように」という願いが込められていたと私は感じとっています。「生前退位」という言葉で、政治利用され天皇と国民のあり方を壊すようなことがないように切に願うところです。

平成二十八年七月の参議院選挙では、与党が勝利し「改憲勢力」が参議院でも議席の三分の二を獲得しました。これによって憲法改正の本格的な論議が始まることになります。

しかし相変わらず、平和憲法の信者達は日本の防衛力、抑止力を高めることに反対し、それを阻止するものこそが平和憲法を護ることにあると、憲法改正の反対を叫んでいます。憲法の条文が平和を築くなどと言い張るのは、支払不可能な手形を発行するようなもので、現実世界では何の役にもたちません。むしろ混乱を招くことになります。

それなのに、なぜ憲法改正に反対する人達は、現実を見ようとしないのでしょうか。自分が国民として生活している国を守らなくて、誰が守るというのでしょうか。国を守ることは他人に任せ、自分は何もしないというのでは、あまりにも身勝手過ぎます。日本の国が無くなっても自分の命さえ助かれば良いと考えているのかもしれません。

そういう反対者に同調するマスコミが多いということも日本にとっては大きな問題です。平成二十八年の参議院選挙は「憲法改正を選挙の争点として戦ったわけではないので、いくら選挙に勝利したと言っても有権者が憲法改正を認めたわけではない」と言って憲法改正の動きを牽制しています。

これも、日本が置かれた立場をまともに見ようとしない、幼稚な考え方からきています。日本がまともな国になるためには、こうしたマスコミとの戦いは大きな壁の一つでもあります。

歴史認識問題は国家として決して譲ってはいけない

経済面においても、日本の置かれた立場は厳しい状況にあります。経済活動は国の平和があって安定した商売を可能にします。ですから争いのない世界を望むわけですが、世の中はなかなかそうなりません。

イスラム国によるテロの問題、懸念される中国の経済成長の低下、EU離脱をするイギリスの影響、世界の経済のなかで揺れ動く円と株価の乱高下、開くばかりの経済格差、消費税を見送るに至った日本経済の不安、税収減、年金、医療、介護と膨らむばかりの社会保障費等々、様々な問題を日本は抱えています。

安倍首相は参議院選挙後の八月三日、第三次安倍再改造内閣を発足させました。記者会見で、「最優先課題は経済。デフレからの脱出速度を最大限まで引き上げてまいります。挑戦、挑戦、そして挑戦あるのみです。この内閣はいわば未来チャレンジ内閣であります」と述べています。

早速、安倍政権に反対する勢力は「極右翼内閣」だと批判していますが、左翼が良く使うレッテル貼りの効果は薄くなっているようです。なんとか安倍さんを引きずり落としたい願いも叶わず、むしろ内閣支持率は上がっています。

あまりに一方的な見方しかできない反対勢力の論法や考え方では、現実対処の政策が貧しく国民も飽きているのではないかと思います。足を引っ張るのでなく、手を引っ張る時なのです。

従って安倍政権は決して盤石ではありません。

まず何より、こうした状況に今の日本が置かれているのは、旧来の自民党が作り上げてきたものだからです。政権与党として日本の国益を優先させるべきところを、中国、韓国に気をつかい、歴史問題で譲歩を繰り返し、お金を払ってきました。その結果、中国、韓国は「文句を言えば日本は反論せずに折れる」ということをみすかしています。その壁は、巨大で安倍さんといえども、今もって破ることはできていません。

新任の稲田朋美防衛大臣は、いままで靖国神社を参拝してきました。平成二十八年八月十五日は海外出張で参拝していません。

歴史問題は、最大の国益問題です。一歩譲ることは百歩譲ることに通じます。リーダーたる者、譲ってはいけないことは断固譲らない。「ならぬことはならぬ」です。

安倍政権に要望する〝中小企業が活性化する政策を早急に実行せよ!!〟

最優先課題とする経済も、そう簡単に乗り切ることはできないでしょう。

アベノミクスは、果たして経済成長をもたらすのだろうか。二十兆円超えという補正予算を組んで一億総活躍時代を実現すると宣言しています。もちろん、その通りになれば文句はありませんが、期待より不安が先に立ちます。安倍政権に期待するがゆえに、成功とまでいかなくとも大きな失敗がないように真剣に取り組んで欲しいと思います。

低所得者への資金援助、介護士や保育士の給料アップ、その他の政策で本当に経済の成長は実現できるのでしょうか。借金だけが増えてしまうのではないかと心配です?!

また大企業と中小企業の給与格差が広がるなかで、人事院は、二〇一六年度の国家公務員の月給について、行政職の平均で七〇八円、ボーナスも年間〇・一カ月分引き上げるよう求める勧告を国会と内閣に提出しました。三年連続で月給とボーナスを同時に引き上げます。

勧告通りに実施された場合、月給は平均四一万一六九二円、年収は同六七二万六千円となります(いずれも平均年齢四三・六歳)。

中小企業に勤める社員は、年収三五〇万円以下で結婚ができないという人が多くいます。税金で給与が支払われる公務員の給与アップは、政治家が自治労と戦い後回しにすべきです。二本松の戒石銘を忘れることなかれ!!

それより以上に中小企業の活性化に手を打つことです。官僚が作り上げた資料では、中小企業の実態はつかめません。政治家は日本を支える中小企業の実態を、現場に立って把握し、政策を立ててその実行の手を打つべきです。

本書で何度も述べている、税の公平、公正も政治の重要課題として取り組むべきです。私は安倍首相に直言したい。大企業が恩恵を受けている法人税の実効税率を見直し、それを中小企業対策に回すのです。それがひいてはアベノミクスが目指す一億総活躍に結びつくはずです。納税者、国民も黙っていませんよ!!　と。

また少子化対策も人口増に結びつく政策に転換して欲しい。少子化対策を二十年近くもやってきて、その効果は殆どありません。人口増ではなく、働く女性への支援が主になっているからです。

安倍首相に期待するがゆえの要望です。さもなければ、安倍政権が今まで積み上げてきた実績も、志半ばで終わってしまってはいけません。平成の生めや増やせの大政策を期待します!!

組織はリーダーによって生まれ変わる　今こそ日本再生維新改革を!!

この度リオのオリンピックでは、柔道の活躍がありました。つい数年前には、いじめやセクハラ、裏金問題などの不祥事で大きく揺れていた柔道界です。指導者が変わり、本気で日本柔道を目指した結果、困難を乗り越えることができたのだと思います。柔道家の一人として嬉しいかぎりです!!

とにかく日本は、内外ともに深刻・重大問題を抱えています。年金、医療、介護だけでなく、防衛問題も全国民の身近な問題となって押し寄せています。

大事な、大事な、我が祖国日本、世界に誇っていい歴史を持つ日本、調和を旨とし相手を受け入れ生かす日本。中国や韓国、反日勢力が言う「悪い日本」では断じてありません。

正しい歴史も学ばず、受け入れようともしない人は、日本人に生まれてきても真の日本人とは言えません。

本書で述べた大きな主旨は、世界の中で日本人がごく普通の日本人（国民）になって、日本を活力ある国にしていこうというものです。

そのために、自分のことだけを考えるのではなく、自分の所属する組織や地域、そして我が国のことを真剣に考え、足の引っ張りを止め安倍政権の手を引っ張る日本人であって欲しいのです。

国の舵取り役の政治家をはじめ、各界の指導者、経営者、学者、識者、マスコミ、そして国民が、この意識を持つことで日本は再生していくと確信しています。

それが、国民一人ひとりが坂本竜馬になって日本を再生することであり、佐藤一斎が言う一人ひとりが一灯を掲げて暗夜を歩むことなのです。

組織はトップリーダーで変わります。

とりわけ政治家は、国家経営維新に取り組み国民を守る重大な使命があることを努々《ゆめゆめ》忘れるなかれです。

国家の運命と、国民一人ひとりの運命を担っているのですから。

国家を考えない政治家はもちろん、国家を解体するような政治家は必要ありません。国家を守り、国民の生命と財産を命がけで守る政治家こそが、今の日本に必要なのです。

現段階では安倍首相が、トップリーダーとしての役割を果たしてくれています。続けて、強いリーダーシップで国家と国民を引っ張っていって欲しい。

そのためにも国民自身が今までの甘えの構造から脱却し、国民としての役割を果たしていく。それが、武の心を取り戻し、一億総活躍社会を作り上げる国民のあり方なのです。

「日本人で良かった」、「日本に生れて良かった」と、大きな声で言える日本を築いていくために、国民一人ひとりが平成の坂本龍馬となって、日本を洗濯致す時なのです。

それが日本国家の再生に結びつくと確信します。

参考資料

ＪＰＡ総研グループの概要
ＪＰＡ総研グループ年四回の儀式の概要
ＪＰＡ総研グループ　社是
ＪＰＡ総研グループ　社訓
ＪＰＡ総研グループ　五信条
ＪＰＡ総研グループ　社員の誓い
ＪＰＡ総研グループ　職員心得
ＪＰＡ総研グループ　同志賛歌

JPA総研グループ沿革

昭和４１年　神野税務会計事務所創設
昭和５１年　株式会社日本パートナー会計事務所設立
昭和６０年　郡山事務所開設（所長　宗形税理士事務所）
昭和６１年　神田事務所開設（所長　大須賀税理士事務所）
平成２年　　多摩支社開設（所長　田制税理士事務所）
平成３年　　福島事務所開設（所長　佐藤重幸税理士事務所）
平成５年　　JPAあだたら研究所開設
平成７年　　パートナー税理士職員７０名
平成８年　　創立３０周年
代表取締役会長　神野宗介就任
代表取締役社長　田制幸雄就任
平成９年　　中小企業家・資産家のための悩み事「よろず相談所」開設
平成１３年　創立３５周年　出版事業発表会
平成１４年　日本パートナー税理士法人設立
代表社員税理士　神野宗介
平成１５年　日本パートナー社会保険労務士法人設立
平成１６年　本社移転　千代田区神田駿河台４－３
新御茶ノ水ビルディング１７階
ＪＰＡむさしの研究所開設
平成１７年　日本パートナー行政書士法人設立
平成１８年　ホノルル支社開設
平成１９年　渋谷支社開設
平成２１年　吉祥寺支社開設
平成２２年　二本松支社開設
平成２３年　仙台支社開設
平成２４年　ＪＰＡ財産クリニック開設

会社概要

平成２７年１月現在

叡知と勇気と情熱の飽くなきチャレンジ精神と
鉄の団結で取り組むプロ集団

経営理念	自利利他の実践 当事者意識の貫徹 不撓不屈の精神 生涯勤労学徒である
業務紹介	巡回監査業務 決算監査業務 戦略経営指導業務 ハッピーエンディング支援相続対策業務 資産対策財産クリニック ＯＡ化自計化指導業務 コンピューター会計データサービス業務 リスクマネジメント・企業防衛保険指導業務
社　　名	日本パートナー税理士法人 株式会社日本パートナー会計事務所
創　　業	昭和４１年２月
本　　社	東京都千代田区神田駿河台４丁目３番地 新御茶ノ水ビルディング１７階

代 表 者　代表　税理士　神野　宗介（尚美学園大学大学院元教授）
代　　表　会長　税理士　田制　幸雄
社長　税理士　大須賀　弘和

役　　員　取締役　１５名　監査役　１名　顧問　５名

社　　員　男性　７３名　女性　３１名

事 業 所　本社・東京（御茶ノ水）、本部、立川、吉祥寺、渋谷、郡山、福島、仙台、二本松、横浜、ホノルル
研究所：ＪＰＡむさしの研究所　ＪＰＡあだたら研究所
関連企業　株式会社パートナーバンク21
株式会社ＪＰＡ国際コンサルタンツ
日本パートナー社会保険労務士法人
日本パートナー行政書士法人
株式会社ＪＰＡ財産クリニック

所属団体　東京税理士会・東京地方税理士会・東北税理士会
税務会計研究学会
日本租税倫理学会
日本中小企業家同友会
中小企業研究学会
租税訴訟学会
ＴＫＣ全国会・社会保険労務士会・行政書士会
ＪＰＡ総研グループ友の会・オンリーワンクラブ
ＪＰＡ志士の会・不撓不屈の会
ＪＰＡハッピーエンディングノートを広める会

JPA総研グループ年四回の儀式の概要

■一月　新春方針発表会

・JPA総研グループ新春方針発表（神野代表）
・JPA総研グループ社長経営方針発表
・新年の抱負と決意表明（専務、本部長、所長、支社長、部長）他

■四月　社長方針発表会・合同入社式

・合同入社式
・JPA総研グループ方針発表（神野代表）
・JPA総研グループ社長経営方針発表
・本部長・支社長現況報告と決意表明
・特別賞与の支給　他

■七月　長期事業構想・経営計画発表会

・辞令発表
・社員表彰
・JPA総研グループ指針発表（神野代表）

・ＪＰＡ総研グループ社長指針発表
・本部長・各部長・支社長の決意表明　他

■十月　ＪＰＡ秋季大学成功体験発表会
・学長の言葉（神野代表）
・一人一成功体験発表
・分科会発表
・優秀者の表彰　他

ＪＰＡ総研グループ　社是

一、興和

一、共豊

一、奉仕

ＫＩＪＰＡ
（株）日本パートナー会計事務所
社長　神野宗介

JPA総研グループ　社訓

一、素直、感謝、詫び、本気

一、自己責任感、プラス思考

一、目標を鮮やかに想像し熱望

そして　仕事に取り組む

KIJPA

(株) 日本パートナー会計事務所

社長　神野宗介

JPA総研グループ　五信条

一、われわれは、関与先企業の正しい防衛と経営発展のために、誠意をこめて奉仕する。

二、われわれは、常に自らに不満と退屈を感じ、常にこれに挑戦する。

三、われわれは、いつも不撓不屈の精神をもって、自分に与えられた責任を完遂する。

四、われわれは、日本一の事務所建設と全社員の幸福のため、職場の規律を厳守する。

五、われわれは、理想をもって進み、燃える情熱と鉄の団結で前進する。

ＫＩＪＰＡ
(株) 日本パートナー会計事務所
社長　神野宗介

ＪＰＡ総研グループ　社員の誓い

一、我々社員一同は会社と家族を守る為、業績向上に努めます。

一、我々社員一同は会社の歴史と実績にプライドを持ち、誇りあるグループづくりを目指します。

一、我々社員一同は初心を忘れず「志」を持って、グループの繁栄と国家社会に貢献致します。

一、我々社員一同は英知と勇気と情熱を持って、活力社会を目指し、価値創造業務に力を合わせ実践断行致します。

一、我々社員一同は50年の暖簾と栄光を大切に、公正な社会を担うグループ社員、立派な勤労学徒たることを誓います。

平成十八年十月吉日　　ＪＰＡ総研グループ　社員一同

ＪＰＡ総研グループ　職員心得

■排除される不良職員

①　腰掛け人間
②　親不孝者
③　挨拶おじぎ礼儀知らず
④　勤労学徒の自覚なき者
⑤　素直・感謝・詫び・本気のない人間

■絶対にやってはいけないこと

①　やりたくないこと
②　迷うことと自信がないこと
③　責任のもてないこと
④　世の為人の為にならないこと
⑤　義恩情に反すること

ＪＰＡ総研グループ　同志賛歌

同志とは　熱き血潮と情熱を
ともに誓える仕事の仲間

同志とは　流す涙も苦しみも
ともに耐えつつつむすびゆく心の友

同志とは　喜びも悲しみも
ともに語り合える人と人

同志とは　いのちの全てをかけても
侮なく目的に精進する友と友

～プロフィール～

神野 宗介　法学修士・尚美学園大学大学院 元教授
税理士・経営士・社会保険労務士・行政書士

昭和１６年　６月　福島県二本松市大壇に生まれる
昭和４０年　３月　中央大学商学部卒業
昭和４０年　８月　税理士試験合格
昭和４１年　２月　神野税務会計事務所　開設
昭和４５年　６月　株式会社　ＴＫＣ入会
導入委員・システム委員・研修所常任講師・ＴＫＣ東京中央
会会長・ＴＫＣ全国会副会長を歴任
昭和５１年　１月　株式会社日本パートナー会計事務所　設立
代表取締役社長　就任
昭和５１年　２月　社団法人青年会議所運動に没頭し、二本松ＪＣ理事長・日本
ＪＣ企業コンサルティング部会長を歴任
昭和５９年１２月　青年会議所を卒業し、同年、同友会運動に参加
その間、福島県中小企業家同友会副理事長を歴任
経営士・社労士・行政書士に登録、ＪＰＡ士々の会を結成活動中
平成　元年　４月　福島県中小企業経友プラザ代表幹事、異業種交流カタライザー登録
平成　９年　８月　株式会社日本パートナー会計事務所代表取締役会長　就任
平成１４年　３月　中央大学法学部大学院法学研究科博士号修士課程修了
平成１９年　４月　尚美学園大学大学院　総合政策研究科教授　就任
平成２３年１０月　日本総合租税実務研究会会長　就任
平成２４年１０月　日本戦略経営研究会会長　就任

現　　在　税務会計研究学会正会員・租税理論学会正会員・日本税法学会正会員
日本経営士会正会員・日本税務会計学会会員
日本中小企業学会正会員・アジア経済人会議会員
会計事務所後継者問題研究会会長
全日本人事ＭＡＳ協会理事長
ＪＰＡ総研グループ
㈱日本パートナー会計事務所　代表取締役会長
日本パートナー税理士法人　代表社員
日本パートナー社会保険労務士法人　代表社員
日本パートナー行政書士法人　代表社員
㈱ジェーピーエー国際コンサルタンツ　代表取締役会長
㈱日本パートナーバンク２１　代表取締役会長
㈱ＪＰＡ財産クリニック　会長
ＪＰＡ士々の会会長
ＪＰＡハッピーエンディングノートを広める会　会長

一億総活躍国民と為政者による
日本国家再生の経営維新
— 今こそ国家の道筋を示す平成の坂本龍馬たれ!!

平成28年10月15日　第1刷発行

著　者　　神野宗介
発行者　　斎藤信二
発行所　　株式会社　高木書房
〒114-0012
東京都北区田端新町1-21-1-402
電　話　　03-5855-1280
FAX　　03-5855-1281
装　丁　　株式会社インタープレイ
印刷・製本　株式会社ワコープラネット

乱丁・落丁は、送料小社負担にてお取替えいたします。定価はカバーに表示してあります。

 ISBN978-4-88471-445-1　C0034